도덕 이론을 현실 문제에 적용시켜 보면

C.E. 해리스 지음
김학택 · 박우현 옮김

서광사

이 책은 C. E. Harris, Jr.의 *Applying Moral Theories*(Belmont, California: Wadsworth Publishing Company, 1986)를 완역한 것이다.

도덕 이론을 현실 문제에 적용시켜 보면

C. E. 해리스 지음
김학택, 박우현 옮김

펴낸이— 김신혁, 이숙
펴낸곳— 도서출판 서광사
출판등록일— 1977. 6. 30.
출판등록번호— 제 406-2006-000010호

(10881) 경기도 파주시 회동길 77-12 (문발동)
대표전화 · (031)955-4331 / 팩시밀리 · (031)955-4336
E-mail · phil6161@chol.com
http://www.seokwangsa.co.kr / http://www.seokwangsa.kr

제1판 제1쇄 펴낸날 · 1994년 7월 20일
제1판 제9쇄 펴낸날 · 2016년 3월 20일

ISBN 978-89-306-2517-3 93190

옮긴이의 말

어느 일요일 조그마한 병원에 분초를 다투는 위급한 환자가 다른 사람의 등에 업혀 들어 왔다. 마침 그 병원에는 갑이라는 의사가 진료를 보고 있었다. 환자의 상태를 보니 대단히 위험한 상황이었고 그 병원에는 그런 환자를 치료할 만한 의료 시설이 구비되어 있지 않았기 때문에 그 의사는 빨리 더 큰 병원으로 가 보라고 했다. 환자의 보호자는 의사에게 응급 조치라도 해주어야 하지 않겠느냐고 말해 보았지만 그 의사는 환자의 상태가 위험하니 지체하지 말고 빨리 더 큰 병원으로 가 보라고 하고는 나가 버렸다.

환자의 보호자는 조금더 큰 병원으로 환자를 데리고 가 보았지만 그 병원에서도 마찬가지였다. 그 환자는 종합 병원으로 가던 도중에 죽었다. 이 경우에 갑이라는 의사의 행위는 옳은 행위인가 그른 행위인가? 아니면 옳은 행위도 아니고 그른 행위도 아닌가? 갑은 이러한 경우에 어떻게 해야 했는가? 그 환자가 피를 너무 많이 흘리고 있었고 또한 지혈이 가능한 경우였음에도 불구하고 그냥 보냈다면 그 의사의 행위는 그른 행위였을 것이다. 그러나 실제로 병원의 사정이 그러했고 환자의 상태가 그 의사의 말대로라면 그 의사의 행위는 옳은 행위였을 것이다.

그러나 이 사례에 포함되어 있지 않았던 몇 가지 사항을 첨가해서 고려해 보자. 우선 사실적인 문제에 있어 그 환자는 응급 조치를 취했으면 생명을 건졌을지도 모른다. 하지만 만일 응급 조치를 하는 도중에 환자가 그 병원에서 죽었다고 가정해 보자. 이런 경우 현실적으로 몇 가지 문제가 발생할 수 있다.

첫째, 그 죽음에 대한 책임 소재이다. 환자의 가족 입장에서는 고치지 못할 정도라면 빨리 큰 병원으로 가라고 하지 왜 치료한답시고 환자를 죽였느냐고 따질 것이고 의사의 입장에서는 최선을 다했지만 어쩔 수 없었다고 변명할 것이다. 이런 경우라면 누가 옳고 누가 그르다고 해야 하는가? 반대로 의사가 진료를 거부하여 환자를 다른 병원으로 옮기던 도중에 죽었다고 해도 그와 같은 책임 소재의 문제는 발생할 수 있다. 그리하여 우리 나라의 경우 진료를 거부한 의사가 실제로 구속된 경우도 있다.

둘째, 우리 나라의 실정상 병원에서 사람이 죽으면 갑이 근무하는 병원처럼 영안실이 없는 병원은 여러 가지 손해를 감수해야 한다. 그렇게 되면 그 의사는 해고당할 것이 뻔하다. 왜냐하면 병원 이익에 미친 손해가 막대하기 때문이다.

위와 같은 사실들로부터 도덕적인 문제가 도출될 수 있다. 그러한 경우라고 해도 갑은 그 환자를 치료해야 할 도덕적 의무가 있는가? 더 나아가 의사는 죽을지도 모르는 환자를 반드시 치료해야 한다고 주장한다면 우리는 의사에게 "의무 이상의 행위"를 강요하는 것이 아닌가? 이와 같은 문제들에 대한 판단은 각자가 취하는 도덕 철학이 무엇이냐에 따라 어느 정도 다를 수 있다.

한편 위의 예에 나오는 "이익"이라는 개념은 누구의 입장에서 또한 어떤 방식으로 정의되어야 하는가라는 문제도 만만치 않은 문제이다. 왜냐하면 개념을 정의하는 방식에 의해서도 도덕적 문제에 대한 진단이나 해결책이 다를 수 있기 때문이다. 가령 이기주의자는 "자기 이익"만을 고려할 것이고 공리주의자는 "최대 다수의 최대 만족"의 입장을 주장할 것이다.

하지만 여기서 우리가 이야기하고자 하는 것은 누가 옳고 누가 그르다는 확실한 결론이 아니다. 우리는 실제의 사례들에 윤리적으로 접근할 때 무엇보다도 사실적인 문제를 숨김없이 드러내야 하며 도덕적인 문제는 개념적인 문제와 더불어 고려해야 한다는 것을 강조하고 있다.

이 책은 해리스(C.E. Harris, Jr.)의 *Applying Moral Theories*를 완역한 책이다. 이 책은 위에서 언급한 것과 같은 사실적 문제, 개념적 문제, 도덕적 문제를 근거로 하여 **이기주의 윤리학, 자연법 윤리학, 공리주의 윤리학, 인간 존중의 윤리학**이라는 네 가지 도덕 이론을 풍부한 실제의 사례들에 적용해 봄으로써 각각의 도덕 이론들의 강점과 문제점들을 보여주고 있다. 그러므로 이 책은 어느 특정 이론을 중심으로 서술한 책이 아니라 도덕 철학의 중요한 도덕 이론들을 전체적인 입장에서 서술한 책이라고 할 수 있다. 이러한 과정에서 필자는 각각의 도덕 이론들의 핵심을 보다 쉽게 설명하면서 실제로 발생했거나 발생할 수 있는 많은 사례들을 다양한 도덕 철학적 측면에서 검토하고 있다.

기존의 윤리학에 관한 저서들이 이론적인 문제에 주로 치중했다고 한다면 이 책은 이론적인 문제를 실제의 문제들에 적용하는 데 많은 비중을 두었다고 할 수 있다. 그리고 이 책의 특징 중의 하나는 각각의 도덕 철학을 현실 문제에 적용시켰을 때 나타나는 장단점을 **일관성, 신빙성, 유용성, 정당성**이라는 네 가지 기준에 비추어 다시 검토해 본다는 것이다.

그리고 마지막 장에서는 핵 보복 정책이라는 문제에 위의 네 가지 도덕 이론들을 적용시켜 각각의 입장들을 종합적으로 살펴보고 있다. 물론 도덕 철학의 적용 문제가 이렇게 커다란 문제에만 국한되지는 않을 것이다. 우리가 일상적으로 겪는 제반 문제에도 충분히 적용해 볼 수가 있을 것이다. 이런 점을 염두에 두고 이 책을 읽는다면 재미를 더할 수 있을 것이라고 생각하며 다른 사람들의 윤리적 행동에 대한 평가뿐만 아니라 자신의 도덕적인 실천 문제에도 많은 도움이 될 것이라고 확신한다.

원문을 우리말로 번역할 때 우리의 실정에 맞게 수정하여 번역한 부분들이 간혹 있다. 이런 부분들과 더불어 오역에 대해서는 전적으로 옮긴이들이 책임을 져야 할 것이다.

우리의 삶에서 도덕이나 윤리가 문제시되는 이유는 무엇인가? 그것은 우리의 삶이 도덕적으로 완벽하지 못하기 때문일 것이다. 우리가 모든 것을 알고 모든 것을 할 수 있다면 도덕뿐만 아니라 모든 학문과 기술이 필요하지 않을 것이다. 그러나 윤리학에 관해 많이 안다는 것과 실제로 도덕적인 생활을 한다는 것은 서로 다른 문제이다. 도덕 철학자(moral philosopher)와 도덕가(moralist)를 구분하는 이유도 바로 여기에 있다. 이 둘을 겸비한다면 더 말할 나위 없이 좋겠지만 어느 한쪽에 치우쳐 있다고 해서 그것이 곧 비난받을 일은 결코 아니다. 부처나 공자 또는 예수가 도덕가라는 것은 분명하다. 그러나 누가 그들을 이론적 지식이 부족하다고 비난할 것인가? 마찬가지로 칸트와 같은 의무론자나 벤담이나 밀과 같은 공리주의자도 도덕가가 아니라고 해서 비난할 수는 없다. 도덕가는 실천의 안내자이고 도덕 철학자는 이론의 안내자이기 때문이다.

그러므로 윤리학을 열심히 공부하면 윤리적인 사람이 된다고 생각해서는 안 된다. 그것들은 서로가 별개의 문제이기 때문이다. 경영학을 학문으로서 열심히 공부하는 것과 회사를 잘 이끌어 가는 것이 별개의 문제이듯이, 또한 법학을 열심히 공부한다고 해서 절대로 법률을 어기지 않을 것이라고 생각하는 것이 잘못이듯이, 윤리학을 많이 아는 것과 도덕적으로 살아간다는 것은 전혀 다른 차원의 문제이다.

그렇다면 우리는 왜 윤리학을 배우는가? 첫째, 윤리 또는 도덕과 관련된 폭넓은 지식을 키우기 위해서이다. 관련된 사실을 알지 못할 경우 잘못된 도덕 판단이 나올 수 있다. 예를 들어 절뚝거리는 아버지를 부축도 하지 않고 도리어 빨리 오라고 재촉하는 아들이 있다고 하자. 일단 비난부터 할 것인가? 만일 그 아버지가 교통 사고로 다리를 다쳤는데 혼자 힘으로 많이 걸어야만 정상으로 돌아올 수 있기 때문에 그 아들이 아버지를 부축해 주지 않은 것이라면 우리는 어떤 판단을 내려야 하는가? 올바른 도덕 판단을 내리기 위해서는 먼저 정확한 사실을 알아야 한다.

둘째, 정확한 관점과 시각을 가지기 위해서이다. 나의 도덕 판단이나 도덕적 행위가 일관성을 가지려면 그 근거가 반드시 있어야 한다. 마찬가지로 다른 사람들의 도덕 판단이나 도덕적 행위에도 분명히 그 근거가 있다. 우리가 우리 자신의 도덕적 입장을 분명히 하고, 다른 사람들의 일반적인 행위 안에 내재된 도덕 규준을 명료하게 한다면 어떤 도덕적인 행위에 대해서건 분명하게 판단할 수 있다. 윤리학에 반성적 시각이 도입되는 것도 이런 맥락에서이다. 잘 안다는 것과 올바로 실천한다는 것은 별개의 문제라고 할 수 있지만 명료하게 보고 확실하게 판단하는 사람이 올바르게 실천할 수 있다는 것은 분명하다.

이 책은 도덕 철학과 관련된 다양한 견해들을 피력함으로써 우리로 하여금 폭넓은 사고를 할 수 있게 하며 우리들 자신의 도덕적 관점과 시각을 반성해 보게 한다는 점에서도 가치가 있다.

마지막으로 우리는 이 책을 읽고 질책을 아끼지 않을 모든 분들과 이 책을 읽고 약간이라도 도움이 되었을 모든 분들께 미리 감사를 드린다. 그리고 이 책의 출판을 흔쾌히 허락해 주신 서광사 김신혁 사장님과 이 책의 출판에 옮긴이들보다 더욱 많은 노력을 기울였던 편집부 여러분들께도 감사를 드린다.

1994년 4월
옮긴이

지은이의 말

응용 윤리학에 대한 관심이 증대하고 있음에도 불구하고 상대적으로 학생들이 도덕 이론에 보다 쉽게 접근할 수 있는 책이 드물고 도덕 이론을 도덕 문제에 보다 쉽게 적용한 책도 거의 없는 실정이다. 이 책은 이러한 문제점을 극복하기 위한 몇 가지 특징을 담고 있다.

1. 공통적인 개요는 각각의 이론들을 소개하고 또한 쉽게 비교할 수 있도록 해준다.
2. 내용 요약은 각 장의 마지막 부분이나 각 절의 마지막 부분에 제시되어 각 장을 서로 연결시켜 준다는 점에서 매우 중요한 역할을 한다.
3. 점검표는 각 이론들을 도덕 문제에 적용하기 위한 구체적인 방향들을 제공한다.
4. 이 책은 전체적으로 사례들을 풍부하게 사용하였으며 점검표는 개개의 이론들을 몇 가지 사례에 적용한 후에 도출하였다.
5. 동일한 평가 기준을 각 이론에 적용함으로써 또다시 각각의 이론들을 쉽게 비교할 수 있게 하였다.

6. 마지막 장에서는 복잡한 도덕 문제를 다룰 때 다양한 관점들의 가치를 조명할 수 있도록 하기 위해 이 책에서 논의한 네 가지 이론 모두를 단일한 도덕 문제에 적용시켜 보았다.

그러나 이 책을 읽을 때에는 다음과 같은 몇 가지 사항을 유의해야 한다.

첫째, 이 책은 도덕 이론의 적용을 위주로 하기는 했지만 도덕 이론에 관한 책이라는 것은 분명하다는 점이다. 필자는 개별적인 사례에 관한 논의들을 철저하게 다루지는 않았지만, 대신에 간단한 사례들로써 각각의 이론들이 어떻게 적용되는가를 보여주고자 했으며 또한 이론들을 적용할 때 직면하게 되는 몇 가지 문제들을 설명하려고 했다.

둘째, 이기주의, 자연법 윤리설, 공리주의에 관한 장들은 일반적인 입장을 서술하는 반면에 인간 존중의 윤리학에 관한 장은 특수한 입장을 서술하고 있다는 점이다. 그 입장이 칸트(I. Kant)에 의존하고 있다는 것은 분명하지만 칸트의 도덕 이론을 정확히 그대로 표현한 것이라고 여겨서는 안 된다. 많은 학자들은 칸트가 "개념상의 모순" 테스트*라

* 칸트의 "개념상의 모순" 테스트는 윤리적 명제에 대해 논리적으로 보편화될 수 있는가를 테스트한다. 즉 어떤 도덕 규칙이 논리적으로 보편화될 수 없다면 그 규칙은 도덕 규칙으로서 자격이 없다는 말이다. 예를 들어 "남을 돕지 말고 남에게 도움을 받아라"와 같은 규칙은 논리적으로 보편화될 수 없다. 소수 또는 많은 사람들이 이 규칙에 따라 행위할 수는 있지만 모든 사람이 행위할 수는 없기 때문이다. 이와 같이 논리적으로 모순되는 경우에 "개념상의 모순" 테스트를 어겼다고 할 수 있다.

"의지상의 모순" 테스트는 어떤 도덕 규칙이 논리적으로는 보편화될 수 있지만 그 규칙이 자기에게는 적용되지 않기를 원할 때 그 규칙은 도덕 규칙으로서의 자격이 없다는 것을 밝혀 주는 테스트이다. 우리가 흔히 사용하는 '역지사지'(易地思之)가 이 테스트에 해당된다. 예를 들어 곤경에 처한 사람을 도와 주지 말라는 규칙이 논리적으로 보편화될 수 있지만 자기가 그런 입장에 처했을 경우에는 적용되지 않기를 원할 때 우리는 그가 "의지상의 모순" 테스트를 어겼다고 말한다.

그러나 필자는 이 두 가지 테스트를 엄밀히 구분하지 않을 뿐만 아니라 "자멸 테스트"(self-defeating test)라는 개념으로 이 둘을 한꺼번에 다루고 있다. 그러므로 필자는 어떤 규칙이든 "자멸 테스트"를 어기면 그 규칙은 도덕 규칙으로서의 자격이 없다고 생각한다 — 옮긴이 주.

고 부르는 것을 필자가 사용할 때는 칸트의 그것과 다르다고 말할 것이다. 또한 필자는 칸트의 "의지상의 모순" 테스트를 전혀 사용하지 않는다. 수단과 목적의 원리에 대한 필자의 해석은 칸트뿐만 아니라 게워스(A. Gewirth)에게도 의존하고 있다. 필자는 7장에서 칸트로부터 많은 영향을 받고 있는 의무론적 입장에 대해 합리적이고 명백하게 표현했다고 믿는다.

셋째, 이 책은 규범 윤리학을 위주로 하며 메타 윤리적인 문제에 대해서는 약간의 관심만을 두고 있다는 점이다. 개인적인 도덕 기준을 정당화하려는 시도들은 간략하게 서술하였고 윤리적 개념들의 의미를 분석함으로써 제기되는 문제들은 전혀 논의하지 않았다. 윤리적 상대주의와 윤리적 회의주의는 약간 자세하게 다루고 있으나 마지막 장의 "해결"은 상세한 완성보다는 시사적인 수준에 머물 것이다. 이 책의 목적을 위해서 이러한 문제들은 적용의 관점에서 볼 때 매우 중요하다.

필자는 이 책을 준비하는 데 도움을 주었던 모든 사람들 특히 나의 집필을 매우 가치 있는 작업이라고 격려해 준 분들께 감사드린다. 찰스톤 대학의 아서(J. Arthur), 인디아나 대학교의 번(E. Byrne), 매캘레스터 대학의 건더슨(M. Gunderson), 노스캐롤라이나 대학교의 맥코넬(T. McConnell) 등은 이 책의 원고를 다시 읽어 주고 가치 있는 논평과 시사점을 제공해 주었다. 그리고 킹(K. King), 아보가스트(M. Arbogast), 존슨(M. Johnson), 칸투(A. Cantu)에게도 깊이 감사드린다.

도덕 이론을 현실 문제에 적용시켜 보면

차 례

1 윤리학이란 무엇인가?

1968년 어떤 조사에서 바움하트(R. Baumhart)는 100명의 회사원들에게 "**윤리적**이라는 말은 당신에게 무엇을 의미하는가?"라고 물었다. 대표적인 응답들은 다음과 같다.

> 인터뷰하기에 앞서 우리가 말하고자 하는 것을 내가 알고 있었음을 확실히 하기 위해 **윤리적**이라는 단어를 찾아서 읽어 보았지만 나는 그 말을 이해할 수 없었다. 나는 그 개념이 무엇을 의미하는지 알지 못한다.
>
> **윤리적**이라는 말은 나의 감정이 나에게 말하는 것이 옳다는 것이다. 그러나 이것은 확정된 기준이 아니며 문제를 야기한다.
>
> **윤리적**이라는 말은 각자가 개인적이고 사회적인 복지의 의미에서 받아들인 기준들을 의미한다. 즉 각자가 믿는 것이 옳다는 말이다. 그런데 나를 혼란스럽게 하는 것은… 내가 잘못 배웠을 가능성 또는 다른 사람들이 불충분하게 교육받았을 가능성이다. 아마도 우리들 모두는 윤리적이란 것이 무엇인지를 알고 있다고 생각한다. 하지만 우리들의 견해가 다르다면 당신은 누가 옳고 누가 그른지 어떻게 말할 수 있는가?[1)]

이 조사에 참여한 회사원들 중에서 50명은 **윤리적**이다라는 말을 "나의 감정이 나에게 말하는 것이 옳다"라고 정의했다. 25명은 **윤리적**이라는 말을 종교적인 의미에서 "나의 종교적 신념과 일치하는 것"이라고 정의했고, 18명은 **윤리적**이라는 말을 "'황금률'에 따르는 것"으로 정의했다. 우리들 중 많은 사람들이 윤리학에 관해 가지고 있는 관심과 혼란의 정도는 비슷하다고 할 수 있다. 우리는 윤리학이 개인 생활과 사회 생활에서 중요하다는 것을 알고 있다. 그러나 그 주제가 우리를 당혹하게 한다는 것도 알고 있다.

어떤 회사원은 사전에서 **윤리**(ethics)라는 단어를 찾아 보았으나 자신에게 도움이 되지 못했다고 말했다. 만일 그가 《웹스터 영어 대사전》을 찾아 보았다면 다음과 같은 정의를 발견했을 것이다.

윤리 1. 행위와 도덕 판단의 기준에 관한 학문;도덕 철학
2. 이러한 학문에 관한 논문;도덕에 관한 책
3. 개별적인 철학자, 종교, 집단, 직업 등의 도덕 체계, 도덕 규범

그러나 그가 보다 적극적이었다면 **도덕**(moral)이라는 단어도 찾아 보았을 것이다. 이 단어는 더욱 세밀한 많은 정의를 가진다. **도덕**의 첫번째 정의는 "행위의 옳고 그름간의 차이에 관련된 것이거나 그러한 차이를 다루거나 구별하도록 하는 것"이다. 그는 또한 **도덕**이라는 단어와 **윤리**라는 단어의 비교도 흥미롭다는 것을 발견할지도 모른다. 사전에 의하면 "**도덕**"이라는 말은 "행위나 성격에서 또는 흔하지는 않지만 성적인 관계에서의 좋음 또는 옳음에 관해 일반적으로 받아들여진 규범들과의 일치"를 의미한다. 한편 "**윤리**"라는 말은 "도덕 원리들의 세련되고 이상적인 규범 또는 개별적인 직업 규범과의 일치"를 의미한다. 그래서 상식적으로 사용할 때 **도덕**은 하나의 공동체에서 일반적으로 받아들여

---

1) R. Baumhart, *An Honest Profit: What Businessmen Say about Ethics in Business* (New York: Holt, Rinehart and Winston, 1968), 11~12면. M.G. Velasquez, *Business Ethics: Concepts and Cases* (Englewood Cliffs, N.J.: Prentice-Hall, 1982), 6면에서 인용했다.

진 규범들과 관계가 있는 반면에 **윤리**는 윤리학에 관한 책이나 직업적 규범에서 강조된 원리들과 관계가 있다. 도덕 철학은 상세하게 설명된 일련의 윤리학의 원리들을 포함하고 있기 때문에 **도덕 철학**을 윤리학과 같은 뜻으로 생각할 수 있음에도 불구하고 이러한 구분은 약간의 타당성을 가진다. 그러나 이 책에서는 **윤리**와 **도덕**을 동등한 의미로 사용할 것이다.

위와 같은 정의들이 일반적으로 도움이 된다고 하더라도 윤리나 도덕에 관한 어려운 문제의 핵심에 있는 것은 아니다. 회사원들은 자신들의 진술에서 두 가지 문제를 표현하고 있다. 첫째, 이들은 윤리학의 성격(nature)에 관해서 혼동하고 있다. 윤리학은 과학과 어떻게 다른가? 낙태가 옳지 못하다는 주장은 물이 수소와 산소가 2:1의 비율로 구성된 것이라는 주장과 어떻게 다른가? 윤리적인 주장은 "태양이 빛난다", "메리는 갈색 머리를 가지고 있다"와 같은 주장과는 어떻게 다른가? 과학적이며 일상적이고 상식적인 사실적 명제는 윤리적 명제와는 거리가 먼 것으로 보인다. 그러나 그 밖의 다른 명제들은 윤리적 명제와 매우 가까워 보인다. 예를 들면 "방에 들어가기 전에는 노크를 해야 한다"는 명제는 "남의 것을 훔쳐서는 안 된다"는 명제와 어떻게 다른가? 우리는 이 장에서 윤리학의 성격에 관한 문제를 다룰 것이다.

회사원들이 다루었던 두번째 문제는 윤리학의 **타당성** 문제였다. 만일 윤리가 단순히 나의 감정이 나에게 말하는 것이라거나 우리들 각자가 생각하기에 옳은 것에 관한 문제라면 우리는 어떻게 윤리적 견해들이 타당하다거나 윤리적 견해들이 객관성을 가진다고 말할 수 있겠는가? 또한 우리는 인간과 행위에 대한 윤리적 평가에서 사람들간에 차이가 있다는 사실에 대해서는 무엇이라고 말할 수 있는가? 아마도 우리는 "로마에서는 로마인처럼 행동하라"라는 좌우명을 채택해야 할 것이다. 우리는 2장에서 윤리학의 타당성에 관한 문제를 다룰 것이다.

이 책을 읽고 나면 앞에서 회사원들이 표현했던 당혹감은 없어질 것이다. 먼저 1, 2, 3장에서 윤리학의 성격과 타당성 그리고 도덕 이론의 구조와 평가를 논의할 것이며 그 다음에는 특히 현대 사회에서 통용되는 네 가지 도덕 철학을 살펴보고자 한다. 이 철학들이란 (1) **이기주의**

(egoism)로서 모든 사람은 자기 이익에 따라 행위해야 한다는 이론이다. (2) **자연법**(natural law) 윤리설로서 사람들은 인간성(human nature)에 일치되는 행위를 해야 한다는 이론이다. (3) **공리주의**(utilitarianism)로서 사람들은 전인류에게 최대의 복지(welfare)*를 가져다 주는 행위를 해야 한다는 이론이다. 그리고 (4) **인간 존중의 윤리학**(ethics of respect for persons)으로 이 이론은 모든 사람이 인간의 동등한 존엄성을 존중하는 방식으로 행위해야 한다는 이론이다. 독자들은 이 이론들이 어떻게 개별적인 사례에 적용되는지를 보게 될 것이며 또한 이 이론들을 새로운 상황에 적용시킬 수 있는 지침을 제공받게 될 것이다.

1장에서는 개념들의 명료화에 전념할 것이다. 윤리 이론을 도덕 문제에 적용할 때에는 가능한 한 정확하게 생각하는 것이 중요하다. 논의는 포괄적인 문제에서 구체적인 문제로 진행되겠지만, 우리는 우선 도덕 문제에 있어 세 가지 주요 문제를 구별해야 한다. 세 가지 주요 문제란 사실적 문제, 개념 또는 정의의 문제, 도덕적 문제이다. 그 다음에 우리는 도덕적 진술에 초점을 맞추어, 가치 판단을 표현하고 있는 다른 여러 가지의 진술 형태로부터 도덕적 진술들을 구별할 것이다. 마지막으로 한계를 좁히고 더 나아가 도덕적 논의의 영역 내의 차이점과 개념들에 초점을 맞추어 그것들이 적용될 수 있는 예를 가지고 결론을 내릴 것이다.

제 1 절 도덕적 논증에서 다루는 세 가지 형태의 주장

1912년 1월 17일 스코트 탐험 대장은 네 명의 동료들과 함께 남극에 도착했다. 그들은 맥머도 사운드에 있는 베이스 캠프로 돌아오기 위해 썰매를 끌고 800마일을 걸었다. 이들은 결국 목적지로부터 100마일 떨어진 곳에서 죽었다. 그리고 그 해 봄, 시체와 함께 발견된 스코트

* 우리는 'welfare' 또는 'well-being'이라는 단어를 필자의 의도에 충실하게 전달하기 위해 서로 구분하지 않고 문맥에 따라 '복지' 또는 '행복'이라고 번역할 것이다 — 옮긴이 주.

탐험 대장의 일기는 지금까지도 반향을 불러일으키고 있는 영웅적인 이야기를 보여주고 있다.

이들 중 한 사람인 오츠 탐험 대장은 동상에 걸려 몇 주일 동안 엄청난 고통을 겪고 있었다. 그리고 자신이 동료들의 행군 속도를 늦추고 있으며, 그럼으로써 동료들을 위험에 빠뜨리고 있다는 것도 알았다. 3월 10일에 오츠 탐험 대장은 윌슨이라는 의사에게 자기가 살아날 가능성을 물었다. 의사는 모르겠다고 말했다. 그러나 스코트 탐험 대장은 일기장에서 오츠 탐험 대장이 행군에서 살아날 가능성은 사실상 없다고 말하고 있다. 스코트는 어떠한 경우이든 동료들이 안전할 수 있는지의 여부는 불확실하다고 기록하고 있다. 그러나 그는 만일 오츠가 없다면 "실낱 같은 가망성"이 있을지도 모른다고 결론내리고 있다.

며칠 후에 오츠 탐험 대장은 자신은 이제 더 이상 갈 수 없다고 말하고 자신을 침낭 속에 두고 갈 것을 제안했다. 동료들은 이를 거부했고 오후의 행군까지 함께 갈 것을 권했다. 그는 몇 마일을 악전고투했고 결국 그날 밤 상태가 더욱 악화되었다. 스코트 탐험 대장은 오츠의 죽음에 대해 다음과 같이 기록하고 있다.

> 이것이 종말이었다. 그는 일어나기를 바라지 않은 채, 밤새도록 잠을 잤다. 그러나 그는 어제 아침에 일어났다. 그 날은 눈보라가 치는 날이었다. 그는 "그냥 잠시 밖에 나가 있겠다"고 말했다. 그는 눈보라 속으로 나갔고 우리는 그 이후로 그를 보지 못했다.

스코트는 몇 줄 뒤에 다음과 같이 적고 있다.

> 우리는 오츠가 죽으려고 나간다는 것을 알고 있었다. 그를 단념시키려고 했음에도 불구하고 우리는 오츠의 행동이 용자(勇者)의 행위이며 영국인의 행위였다는 것을 알고 있었다.[2)]

이들 중 한 사람인 에반스는 이미 비어드모어 빙하 기슭에서 죽었다.

2) A. Savours, ed., *Scott's Last Voyage* (New York: Praeger, 1975), 155면 참조.

스코트, 윌슨, 바우어스 등 나머지 세 사람은 음식과 기름을 구할 수 있는 원 톤(One Ton) 기지를 11마일 앞에 두고 눈보라에 견디지 못하고 추위와 기아로 인해 텐트에서 죽었다.

오츠 탐험 대장의 행위가 도덕적으로 옳은지의 여부를 물을 경우, 우리는 세 가지 종류의 문제를 고려해야 한다. 이 세 가지 문제는 대부분의 도덕적 논의에서 발생하는 동일한 문제들이다.

(1) 사실적 문제

사실에 관한 몇 가지 문제들은 그 사례와 관련되어 있다. 한 가지 문제는 오츠를 동료들로부터 떼어 놓는 것이 다른 동료들이 살아 남을 가능성에 중요한 차이를 가져올 것인지의 여부이다. 스코트는 오츠가 없다면 생존 가능성이 많지는 않아도 약간 증가할 것이라고 생각했다. 아마도 오츠는 자신이 동료들과 함께 있을 경우에 동료들의 생존 가능성은 전무하기 때문에 이 차이는 중요하다고 생각했을 것이다. 또 다른 문제는 오츠의 참된 동기와 관련이 있다. 그의 행위는 우선적으로 스코트, 윌슨, 바우어스에게 더 많은 생존 가능성을 부여하려는 욕구에 동기가 있었는가 혹은 우선적으로 자신의 고통을 없애려는 욕구에 동기가 있었는가? 집단의 구성원이 상호간에 가지는 신뢰성(loyalty)에 강한 의미를 부여한다면 최초의 동기는 전자라고 말할 수 있을 것이다.

모든 도덕적 문제는 도덕적 결단과 관련된 사실적 문제들을 포함한다. 우리가 마약을 합법화해야 하는지의 여부를 논의할 때에는 마약의 광범위한 사용에 관해 의학적 · 심리적 · 사회적 결과를 문제 삼아야 하고, 사형의 도덕성에 관해 고려할 때에는 사형이 범죄를 방지하는지의 여부에 대한 문제도 포함해야 한다. 부의 적절한 분배를 결정하려고 할 때에는 현재의 부의 분배를 알아야 한다. 또한 얼마나 많은 사람들이 가난하며 급진적인 부의 재분배에 의해서 얼마만큼의 가난 탈피가 가능한지를 알아야 한다.

여러분들은 지금까지 제기된 도덕 문제들과 긴밀하게 연관되어 있는 다른 많은 사례들을 생각할 수 있을 것이다. 그러나 그러한 예들은 도덕적 논증의 한 부분인 사실적 문제들을 분리시켜야 하며 그럼으로써 그 문제들에 대해 답변하려고 시도해야 한다는 사실을 우리에게 확신시켜 주어야 한다. 이렇듯 우리는 도덕적 논쟁에서 서로 다른 형태의 문제들을 인식함으로써, 때로는 대다수의 논증이 전혀 도덕 원리에 관한 논증이 아니라 오히려 사실적 문제에 관한 논증이라는 사실을 알게 될 것이다.

(2) 개념적 문제

오츠 탐험 대장의 행위는 자살의 한 예인가? 이에 대한 답변은 자살에 대한 정의(definition)에 달려 있다. 개념 혹은 정의의 문제들이 도덕적 논쟁의 전부는 아니지만 많은 도덕적 논쟁에서 중요하다. 개념적 문제들은 사실적 문제 또는 도덕적 문제와 전혀 다르다. 개념적 문제들은 사실이나 도덕적 기준에 의거해서 해결될 수 없다. 그러나 우리는 어떤 정의가 더 좋은지에 관해 여러 가지 논증들을 제시할 수 있다. 이러한 논증들은 하나의 단어가 어떻게 사용되어야 하는가에 관한 우리들의 직관적 감각이나 다른 정의에 비해 이 정의가 얼마나 편리한지와 같은 많은 고려 사항들에 의거해서 제시될 수 있다.

우리는 자신의 생명을 스스로 끊는 행위를 자살이라고 부르자고 제안할 수도 있다. 그러나 이러한 정의는 받아들이기 어렵다. 왜냐하면 이러한 정의에 의하면 자신의 종교를 부정하기보다는 죽음을 선택하는 종교적 순교자의 행위도 자살이 되기 때문이다. 우리는 순교를 자살이라고 하지 않는다. 오히려 우리는 순교를 박해에 직면해서 자신의 신앙을 고수하는 것이며, 순교자의 죽음은 자신이 확고하게 지니고 있는 신앙의 불행하고 바람직하지 못한 결과일 뿐이라고 말한다. 어떤 행위가 오츠 탐험 대장의 행위와 유사하다고 할 수 있는가? 그의 행위는 동료들의 생존 가능성을 높이려고 의도된 것인가? 아니면 그의 죽음은—비록 미리 알았다고 하더라도—단지 불행하고 의도되지 않은 행위의 결과인가? 이 문제에 대한 답변은 오츠 탐험 대장의 행위가 자신의 고통을 없애려는 욕구에서 나왔는지의 여부에 달려 있다. 오츠 탐험 대장

스스로가 더 이상 행군할 수 없어서 자신의 생명을 끊었다는 사실은 그의 동기가 자기 이익에 의한 것이 아니라는 사실을 강력히 암시한다.

개념 혹은 정의의 문제들은 흔히 도덕적 논쟁에서 두드러진 측면들이다. 낙태에 관한 논쟁이 아마도 가장 좋은 예일 것이다. 태아도 인간인가? 이에 대한 답변은 우리가 인간(person)을 어떻게 정의하는가에 달려 있고, 태아가 이러한 정의에 적합한지의 여부에 달려 있다. 문제는 의학적 사실이나 도덕적 원리에만 호소함으로써 결정될 수 없다는 것이다. 그럼에도 불구하고 이에 대한 답변은 낙태에 대한 논쟁에 매우 중요하다. 전시에 민간인 거주 지역에 대한 폭탄 투하 행위의 도덕성을 고려할 때는 또 다른 개념적 문제에 부딪친다. 민간인은 죄없는 사람인가? 만약 민간인들이 군복을 입지 않았다면 혹은 이들이 전쟁의 결과와 직접 관련되어 있지 않다면 죄가 없는가? 그것은 민간인이 정부의 행위에 발언권을 가지는 민주 국가에서 살고 있는지 혹은 발언권을 가지지 못하는 전제 국가에서 살고 있는지의 여부와 관련해서 어떤 차이를 야기시키는가? 만일 여러분이 이러한 문제에 관해서 명백하게 또한 지성적으로 생각하기를 원한다면 개념적인 문제에 부딪쳤을 때를 인식해야 하고, 그 문제의 해결에 관해서 나아가야 할 방법도 알아야 한다.

(3) 도덕적 문제

도덕적 문제에서는 종종 도덕 원리에 관한 순수한 불일치가 주요 논점으로 떠오른다. 만일 오츠의 행위가 순수한 자살이라면 그 행위는 도덕적으로 옳은가? 스코트 탐험 대장은 일기에 윌슨 의사가 몰핀을 가지고 있었으며 동료들과 함께 몰핀으로 생명을 끊어야 하는지 또는 자연적인 죽음을 기다릴 것인지를 논의했다고 기록하고 있다. 몰핀으로 생명을 끊는 것은 도덕적으로 그른가? 거의 확실하게 자신의 생명을 끊으려는 많은 행위들이 도덕적으로 허용될 수 있음에도 불구하고 유태-기독교적 전통에서는 순수한 자살이 부도덕한 행위라고 주장한다. 이러한 신념에 관한 전통적 근거 가운데 하나는 생명이란 창조자의 선물이며 인간은 창조자가 생명을 빼앗기 전에는 스스로 훼손시켜서는 안 된다는 것이다. 그러나 어떤 실존주의 철학자는 자신의 생명을 끊을 수 있는 능력은 개인의 자유에 관한 지고의 표명이라고 주장한다. 다른 고려 사항들은 자살의 도덕성에 어떻게 관련되는가? 여러분들은 이 문제를 어떻게 결정할 것인가?

물론 도덕적 문제는 도덕적 논쟁의 가장 고유한 특징이다. 여러분들은 앞의 다른 예에 의해 제시된 몇 가지 도덕적 문제들을 아마도 쉽게 기억할 것이다. 만일 태아가 인간이라고 생각한다면 그래도 여전히 낙태를 인정할 수 있는가? 비록 민간인들이 죄가 없다고 해도 그들을 죽이는 것이 죄없는 다른 많은 사람들의 생명을 구할 수 있는 경우라고 한다면 그러한 행위를 인정할 수 있는가? 마약이 해롭다고 하더라도 자신이 행한 행위를 알고 있다면 정부는 마약을 규제할 권리를 가지고 있는가? 여기서 우리는 도덕적 논의의 핵심에 도달한다.

도덕적 문제에 직면했을 때 첫번째 단계는 사실적 문제와 개념적 문제 그리고 도덕적 문제를 구별하는 것이다. 도덕적 문제에 관해서 논의할 때 사람들이 이러한 세 가지 종류의 문제들간의 차이를 충분히 인식하지 못하고 있다는 것을 종종 발견하게 된다. 그래서 또한 그들은 이러한 세 가지 종류의 문제가 해결되는 방식에 있어서도 중요한 차이를 인식하지 못하고 있다. 차이를 구별하는 것은 도덕적 사고의 중요한 부분이다. 그리하여 이제 우리는 도덕적 논쟁에서 가장 중요한 명제인 도덕적 명제의 성격에 관해서 더욱 자세하게 살펴보고자 한다.

제2절 도덕적 명제의 성격

우리들은 모두 윤리가 무엇인가에 관해 약간의 직관적 지식을 가지고 있다. 우리는 윤리적 명제들을 매일 만들어 내고 있다. 그러나 우리 역시 여전히 윤리에 대해 만족스럽게 묘사할 수 없었던 회사원들과 비슷한 입장에 처해 있다는 것을 발견하게 된다. 우리는 윤리적 명제들을 살펴봄으로써 윤리학의 성격을 고찰해 볼 것이다. 그러면 도덕적 명제가 속해 있는 규범적 명제부터 살펴보기로 하자.

(1) 규범적 명제 대 사실적 명제

윤리적 명제의 성격을 이해하기 위해서 우선 규범적 명제와 사실적 명제를 구별해야 한다. **규범적 명제**는 일종의 가치 판단을 나타내며 규범적 명제의 옳음은 규범이나 기준을 언급함으로써 결정된다. 규범적 명제의 옳음을 결정하는 데 사용되는 규범적 명제의 몇 가지 예와 기준은 다음과 같다.

규범적 명제	확증의 형태
"피카소는 위대한 화가이다."	미적 기준
"단수 주어에 복수 동사를 쓰지 말 것."	문법적 기준
"세금 명세서에 소득을 빠뜨리는 것은 불법이다.	법률적 기준
"부모에게 거짓말을 해서는 안 된다."	도덕적 기준
"여자의 방에 들어갈 때는 노크를 해야 한다."	예절의 기준(에티켓)

규범적 명제와 비교해 볼 때 **사실적 명제**는 실험, 관찰, 연구에 의해 옳거나 그름을 보여준다. 다음의 사실적 명제들은 실험, 관찰, 연구의 형태로 나열되어 있으며 이러한 형태들은 사실적 명제들을 확증하는 데 사용된다.

사실적 명제	확증의 형태
"이승만은 한국의 초대 대통령이었다."	역사적 탐구
"태양은 빛난다."	관찰
"물은 두 개의 수소와 한 개의 산소로 구성되어 있다."	과학적 연구
"세금 명세서에 소득을 누락시키는 것에 관한 법률은 1978년에 국회에서 통과되었다."	법률적 탐구

규범적 명제를 (기준에 호소함으로써) 확증하는 방식과 사실적 명제를 (실험, 관찰, 연구에 호소함으로써) 확증하는 방식간의 차이는 매우 중요하다. 우리들은 대부분 사실적 명제에 대해 참인지 거짓인지의 여부를 더 잘 결정할 수 있기 때문에 규범적 명제보다는 사실적 명제가 더 편하다고 생각한다. 자연스럽게 다음과 같은 문제가 발생한다. 규범적 명제가 호소하는 기준을 우리는 어떻게 확증하는가? 대부분의 도덕 철학자들은 이런 차이가 우리를 도덕적 명제의 정당성에 관한 중요한 진리로 이끌어 줄 것이라고 생각한다.

(2) 윤리적 논증

대부분의 도덕 철학은 도덕적 명제를 포함하는 규범적 명제가 단지 사실적 명제에 호소함으로써 확증될 수 없다는 점에 대해 동의하고 있다. 확증하려고 하는 규범적 명제를 산출하기 위해서 우리는 항상 규범적 명제를 사실적 명제와 더불어 생각해야 한다.

이러한 주장을 설명하기 위해서 많은 관심을 가지고 있는 규범적 명제 중의 하나 즉 윤리적 명제를 사용한 다음과 같은 간단한 예를 고려해 보자.

> 한국의 부는 현재 국민들간에 불평등하게 분배되어 있다.
> 따라서 현재 한국의 부의 분배는 도덕적으로 그르다.

첫번째 문장은 사실에 관한 단순한 명제이다. 경제학자는 과학적인 수단에 의해서 그 명제가 참인지의 여부를 결정할 수 있다. 두번째 문장은 윤리적 명제이다. 대부분의 도덕 철학자는 도덕적 명제를 생각하지 않고서는 첫번째 명제로부터 두번째 명제를 도출할 수 없다고 믿는다. 그러면 다음의 명제를 추가해 보자.

> 한 나라의 불평등한 부의 분배는 그르다.

여러분은 이러한 도덕적 명제에 동의하거나 동의하지 않을 것이다. 사실 대부분의 사람들은 이 명제에 동의하지 않을 것이다. 중요한 점은 위의 논증이 효력을 가지기 위해서는 이 명제가 전제되어야 한다는 사실이다. 그리하여 완전한 논증을 만들어 보면 다음과 같다.

한국의 부는 현재 국민들간에 불평등하게 분배되어 있다.
한 나라의 불평등한 부의 분배는 그르다.
따라서 현재 한국의 부의 분배는 도덕적으로 그르다.

도덕 철학자들은 도덕적 명제와 사실적 명제의 관계에 관해서 서로 다른 생각을 가지고 있다. 그리고 여기서 제시한 것은 증명이라기보다는 하나의 설명이다. 그럼에도 불구하고 우리는 이제 도덕적 명제가 사실적 명제로부터 도출될 수 없다고 가정한다.

이러한 가정은 윤리적 논증에 있어서 중요한 함축을 가진다. 사실에만 호소함으로써 윤리적 주장을 정당화시킬 수 없기 때문이다. 그러므로 만일 사실만을 언급함으로써 윤리적 주장을 지지하려고 한다면, 비록 그 사실이 그 논증과 관련 있다고 하더라도 중요한 어떤 것을 놓칠 수밖에 없다. 그러므로 어떤 사람의 주장에 함축된 윤리적 가정을 발견하기 위해서는 그 사람이 주장하는 논거를 살펴보아야 한다. 그 다음에 그러한 가정을 명백하게 말해야 하며 또한 어떻게 해서 그러한 가정들이 정당화되는지를 보여주어야 한다.

(3) 윤리적 명제의 특성

우리는 사실적 명제와 규범적 명제를 구별했고 그 차이로부터 중요한 논증을 이끌어 냈기 때문에 도덕적 명제를 자세하게 검토해 보아야 한다. 도덕적 명제는 미적 명제와 예절에 관한 명제 등과 같은 규범적 명제와는 어떻게 다르며, 종교에서도 유사하게 사용되는 비규범적 명제와는 어떻게 구분되는가? 도덕 철학자들은 도덕적 명제에만 해당되는 어떤 단일한 특성을 발견하지는 못했지만, 그것들을 함께 고려하여 도덕적 명제를 훌륭하게 기술하는 몇 가지 특성들을 발견했다.

1) 행위의 규정

도덕적 명제는 행위를 규정한다. 이 기준은 미적 명제와 도덕적 명제를 구별하는 데 적합하다. "피카소는 위대한 화가이다"라는 명제는 행위(behavior)에 대해서 명쾌하게 지시하지 않는다. 반면에 "부모에게 거짓말을 하지 말라"라는 명제는 행위에 대해서 명쾌하게 지시한다. 그러나 행위의 규정이라는 기준은 다른 모든 명제로부터 도덕적 명제를 구별하기에는 충분하지 않다. 예를 들어 "방에 들어가기 전에는 노크를 해야 한다"라는 명제 역시 어떤 행위의 형태를 규정한다. 그렇지만 이 명제를 도덕적 명제로 분류하지는 않는다.

2) 공평성(impartiality)

도덕적 또는 윤리적 명제는 공평한 고려 사항에 근거한다. 철학자들은 종종 도덕 기준이 "이상적 관찰자" 혹은 "공평한 관찰자"가 받아들이는 이유에 근거한다고 말한다. 만일 순수한 윤리적 주장을 원한다면 무엇이 옳고 무엇이 그른지를 진술할 때 특정한 개인의 욕구를 참작해서는 안 된다. 도덕적 명제는 오직 한 개인이나 집단의 이익만을 증진시키는 것으로 제시되어서는 안 되며, 오히려 각 개인의 이익은 동일하게 간주된다는 보편적 관점을 취해야 한다. 도덕적 명제가 지닌 힘의 일부분은 적어도 이 명제들에 함축된 공평성에 기인한다. 만일 도덕적 명제가 단순히 한 개인의 이해 관계에 관한 표현이라면 그 밖의 사람들이 도덕적 명제에 특별히 주목할 이유는 없다. 각 개인의 이해 관계는 동일하지 않기 때문이다. 그러나 도덕 판단이 진정 공평하다면 필자가 말한 것에 주목하는 것이 합당할 것이다. 왜냐하면 우리는 동일한 상황에서는 동일한 판단을 해야 하기 때문이다.

이 점에 대한 명백한 예외가 실제로는 예외가 아니라는 사실을 명심해야 한다. 예를 들면 특별한 방식으로 취급되고자 하는 요구가 반드시 공평성의 요구를 위반하는 것이 아닐 수 있다. 만일 내가 강도에게 위협당하고 있는 은행 직원이라고 가정해 보자. 나는 총을 들이대고 있는 강도에게 "당신은 나를 죽여서는 안 된다. 나는 죽어야 할 이유가 없다"라고 말한다. 이 경우에 나는 나에게만 직접 적용되는 살인에 관한 진술을 하고 있음에도 불구하고 비슷한 상황에서는 어느 누구도 죽여서는 안 된다는 사실을 함축적으로 말하고 있다. 그러므로 공평성을 위반하는 것이 아니다. 유사한 예로 만일 내가 "당신이 나에게 그렇게 한 것은 잘못이다"라고 말한다면, 그것은 당신이 그 행위를 공평하게 살펴보았다면 당신조차도 그 행위를 그른 것으로 간주할 것이라고 말하고 있는 것이다. 그러나 공평성도 도덕적 명제를 다른 대부분의 규범적 명제로부터 구별해 주지는 못한다. 그래서 우리는 다른 특징을 살펴보아야 한다.

3) 우선되는 중요성

우리는 일반적으로 도덕적 명제를 진지하고 우선되는 중요성을 가진 명제라고 생각한다. 앞서 제시한 다른 규범적 명제를 "부모에게 거짓말해서는 안 된다"라는 도덕적 명제와 비교해 보자. 거짓말을 하지 말라는 도덕 규칙을 위반하는 것은 에티켓이나 문법을 위반하는 것보다 더 중요하며, 비슷한 이유로 해서 도덕 판단은 미적 판단보다 중요하다. 그리고 궁극적으로 도덕적 명제는 법률에 관한 명제보다 더욱 중요하다. 서구적 전통에 속해 있는 대부분의 도덕 철학자와 정치 철학자들은 법률이 도덕 기준에 의해 평가되어야 한다고 주장해 왔다. 단순히 그것이 법률이라는 이유만으로 어떤 것을 옳다고 할 수는 없다. 법률이 부도덕한 것일 수 있다는 신념과 도덕적인 여러 고려 사항들이 법률에 우선한다는 신념은 시민 불복종 운동(tradition of civil disobedience)의 기초였다. 그러나 어떤 사람은 종교적 명제 특히 직접적인 신의 명령은 윤리적 명제에 우선한다고 말한다. 구약 성서에서 아브라함이 자신의 아들을 희생시킬 것이라고 말했을 때, 그는 신의 명령이 무고한 사람을 죽이지 말라는 윤리적 금지 조항보다도 우선한다고 믿었다. 그래서 어떤 사람들은 우선되는 중요성을 도덕적 명제의 독특한 특징으로 보지 않는다.

4) 임의적 권위로부터의 독립

도덕적 명제는 권위 있는 집단의 결정에 의해서 수립되거나 변화될 수 없으며, 또한 도덕적 명제의 진리는 여론이나 전통에 호소함으로써 수립될 수도 없다. 노크 없이 방에 들어오는 것이 무례한 행동이라는 사실은 문법의 경우처럼 어느 정도는 전통과 합의의 문제이다. 그러나 우리는 항상 윤리의 문제에 있어서 다수의 의견이나 전통에 의문을 제기할 수 있다. 우리는 프랑스어의 적절한 용법을 결정하는 권리를 프랑스 학술원에 양보할 수 있으나 도덕의 속성을 결정하는 기관을 상상하기는 어렵다. 종교적인 기관조차도 교령에 의해서 도덕을 결정한다고 주장하지 않고, 오히려 종교적 기관과 독립해서 존재하는 신법의 해석을 주장한다. 그러나 이러한 특징도 도덕(morality) 특유의 것은 아니다. 왜냐하면 사실적 명제의 타당성 역시 임의적인 권위와 무관하며, 많은 철학자들과 예술가들은 미적 판단에 관해서도 합리적으로 논증하는 것이 가능하다고 주장하기 때문이다. 그러므로 이러한 판단들 전부가 임의적인 것은 아니다.

이제 우리는 네 가지 특성 가운데 어느 것도 도덕적 명제에 독특한 것이 아님을 알 수 있다. 그러나 전체적으로 볼 때, 이 네 가지 특성은 윤리적 혹은 도덕적 명제의 성격이나 이러한 명제가 도출되는 도덕 규준을 훌륭하게 묘사한다. 이러한 특성들은 다음 장들 특히 도덕 이론에 대한 평가에서 종종 언급될 것이다. 만일 어떤 도덕 이론이 이 네 가지 기준 중 어느 것에 의해서도 정당화되지 못한다면 그 이론에 반대하는 표시로 받아들여야 할 것이다.

제3절 윤리적 논의에서의 중요한 개념들

우리는 부가적인 예들을 고려하기에 앞서 윤리적 논의 그 자체 내에서 몇 가지 개념과 차이를 고찰해야 한다. 이제 살펴볼 두 쌍의 용어의 의미는 특히 중요하다. 첫번째 용어의 쌍은 결과주의와 비결과주의로서 많은 윤리학자들은 이 두 용어들간의 중요한 차이를 알고 있다. 그들은 모든 도덕 철학이 이 범주의 하나로 분류될 수 있으며, 이 차이는 윤리적 이론의 성격을 이해하는 데 매우 중요하다고 믿고 있다. **결과주의 도덕 이론**(consequentialist moral theory)에서는 행위, 인격, 동기 등을 오로지 그 결과의 성질에 따라 판단한다. 앞으로 고려하게 될 두 가지 결과주의 이론은 이기주의와 공리주의이다. 대체로 이기주의는 개인의 자기 이익에 관한 행위의 결과에 의해 행위를 판단해야 한다고 주장하며, 공리주의는 인간의 일반 복지에 관한 행위의 결과에 의해 행위를 판단해야 한다고 주장한다.

비결과주의 도덕 이론에 따르면 행위, 인격, 동기 등은 결과에 의해서가 아니라 도덕 규칙과의 일치에 의해서 판단되어야 한다. 이러한 규칙들은 개별적인 비결과주의적 도덕 이론에 의존한다. 그러나 기본적으로 이 규칙들은 우리가 도덕 기준이라고 부르는 것 즉 옳음과 그름이 무엇인지를 결정하기 위한 근본적인 기준으로부터 나온다. 앞으로 고려하게 될 두 가지 비결과주의 이론은 자연법 윤리설—행위는 인간의 본성(인간성)에 대한 일치에 의해 판단되어야 한다는 입장—과 인간 존중의 윤리학—행위는 모든 인간의 동등한 가치와 일치하는지의 여부에 의해서 판단되어야 한다는 입장—이다. 이 경우에 도덕성은 관련된 도덕 규칙을 위반했는지의 여부에 의해서만 판단되기 때문에 비결과주의적 도덕 이론은 종종 엄격하고 완고한 것으로 보이기도 한다.

우리들 대부분은 본능적으로 결과를 행위에 대한 도덕적 수용 가능성을 결정하는 하나의 방식으로 보려는 경향이 있다. "해야 할 행위를 결정하기 위해서 여러 가지 대안들의 결과를 살피는 것보다 더 좋은 방법은 무엇인가?"라고 말할 수도 있지만, 그럼에도 불구하고 우리는 결과주의적 접근이 심각한 문제를 가지고 있다는 것을 보게 될 것이다. 게다가 유태-기독교적 윤리는 근본적으로 비결과주의이다. 그러므로 결과주의는 도덕에 있어서 가장 영향력 있는 서구의 전통과 대치된다.

우리가 정의하려는 두번째 용어의 쌍은 **'옳음'**(right)과 **'좋음'**(good)이다. 이 단어들은 아마도 가장 상식적으로 사용되는 윤리적 단어들일 것이다. 이 단어들간의 차이를 비교해 보자. (1) 좋음은 정도를 생각할 수 있으나 옳음은 그럴 수 없다. 어떤 것은 옳거나 옳지 않다. 반면에 어떤 행위는 좋거나 더 좋거나 혹은 어떤 상황에서는 가장 좋을 수 있다. '좋다'라는 단어는 단순히 도덕적으로 받아들일 수 있는 것에서부터 크게 칭찬할 가치가 있는 것에까지 사용될 수 있다. (2) '좋다'라는 단어는 '옳다'라는 단어보다 더욱 넓은 영역의 현상을 가리킨다. '좋다'라는 단어는 행위와 행위의 동기를 언급할 뿐만 아니라, 더 나아가 사람과 사물도 묘사할 수 있다. 반면에 '옳다'라는 단어는 우선적으로 행위를 가리킨다. 우리는 좋은 행위 또는 좋은 의도와 마찬가지로 좋은 사람과 좋은 사물에 대해서도 말할 수 있지만, "그는 좋은 사람이다" 대신에 "그는 옳은 사람이다"라고 말할 수는 없다. 또한 지식이나 용기를 '좋다'라고 말할 수 있지만 '옳다'라고 말하지는 않는다.

도덕 철학자들은 '옳음'과 '좋음'의 의미에 관해서 오랫동안 논쟁해 왔다. 필자는 현대 도덕 철학의 전통에 따라서 '좋다'라는 단어를 도덕적 칭찬에 대한 일반적인 의미로 사용할 것이다. 그러므로 어떤 개인 혹은 행위가 좋다고 말하는 것은 도덕적으로 그 개인이나 행위를 칭찬하는 것이다.

이미 보았듯이 '옳다'라는 말은 행위에 적용되었을 때 대부분 "도덕적으로 의무가 따르는" 혹은 적어도 "도덕적으로 허용할 수 있는"이라는 더 한정된 의미를 갖는다. '옳다'라는 단어는 행위라는 특별한 지시 대상을 가지기 때문에 도덕 규준(moral standard)—모든 도덕 철학에서 도덕적으로 허용할 수 있는 것과 허용할 수 없는 것을 결정하기 위한 근본적인 기준—의 공식에는 '옳다'라는 단어를 사용할 것이다. 그러므로 도덕 규준은 통상 "이러저러한 행위들은 옳다"라는 식으로 읽어야 할 것이다.

우리는 앞에서 사실적 명제와 여러 가지 형태의 규범적 명제로부터 도덕적 명제를 구별했다. 또한 윤리적 논의의 영역 내에 있는 중요한 개념들을 정의했다. 이제 논의된 개념들을 사용하는 경우를 살펴보자. 여기에서는 그러한 사례 안에 있는 문제를 해결하는 것에 관심이 있는 것이 아니라 문제를 명백히 분석하는 것에 관심이 있다는 것을 명심해야 한다.

제 4 절 치명적인 화상으로 인해 스스로 목숨을 끊으려고 하는 사람

1973년 7월, 26세의 미혼인 제임스는 아버지와 함께 프로판 가스 폭발로 인해 치명적인 화상을 입었다. 그의 아버지는 병원에 도착하기 전에 죽었으며 자신은 신체의 2/3 이상에 2도 혹은 3도 화상을 입었다.[3] 그의 한쪽 눈의 시력은 회복될 가능성이 있지만, 현재는 두 눈 모두 볼 수 없다. 9개월에 걸친 치료에도 불구하고 손가락의 끝마디를 잘라내야 했으며 손도 여전히 사용할 수 없었다. 그는 침대에서 혼자 내려올 수 없었고 화상은 여전히 치료되지 않았다. 드러난 상처가 다른 병원균에 감염되지 않도록 하기 위해서 방부제가 가득 채워진 목욕탕에 매일 몸을 담그고 있어야 했다. 목욕하기 전에 마취 주사를 맞기는 하지만 목욕 후의 상처를 치료할 때는 여전히 매우 고통스러웠다.

제임스는 지적이고 사리가 밝은 청년이다. 그는 퇴원하여 집에서 죽게 해줄 것을 계속 간청했다. 그는 화상의 합병증으로 인한 자연사를 기다리지 않고 다른 방법으로 죽을 것이라고 말했다. 그래서 그는 최근에 손에 대한 2차 수술을 거부했다.

제임스의 담당 의사는 스스로 목숨을 끊겠다고 선언한 제임스의 의도에 대해서 정신과 의사에게 조언을 구했으나, 정신과 의사는 제임스가 합리적인 성격의 소유자라고 결론내렸다. 자신의 생명을 끊고자 하는 제임스의 논거는, 자신이 적극적인 사람이며 스포츠를 좋아하고 옥외 생활을 좋아한다는 것이다. 그는 눈이 먼 채로 그리고 앉은뱅이로 고통스러운 치료와 새로운 생활 방식에 적응하는 문제들을 견디면서 살아야 할 충분한 가치를 발견하지 못했다. 제임스는 의사에게 퇴원하여 집에서 죽을 수 있게 해 달라고 간청했다. 의사는 제임스의 요구를 승낙해야 했는가? 이 장에서 논의된 개념들을 적용해 보자.

---

3) R.B. White, "A Demand to Die", in *The Hastings Center Report*, 5 (1975. 6), 9~10면에서 인용. 비디오 테이프는 화이트의 "Please Let Me Die" 참조.

(1) 사실적 문제

제임스의 담당 의사는 결정을 내리기 전에 많은 사실적 문제에 대해 답변해야 한다. 그 중의 하나는 제임스가 새로운 방식에 적응할 수 있는지의 여부이다. 제임스는 자신이 불구자로 살아갈 가치가 있는 삶을 발견할 수 없을 것이라고 말한다. 그러나 의사는 제임스가 유사한 재난을 당한 다른 희생자들의 선례를 조사하여 미래의 행복에 대한 기대의 정도를 스스로 결정하기를 원한다. 의사는 또한 이러한 상황에 적용되는 법률을 알려고 할 것이다. 제임스는 자신이나 병원 측에 책임을 전가하지 않고서 법률적으로 무엇을 할 수 있는가? 여러분들은 이 사례에서 그 밖의 중요한 사실적 문제에 관해 생각할지도 모른다.

(2) 개념적 문제

이 사례에는 두 가지 중요한 개념적 문제가 있다. 첫번째 문제는 앞의 예에서 제기된 행위가 자살인지의 여부이다. 제임스는 어떤 직접적인 수단으로 그리고 자신의 행복에 대한 염려로 인해서 자신의 생명을 끊기를 원하기 때문에 대부분의 사람들은 그의 행위를 자살이라고 생각할 것이다. 두번째 문제는 매우 어려운 문제로서 합리성의 개념과 관계가 있다. 제임스는 자신의 미래에 관해서 진지한 결정을 내릴 정도로 충분히 합리적인가? 담당 의사는 이 문제에 대한 답변 이전에 '합리성'에 대한 명백한 개념을 가져야 한다. 물론 여기서도 사실적 문제가 일어날 수 있다. 의사는 합리적으로 행위한다는 것에 대한 명백한 개념을 가지고 있을지도 모른다. 그러나 그는 여전히 제임스가 합리적으로 행위하고 있는지의 여부에 대해서 판단을 내리지 못할지도 모른다. 만일 의사가 '합리성'을 모든 유용한 증거의 근거에 대해 결정을 내리는 것으로 정의한다고 하더라도 그는 여전히 제임스가 집에서 자신이 할 수 있는 일의 정도를 완전히 이해하고 있는지의 여부에 대해서 의심할 수 있다. 그럼에도 불구하고 '합리성'에 대한 명백한 개념을 갖는다는 것은 제임스가 합리적인지의 여부를 결정하는 데 있어서 중요한 첫번째 단계이다.

(3) 도덕적 문제

이 사례에는 두 가지 도덕적 문제가 포함된다. 하나는 자살에 대한 도덕성이다. 이 문제는 특히 제임스가 죽지 않았기 때문에 흥미 있다. 충분한 시간이 주어진다면 화상은 치유될 것이고, 제임스는 집으로 돌아갈 수 있을 것이다. 그는 어려움이 있겠지만 자신에게 주어진 수명을 다할 수 있을 것이다. 두번째 문제는 의사의 의무 또는 특권과 관계 있다. 의사는 제임스가 퇴원하는 것을 도울 의무가 있는가? 의사는 제임스가 도움을 요청한다면 자살을 도와 줄 의무가 있는가? 의사는 제임스가 합리적이지 않다고 생각이 되면 퇴원을 막을 권리가 있는가? 의사가 제임스를 합리적인 사람으로 믿는다고 하더라도 자살하려는 제임스의 결정에 동의하지 않는다면 의사는 그의 퇴원을 막을 권리가 있는가?

(4) 도덕적 명제와 사실적 명제

도덕적 결론들이 사례의 사실들로부터 직접 추론되는 것이 아니라는 사실을 상기하자. 예를 들면 제임스는 치유될 것이고 결국 퇴원할 수 있다는 사실은 비록 이러한 고려 사항이 문제와 관련되어 있다고 하더라도 그가 스스로 생명를 끊는다는 것이 필연적으로 잘못이라는 것을 의미하지는 않는다. 제임스의 요구에 대해 의사가 직접 극약을 투여하는 것이 법률상 금지되어 있다는 사실도 그 행위를 의사에게 법률적으로 허락해야 하는지 여부의 문제를 해결하지는 못한다. 의사가 모든 형태의 자살을 반대한다는 사실이 그로 하여금 필연적으로 제임스가 스스로 죽지 못하도록 행위해야 한다는 것을 의미하지는 않는다.

(5) 도덕적 명제의 특성

지금 논의되고 있는 도덕적 문제는 도덕적 명제의 네 가지 특성을 보여준다. 첫째, 논의되고 있는 도덕적 문제에 주어진 답변들은 제임스와 의사가 따라야 할 행위를 규정한다. 제임스의 자살이 그르다는 것은 제임스가 자신의 생명을 끊으려는 어떠한 방법도 취해서는 안 된다는 것을 의미한다. 또한 의사는 제임스의 퇴원을 도와야 할 의무가 있다는 결론은 그 목적을 성취하기 위해서 그에 상응하는 조치를 취해야 한다는 것을 의미한다. 둘째, 이러한 사례에 관한 도덕적 명제는 통상 당사자와 무관한 관점으로부터 나온다. 만일 우리가 이러한 사례에 관해 관찰자의 시각으로 판단하고 있다면 우리는 당사자와 무관한 관점을 가정할 수 있다. 그러나 우리가 만일 의사의 관점을 취한다면, 우리는 의사의 도덕적 의무와 직업상의 의무에 관련하여 무엇을 해야 하는가를 물을 수 있다. 자기 이익은 동일한 상황의 다른 의사에게도 적용되어야만 합법적인 고려 사항이 되기 때문이다. 제임스에게 극약을 투여하는 것이 의사의 법적 구속을 초래한다면 그것은 그에 걸맞는 중요한 도덕적 영향을 미칠 수 있다. 그러나 그러한 사항은 동일한 상황의 다른 의사에게도 도덕적으로 영향을 미칠 것이다. 셋째, 도덕적 문제는 진지하고 우선되는 중요성을 갖는다. 제임스의 화상에 관한 도덕적 문제는 의학적인 예의의 문제나 미적 문제보다 중요하며, 그 경우에 도덕적 문제는 법률적인 문제보다도 더욱 중요하다. 왜냐하면 무엇을 해야 하는지에 관한 우리들의 신념을 법률이 수용하려면 법률 역시 변화되어야 한다고 결론지을 수 있기 때문이다. 넷째, 이 문제는 단지 권위, 여론 혹은 전통에 호소해서 해결할 수 없다. 제임스의 자살이 그른 것인지 또는 의사는 제임스의 자살을 도와야 하는지의 여부를 결정하는 문제는 투표나 과거의 선례를 넘어서는 그 이상의 문제이다.

(6) 도덕 철학에서의 개념

우리는 이 문제를 결과주의의 시각이나 비결과주의의 시각에서 살펴볼 수 있다. 이기주의는 제임스의 자기 이익이나 의사의 자기 이익에 관한 대안들의 결과에 관해서 물을 것이다. 공리주의는 사람들 일반의 복지를 위한 결과에 관해서 물을 것이다. 자연법 윤리설과 인간 존중의 윤리학과 같은 비결과주의는 이 문제에 다른 방식으로 접근할 것인데, 이들은 제임스나 의사의 행위가 인간의 본성이나 인간 존중 사상과 일치하는지를 물을 것이다. 필자는 위의 물음에 대한 해결을 다음 기회에 다시 고찰하고자 한다. 중요한 점은 대안이 되는 행위들의 결과가 결정적인 것이 아니라는 점이다. 예를 들어 자연법 윤리설의 규준에 의하면 제임스는 자신의 나머지 삶이 자신에게나 그 밖의 사람들에게 이익을 산출해 주지 않는다고 하더라도 스스로 생명을 끊지 않아야 한다.

마지막으로 위 사례에 관한 논의에서 우리는 '좋다' 또는 '나쁘다'라는 용어를 행위, 동기, 그리고 사람들을 칭찬하거나 비난하는 용어로 사용할 것이다. 우리는 또한 사람들의 행위를 '옳다' 또는 '그르다'로 언급할 것이다. 그럼으로써 그러한 행위들을 도덕적으로 의무인(허용할 수 있는) 것으로 혹은 도덕적으로 허용할 수 없는 것으로 분류할 것이다. 우리가 1장에서 논의했던 개념들과 구분들은 도덕적 논의의 본질적 부분들이다.

내용 요약

윤리학의 중요한 부분 중의 하나는 차이를 구별하는 것이다. 도덕 문제를 분석할 때 우선 사실의 문제, 개념의 정의를 포함하는 문제, 그리고 직접 도덕 원리를 포함하는 문제를 구별해야 한다.

도덕적 명제 그 자체는 미학, 예절, 법률, 문법 등과 마찬가지로 규범적 명제의 한 형태이다. 규범적 명제는 규범에 호소하는 가치 판단을 한다는 점에서 사실적 명제와 다르다. 대부분의 도덕 철학자는 도덕적 명제가 사실적 명제로부터 도출될 수 없다고 믿는다. 이러한 신념에 관한 중요한 결론의 하나는 도덕적 명제가 사실에 호소함으로써 정당화될 수 없다는 것이다. 이러한 점은 도덕적 논증에서 매우 중요하다.

전체적으로 볼 때 몇 가지 특성들은 도덕적 명제를 훌륭하게 묘사한다. 도덕적 명제는 행위를 규정하며, 공평한 고려 사항에 근거한다. 또 이 명제는 우선되는 중요성을 가지며, 권위적인 기관의 결정에 의해서 수립되거나 변화되지 않으며, 도덕적 명제의 진리는 단순히 합의나 전통에 호소함으로써 수립될 수 없다.

도덕 이론을 이해하기 위해서 우리는 그 이론이 결과주의적 이론(행위, 인격 또는 동기를 결과에 따라 판단하는 이론)인지 비결과주의적 이론(행위, 인격 또는 동기를 도덕 규칙과의 일치에 의해서 판단하는 이론)인지의 여부를 알아야 한다. 이기주의와 공리주의는 결과주의적 이론이며 자연법 윤리설과 인간 존중의 윤리학은 비결과주의적 이론이다. 우리는 '좋다'라는 단어를 일반적인 도덕적 찬사의 용어로 사용해야 할 것이며, '옳다'라는 단어는 "도덕적 의무이다"라는 의미로 사용해야 할 것이다.

2 도덕은 상대적인가?

델몬트 회사는 18개월 동안 과테말라에 있는 5만 5천 에이커의 바나나 농장을 매입하려고 했으나 과테말라 정부는 팔려고 하지 않았다. 델몬트 회사의 관리들은 문의와 상담을 요구했으나 성사되지 못했다. 그래서 그들은 50만 달러를 들여 사업 로비스트를 고용했다. 그 로비스트는 과테말라의 정당에 자주 정치 자금을 기부하는 부유한 사업가였다.

미국의 대기업과의 이러한 관계가 드러나게 되면 이 로비스트는 과테말라에서의 영향력이 감소될 것이며, 아마도 좌익 세력으로부터 자신의 생명을 위협받게 될 것이다. 이 로비스트는 이러한 점들을 두려워했다. 그래서 그는 델몬트 회사에 익명을 요구했고 그 약속을 받아냈다. 더 나아가 델몬트 회사는 그를 보호하기 위해 수수료를 국외에서 지불했다. 또한 델몬트 회사는 그에게 지불한 수수료를 계열 회사 중 파나마인이 대표로 있는 선박 회사의 장부에 일반비와 관리비로 기입했다. 그 수수료는 전적으로 과테말라 정부로부터 농장 매입 허가를 얻어 내기 위한 그의 능력에 대한 지불이었다.

갑자기 과테말라 정부는 실각되었고 농장 매입이 허용되었다. 이제 델몬트 회사는 2천 5십만 달러를 지불하고 수익성 높은 바나나 농장을 소유하게 되었다. 그리고 그 로비스트는 상당한 부자가 되었다.[1)]

세계의 많은 곳에서 어느 정도의 뇌물은 상식적으로 수용되고 있는 실정이다. 이러한 관행은 나라마다 제각기 다른 이름을 가진다. 중동에서는 "백쉬쉬"(baksheesh), 남미에서는 "라 모르디다"(la mordida)라고 부른다. 델몬트 회사의 농장 매입과 같은 정부의 승인을 필요로 하는 대형 계약에서부터 작은 사업 허가증이나 아파트 임대에 이르기까지 모든 곳에서 그러한 뇌물이 필요한 나라가 있을지도 모른다. 그러한 나라에서는 뇌물을 받는 공무원들 대부분이 박봉에 시달리고 있으며 뇌물은 봉급을 늘리는 합법적인 방법으로 통용된다. 그러나 미국과 같은 대부분의 산업 사회에서 그러한 관행은 항상 비윤리적이며 불법적인 것으로 간주된다.

이러한 예들은 1장에서 논의된 회사원을 포함한 많은 사람들이 윤리학에 관해서 어떻게 생각하고 있는지를 설명한다. 즉 "로마에서는 로마인처럼 행동하라"와 같이 "도덕은 상대적이다"라는 것이다. 델몬트 회사의 관리에게 있어서 로비스트를 고용하는 것은, 과테말라에서는 사업이 그런 식으로 이루어지기 때문에 그리고 도덕은 항상 개별적 문화에 따라 상대적이기 때문에 전적으로 합당하다. 심지어 어떤 상대주의자는 도덕이란 각 계층의 사람들에 대해서도 상대적이라고 말한다.

명심해야 할 중요한 점은 상대주의자들은 도덕적인 진리가 문화, 계층, 개인, 일련의 원리에 대해 항상 상대적이라고 주장한다는 사실이다. 도덕적 상대주의자는 윤리학이 진리를 가지지 않는다고 보기보다 오히려 윤리학은 많은 진리를 가진다고 생각한다. 절대적이고 보편적인 모든 진리가 모든 사람에게 객관적으로 동일하지 않다고 하더라도 사람들은 옳고 그름을 구별하는 도덕적인 판단을 한다. 상대주의자들에 있어서 어떤 판단이 그르다고 말하는 것은 불합리하다. 각각의 개인 혹은 각각의 사회는 자신의 도덕적 진리를 발견해야 하며 그 진리에 따라 살아가야 한다고 말하는 것이 왜 나쁜가?

---

1) "Del Monte Corp. Finds a Foreign 'Consultant' Can Help a Great Deal", in *Wall Street Journal*(1974. 7. 14), 1면.

명백한 단순성과 신빙성에도 불구하고 도덕적 상대주의는 많은 함정을 가진 믿을 수 없는 이론이다. 우리는 우선 도덕적 상대주의의 몇 가지 미약한 논증을 고려함으로써 이 이론의 몇 가지 측면을 탐구할 것이다. 그렇게 함으로써 또한 도덕적 상대주의의 주장을 분명하게 드러낼 수 있다.

제 1절 도덕적 상대주의를 지지하는 미약한 논증들

(1) 어떤 사람에게 옳은 행위가 항상 다른 사람들에게도 옳은 것은 아니다

어떤 사람들은 윤리적 상대주의의 논증으로서 사람들이 다르게 행위한다는 사실을 이용하려고 한다. 다음의 명제를 고려해 보자.

그녀는 동성 연애자이고 나는 그렇지 않다. 그래서 도덕은 상대적이다.

당신과 그녀가 다르게 행동한다는 것이 참이라고 하더라도 당신의 상황과 그녀의 상황은 도덕적으로 몇 가지 상대적인 차이를 가질 수 있다. 그래서 그녀는 동성에게 유혹되는 것을 자연스러운 것으로 알고 있는 반면에 당신은 그렇지 않다. 당신은 사람들이 그들 자신이 가장 만족해 하는 성행위의 형태가 다른 사람들에게 아무런 해가 되지 않는다면 그들 자신이 가장 만족해 하는 성행위의 형태를 실천할 수 있다는 것에 동의해야 한다. 이런 경우에 도덕 원리에 대해서는 어떠한 불일치도 없고 단지 두 사람의 성적인 관심 대상에 대한 차이가 있을 뿐이다.

서로 다른 환경과 조건이 때로는 서로 다른 행위를 요구한다라는 명제는 윤리적 상대주의를 지지하는 미약한 논증이다. 실제로 우리가 관심을 두고 있는 도덕적 상대주의의 본질적인 조건 중의 하나는 두 사람이 도덕 원리에 일치할 필요가 없다는 것이지 그러한 원리에 따르는 합당한 행위에 일치하지 않아야 한다는 것이 아니라는 점이다. 만일 당신과 그녀가 동성애의 도덕에 관해 일치하지 않는다면 당신과 그녀 사이에는 매우 중요한 불일치가 있는 것이다. 이는 두번째 논증으로 나아가게 한다.

(2) 사람들은 도덕 원리에 관해 일치하지 않는다

사람들은 자신들에게 가장 잘 맞는 성의 형태가 다른 사람들을 해치지 않는 한 그 성의 형태를 실천할 수 있다는 입장에 관해서 당신과 당신 친구가 서로 일치하지 않는다면 이 경우는 도덕 원리에 있어서 불일치하고 있는 것이다. 당신 친구는 동성애가 도덕적으로 허용될 수 있는 행위라고 여기고 당신은 그렇게 여기지 않는 것이다. 뇌물의 성격에 있어서 미국인과 과테말라인간의 불일치는 쉽게 결정할 수는 없겠지만 아마도 도덕 원리에 관한 불일치일 것이다.

도덕 원리에 대한 불일치를 가장 극적으로 설명한 것들 중의 몇 가지는 다른 문화에 대한 연구에서 발견된다. 동물이 겪는 고통에 관한 다양한 문화적 태도들은 도덕 원리에 대한 근본적인 불일치를 반영한다. 남미에서는 많은 수분을 맛볼 수 있다는 생각에서 닭을 산 채로 잡아먹는다. 호피(Hopi) 인디언은 아이들이 새 다리에 끈을 묶어 장난하는 것을 조금도 반대하지 않는다. 그러한 장난이 종종 다리를 부러뜨리고 날개를 찢어서 결국에는 새를 죽게 하는 경우라고 해도 역시 마찬가지이다. 어떤 호피 인디언이 표현하듯이 "때때로 새들은 지쳐서 죽게 된다."[2] 우리는 도덕 원리에 관한 명백한 불일치에 대해서 다른 많은 예를 인용할 수 있다. 로마인은 유아 살해를 인정하지만 우리는 그렇지 않다. 사람들은 간통, 혼전 성관계, 재산권, 폭력, 욕설 그리고 많은 문제에 대한 태도에서 심한 차이를 드러낸다.

그러나 도덕 원리에 관한 불일치라는 단순한 사실이 도덕적 상대주의의 진리를 입증하는 것은 아니다. 우선 더 자세하게 관찰해 보면 도덕 원리에 관한 불일치가 실제로는 사실에 관한 불일치인 경우가 많다.

---

2) R. Brandt, *Ethical Theory*(Englewood Cliffs, N.J.: Prentice-Hall, 1959), 103면.

부모가 노쇠하기 전에 매장하는 풍속은 사람은 죽는 그 당시의 조건에서 사후의 삶을 살게 된다는 믿음에서 기인한다. 그들이 좋은 이유라고 믿는 것 때문에 부모의 생명을 빼앗는다는 말이다. 많은 과테말라인들도 자신들의 사업 방식이 기계적이고 비인격적인 미국식보다 자신들의 기질에 맞으며 더욱더 사회적이라고 믿고 있다.

그럼에도 불구하고 즉 이 두번째 지적이 도덕적 상대주의의 논증에 반대하는 보다더 비판적인 지적임에도 불구하고 상호간의 불일치에서 다른 한쪽은 단순히 그른 것일 뿐이다. 새를 가지고 "노는" 호피족 아이들은 도덕적으로 정당화될 수 없는 행위를 하고 있다. 과테말라인들의 사업 방식은 실질적으로 사회에 해를 끼치는 도덕적 부패의 한 가지 형태를 표현하고 있다. 어쨌든 사실에 대한 불일치가 상대주의 역시 사실적 신념에 적용된다는 사실을 보여주는 것에 불과하듯이 도덕적 불일치가 존재한다는 단순한 사실이 도덕적 상대주의가 진리라는 것을 입증하는 것은 아니다. 만일 내가 화성에 생명체가 있다고 믿고 당신이 그렇지 않다고 믿는다고 해도 나의 신념은 나에게 참이고 당신의 신념은 당신에게 참이라고 말할 수는 없다. 두 사람 중의 한 사람은 잘못 알고 있는 것이기 때문이다.

(3) 개인들은 때때로 상충되는 도덕 판단을 함에 있어 동등하게 정당화된다

이 논증은 도덕적 상대주의를 옹호하는 논증에 더욱 근접해 있다. 그러나 사람들이 상충되는 신념을 옹호하기 위해 동등하게 좋은 이유를 가지고 있는 상황은 윤리학에만 있는 것은 아니다. 과학자 *A*는 질병의 기원에 관해서 하나의 가설을 주장하고 과학자 *B*는 그와 양립 불가능한 다른 가설을 주장한다고 해보자. 두 과학자는 각자의 관점에 관해서 동등하게 좋은 증거를 가지고 있다. 그러나 과학자 *A*의 가설은 *A*에게 참이고 *B*의 가설은 *B*에게 참이라고 말할 수는 없다. 오히려 그 증거가 결정적이지 않은 것이라고 말할 수 있다. 왜냐하면 우리는 그 가설들 중에 적어도 하나는 잘못된 것임을 알고 있기 때문이다. 윤리학에서도 마찬가지이다. 사람들이 서로 다른 윤리적 신념에 대해서 동등하게 좋은 이유를 가지고 있을 때 그들 중 적어도 한 사람의 주장은 그른 것일 수 있다.

이 논증은 도덕적 상대주의의 성격을 분명히 해주며 도덕적 상대주의를 옹호하는 또 다른 논증을 제시해 준다. **도덕적 상대주의**의 주요 주장은 서로 다른 윤리적 원리들이 서로 다른 사람들에게 옳다는 것이다.[3] 이러한 주장은 지금까지 제시된 도덕적 상대주의를 옹호하는 다른 어떤 논증보다 강력한 도덕적 회의주의의 논증을 제시한다. **도덕적 회의주의**의 주요 주장은 윤리적 원리들이 옳다는 것을 우리가 알 수 없다는 것이다. 도덕적 회의주의는 도덕적 상대주의의 진리를 입증하지 못한다. 즉 어떤 윤리적 원리가 옳은지 우리가 알 수 없다는 사실(만약 이것이 하나의 사실이라면)이 서로 다른 사람들에게 서로 다른 윤리적 원리들이 옳다는 결론을 즉각 도출시켜 주는 것은 아니라는 말이다. 도덕적 회의주의자는 회의주의를 옹호하여 도덕에는 전혀 진리가 없다고 주장하거나 아니면 적어도 어떤 진리가 존재한다고 하더라도 그것을 알 수 없다고 주장한다. 그러나 사람들이 그들 자신의 도덕 원리를 옳다고 믿고 있다는 사실에 대해 상대주의자는 깊은 감명을 받고 있다. 사람들이 자신의 도덕 원리를 옳다고 믿는다는 사실과 어떤 도덕 원리가 옳은지 알 수 없다는 신념(도덕적 회의주의)을 결합시킨다면 우리는 서로 다른 윤리적 원리들이 서로 다른 사람에게 옳다(도덕적 상대주의)라고 그럴 듯하게 결론내릴 수 있다. 그러므로 우리는 도덕적 회의주의에 관한 논증을 살펴보아야 한다.

제2절 도덕적 회의주의를 지지하는 논증들

도덕적 회의주의자들은 자신의 입장을 증명하기 위한 쉽고 직접적인

---

3) J.W. Cornman, K. Lehrer, and G. Pappas, *Philosophical Problems and Argument: An Introduction*, 제3판(New York: Macmillan, 1982), 270면 참조.

방법을 가지고 있지 않다. 도덕 원리들이 옳다는 것을 증명할 수 없다는 것이 이들의 주장이기 때문에 회의주의자는 도덕 원리를 증명하려고 하는 모든 시도를 거부해야 할 것이며 또한 모든 가능성을 검토했다는 것을 보여주어야 할 것이다. 어떤 것도 증명될 수 없기 때문에 우리는 기껏해야 도덕적 회의주의가 진리임을 시사하는 정도의 불완전한 논증으로 만족해야 한다. 우리는 도덕 원리를 정당화하려는 가장 평범한 시도 즉 옳은 것이 무엇인가에 관한 종교적 권위에의 호소와 도덕적 직관에의 호소에 반대하는 회의주의적 논증들을 살펴보고 그 다음에 도덕적 회의주의를 옹호하는 더 일반적인 논증을 살펴볼 것이다. 만일 이러한 논증들이 타당하다면 도덕적 회의주의는 정립될 수 있는 훌륭한 출발점을 가지게 될 것이다.

(1) 종교는 윤리학에 만족스러운 토대를 제공할 수 없다

도덕이 어떤 점에서 종교적 권위에 근거하고 있다는 견해는 철학사에서 끊임없이 논의되어 온 주제일 뿐만 아니라 철학과 무관한 많은 사람들이 공유하고 있는 주제이기도 하다. 신앙이 사람들을 도덕적으로 만든다면 심리학적 의미 혹은 동기 부여의 의미에서 도덕은 종교에 근거하고 있는 것이다. 종교는 도덕에 적극적이거나 소극적인 동기를 제공할 수 있다. 적극적인 동기 부여로서 영원한 보상에 대한 희망, 동료 신자들의 영향력, 신에 대한 사랑 그리고 위대한 종교적 성인들의 행적은 도덕적으로 칭찬받을 만한 행위로 이끌어 간다. 소극적인 동기 부여로서, 죄와 벌에 대한 공포와 동료 신자들의 비난은 어떤 행위 형태들에 대해서는 강력한 제재일 수 있다. 윤리적 행위를 산출하기 위한 종교적인 동기 부여는 많은 사람의 생활에 중대한 영향을 미친다. 그러나 사람들이 윤리적으로 행위하는 근거가 이와 같이 종교적으로 유발된 정서들에 의해 우연히 설명된다고 하더라도 그것은 도덕 원리의 타당성에 관한 좋은 이유를 제공해 주는 것은 아니다. 예를 들면 공포와 희망은 종종 부도덕한 행위의 원인이 될 수 있다.

이러한 이유를 찾아내기 위해서 우리는 종교가 도덕적 신념에 하나의 토대를 제공할 수 있다는 논리적 의미에 주목해야 한다. 이에 대한 논증은 옳음과 그름을 구별한다는 것 즉 도덕 판단에 "객관성"을 제공하는 것이 종교적 기원과 관련된다는 것이다. 그러나 이 관련성은 정확히 무엇인가? 이 문제는 플라톤의 초기 대화편 가운데 하나인 《에우튀프론》(*Euthyphron*)에서 제기된다. 여기에서 소크라테스는 다음과 같이 물었다. 신이 사랑하기 때문에 그것이 선한가? 아니면 그것이 선하기 때문에 신이 사랑하는가? 소크라테스는 신의 권위와 도덕 원리의 관계에 대해서 취할 수 있는 두 가지 주요한 입장을 제시한다. 도덕적 회의주의는 어떠한 선택도 신의 권위가 도덕적 신념에 하나의 토대를 제공할 수 있다는 주장에 대해 훌륭한 근거를 제공하지 못한다고 본다. 도덕적 회의주의자가 어떻게 이와 같이 생각하는지를 살펴보자.

소크라테스에 의해 제시된 첫번째 대안은 신이 사랑하기 때문에 그것이 선한 행위라는 대안이다. 즉 신의 사랑 혹은 어떤 행위에 대한 신의 승인(approval)이 그 행위를 선하게 만든다는 것이다. 달리 풀어 설명하면, 신이 명령했기 때문에 그것이 옳다는 것은 그렇게 행위하라는 신의 명령이 그 행위를 옳게 만든다는 것이다. 도덕적 회의주의는 이러한 대안에 반대해서 많은 논증을 제시한다.

첫째, 많은 철학자들은 도덕적 신념이 신의 명령으로부터 도출된다는 주장을 도덕의 자율성 또는 도덕의 독립성을 포기하는 것으로 생각한다. 우리는 도덕적 확신보다는 오히려 초월적 힘에 도덕의 근거를 둔다. 진정한 도덕적 행위자로서 행위하는 것은 스스로 명령하는 존재(being self-directed)임을 포함한다. 신의 명령을 추종하는 것은 자율을 단순히 복종으로 대치하는 것이다. 이는 도덕적으로 그르다.[4]

둘째, 신의 시인이 어떤 것을 옳게 한다는 견해는 사회적으로 위험한 것일 수 있다. 만일 어떤 사람의 행위가 신의 명령에 의해 지배된다면 신은 자신의 추종자들에게 어떤 것을 하라고 명령할 수 있고, 추종자들은 복종하지 않을 수 없다. 만약 신이 무고한 아이들을 고문할 것을 명

4) 이 논증은 최근에 비판을 받았다. P. Quinn, *Divine Commands and Moral Requirements*(Oxford: Clarendon Press, 1978), 1장 참조.

령하거나 또는 "신의 적들"을 죽이라고 명령한다면 어떻게 될 것인가? 이러한 신의 명령에 따라 상식적으로 받아들인 도덕적 교훈을 거부하는 것이 오히려 사회적 혼돈 상태를 야기시킬 수도 있다.

셋째, 신이 사랑하기 때문에 그것이 선하다는 생각은 종교적 신자들이 흔히 사용하는 "하느님을 찬양하라. 왜냐하면 그는 선하기 때문이다"와 같은 말과 양립 불가능한 것으로 보인다. 신이 명령하는 것이 무엇이든 그것이 선하다면 아마도 신이 행하는 모든 행위는 또한 선할 것이다. 왜냐하면 신은 자신의 명령에 반대해서 행위하지 않을 것이기 때문이다. 그래서 신의 선 때문에 신을 찬양하는 것은 단순히 신이 자신의 명령에 복종하는 존재이므로 찬양하는 셈이 된다. 자신의 명령은 정의상 선하다. 이 추론은 길이가 1미터인 물체를 놓고 표준 미터자를 칭찬하는 것만큼이나 어리석다. 이러한 반론은 적어도 '좋다'라는 단어가 "신의 명령과 일치하는 것"과 같은 말을 의미하지 않는다는 것을 보여준다.

넷째, 철학자 기취는 모든 도덕적 교훈에 대한 우리들의 지식이 신의 명령에 의존하는 것은 불가능하다고 주장한다.[5] 만일 거짓말이 내재적으로 그른(즉 거짓말하지 말라는 신의 명령과 관계 없이 그 자체로 그른) 것이 아니라면, 신의 명령을 참된 것으로 받아들일 이유가 없다. 왜냐하면 신은 자신이 실제로 명령하는 것에 대해서 우리에게 거짓말하고 있을 수도 있기 때문이다. 거짓말과 같은 것은 명백하게 신의 명령과 관계 없이 그릇된 것이어야 한다. 그리고 만약에 이것이 그러하다면 거짓말 이외의 다른 모든 것들도 그러해야 하지 않겠는가?

신의 시인이 어떤 것을 옳거나 좋은 것으로 만든다고 믿는 사람들은 이러한 비판에 대해서 반론할 수 있거니와 이러한 반론들 중의 몇 가지는 철학적으로 매우 중요하다. 그러나 전체적으로 보면 지금까지의 반론들은 도덕 원리가 신의 명령에 근거하고 있다는 견해에 대해 심각한 의문을 제기하는 강력한 것들이다. 많은 종교적 사상가들 역시 그러한 입장을 거부했다. 탈무드를 저술한 유태학자들도 신의 명령을 행위의

5) P. Geach, *God and the Soul* (New York: Schocken Books, 1969), 110~120면.

근거로 간주하지 않았다. 왜냐하면 만일 신이 절도와 살인을 명령한다고 해도 우리는 그렇게 해야 할 의무를 가지지 않기 때문이다. 인간은 그 본성상 옳고 그른 것을 알고 있으며 계시는 모든 도덕적 교훈의 적용에 관한 불확정성을 피하기 위해서만 필요할 뿐이다. 마찬가지로 모세 마이모니데스(Moses Maimonides)와 다른 중세 유태 사상가들도 선을 신의 의지와 동일시하는 것을 거부한다.[6] 가톨릭 전통은 좀더 제한되어 있기는 해도 일반적으로는 유사한 입장을 취한다. 토마스 아퀴나스에 따르면 "도덕이 단순히 신의 의지에 의해 결정된다고 말하는 것은 신의 의지가 어떤 때는 질서와 지혜를 따르지 않을지도 모른다는 것을 의미한다. 그러나 이렇게 말하는 것은 신을 모독하는 것이다."[7]

이제 우리는 소크라테스의 다른 선택 즉 그것이 선하기 때문에 신이 사랑하거나 시인한다는 다른 대안을 살펴보아야 한다. 이 대안에 따르면 도덕적 진리의 근거는 자의적인 신의 명령으로부터 독립해 있다. 아퀴나스는 도덕이 신의 자의적 의지보다는 오히려 신의 "지혜"에 우선적으로 근거한다고 말했다. 즉 도덕 원리는 신의 지성에 포함된다는 것이다. 그러나 신은 도덕 원리를 임의로 결정하지 않으며 임의로 그것을 변경하지도 않는다. 그래서 어떤 점에서는 도덕 원리가 신과 독립되어 있는 타당성을 가진다고 할 수 있다. 실제로 신이 옳은 것과 그른 것을 결정하지 않는다 하더라도 이러한 대안을 믿는 사람이 어떻게 도덕이 전적으로 종교에 근거한다고 주장할 수 있는지를 여러분들은 이상하게 여길지도 모른다. 그러나 이러한 입장을 주장하는 사람은 여전히 신의 계시가 도덕적 지식의 최선의 근원이라고 말할 수 있다. 왜냐하면 만일 신이 인간에게 옳은 것과 그른 것을 전해 준다면, 이러한 전달은 신의 명령(decree)에 근거하지 않았다고 하더라도 여전히 도덕적 지식의 최선의 근거일 것이기 때문이다. 확실히 신은 도덕적 지식을 인식함에 있어서 인간보다 더 좋은 방식을 가지고 있고, 인간에게는 신빙성 있는

---

6) L. Jacobs, "The Relationship between Religion and Ethics in Jewish Thought", in *Religion and Morality*, ed. G. Outka and J.P. Reeder, Jr. (New York: Anchor Books, 1973), 155~172면 참조.

7) Thomas Aquinas, *De Veritate*, 23.6; E. D'Arcy, "Worthy of Worship: A Catholic Contribution", in *Religion and Morality*, 191면에서 인용했다.

완전한 방법이 없을지도 모른다. 그러나 회의주의자들은 이 입장에 대해서도 또한 반대할 수 있다.

첫째, 여전히 신은 어떻게 인간에게 도덕적 지식을 전달하는지를 결정해야 하는 문제가 있다. 우리는 성경, 코란 또는 어떤 다른 종교의 경전을 살펴보았는가? 도덕적 진리를 위한 계시의 근거를 결정한 후, 그 근거의 적절한 해석에 관해서는 어떻게 결정해야 하는가? 세계의 종교들은 폭력의 정당화나 동물에 대한 취급과 같은 도덕적 문제에 있어서 매우 다르다. 유태교와 기독교 내에서조차 중요한 문제에 있어서 도덕적으로 일치하지 않는 경우가 있다. 종교적 권위자들이 전쟁, 낙태, 불임 시술, 산아 제한과 같은 문제에 관해서 왜 일치하지 못하는지를 고려해 보자. 만일 종교적 권위자들이 신의 "지혜"가 말하는 바에 관해 일치하지 않는다면, 어떻게 우리가 종교를 도덕적 신념의 근거로 확신하리라는 것을 기대할 수 있겠는가?

둘째, 두 대안들은 애당초 신에 대한 믿음이 합리적이라는 가정을 하고 있다. 회의주의자에 따르면, 도덕의 근거로서 종교의 타당성을 판단하는 것은 먼저 종교적 신념 그 자체의 타당성에 관해 만족스러운 답변을 제공했느냐에 달려 있다. 회의주의자는 이른바 신 존재 증명에도 여러 가지 난점이 있으며 신을 믿을 만한 근거도 전혀 없다고 주장한다. 더구나 도덕적 신념이 여기에 근거할 만한 좋은 이유도 없다고 주장한다. 게다가 세계 내의 악과 고통은 전지 전능한 신이 존재한다는 믿음에 대한 난제로 대두된다. 신에 대한 믿음과 어린이의 생명을 앗아가는 질병, 혹은 인류의 생명을 앗아가는 자연적 재해를 조화시키는 것은 가능한가? 아마도 우리는 도덕 원리의 객관성에 대한 믿음의 기초를 제공하는 또 다른 시도를 살펴보아야 할 것이다.

(2) 직관은 윤리학에 만족스러운 토대를 제공할 수 없다

우리는 도덕적 직관에 호소하여 도덕적 신념의 정당화를 시도할 수도 있다. 직관은 사람들이 직접 도덕적 진리를 알 수 있는 능력일지도 모른다. 그러나 직관주의자들은 이러한 직관의 성질에 관해 서로 일치하지 않는다. 어떤 사람은 직관을 느낌 혹은 "감정"(sentiment)이라고 보고, 덕행은 즐거운 느낌을 산출하며 악행은 고통이나 불쾌한 느낌을 산출한다고 주장한다. 물론 이러한 즐거움 혹은 고통의 느낌은 별개의 것이다. 즉 이것들은 자기 이익 또는 개인적 이익과는 분리되어 있으며 관계도 없다. 그러나 또 다른 직관주의자들은 도덕적 직관이 감각(sensation)과 같은 것이라기보다는 합리적인 지식과 같은 것이며, 도덕적 직관을 통해 지각하는 것은 옳은 행위가 가지는 "적합성"(fitness)을 보유한다고 주장한다. 즉 확실한 행위는 전후 사정을 고려한 "옳은" 과정인 것처럼 보인다는 말이다. 그러나 도덕적 회의주의자는 대답하기 어려운 직관에 호소함으로써 생기는 구체적인 난점들을 지적한다.

첫째, 대립되는 두 가지 도덕 원리 모두가 직관에 근거하고 있다고 주장한다면 직관주의자들은 이들을 선택할 어떤 절차를 제시할 수 없다. 나의 주장은 죄없는 사람의 생명을 빼앗는 것은 항상 나쁘다는 것이고, 당신의 주장은 죄없는 어떤 사람을 희생시키는 것이 더 커다란 재앙을 막기 위해 불가피한 경우도 있다는 것이라고 생각해 보자. 예를 들면 만일 사악한 독재자가 자신의 적대국 중 하나(실제로 그릇되지 않게 행동한 국가)가 항복하지 않을 경우에 핵 무기로 그 국가를 공격한다면, 당신은 그 국가가 그의 요구에 따라야 한다고 주장할 것이다. 반면에 나는 핵 무기에 의해 국가의 파멸을 가져온다고 하더라도 그의 요구에 따르는 것은 부도덕하다고 주장할 것이다. 이제 만일 당신과 내가 서로의 주장을 도덕적 직관에 호소하여 변호한다면 누가 옳은지를 어떻게 결정할 수 있는가? 우리는 내면적으로 우리의 직관을 살피고 나서 서로 자신의 주장이 옳다고 주장할 것이다. 그 다음에 우리는 어떻게 할 것인가? 도덕적 직관주의는 우리가 추구하는 것, 즉 객관적으로 옳은 것과 그른 것을 결정하기 위한 방법을 제공해 주지 않는 것으로 보인다.

둘째, 어떤 직관주의는 도덕적 속성과 도덕과 무관한 속성의 관계를 잘못 해석한 것처럼 보인다. 우리는 흔히 어떤 사람이 어떤 특성을 가졌기 때문에 좋은(또는 나쁜) 사람이라고 말한다. 예를 들면 나는 존스 부인이 낙담에 빠진 사람에게 친절하고 아이들을 잘 보살피며, 자기와 다른 견해를 가진 사람에게 관대하다고 믿고 있기 때문에 좋은 사람이라고 말한다. 만일 존스 부인이 이러한 특성을 가지지 않았다면, 또는 내가 좋다고 생각하는 어떤 다른 특성을 가지지 않았다면 나는 존스 부인이 좋은 사람이라고 말하지 않을 것이다. 그러나 몇몇 도덕적 직관주의자들은 어떤 사람이나 어떤 행동에 대해 좋다고 평가하는 과정을 전혀 다르게 본다. 그들은 도덕적 직관 때문에 사람들의 특성에 관한 어떠한 지식도 없이 그 사람이 선하다는 것을 직관적으로 알 수 있다고 믿는다. 이러한 믿음은 다음과 같은 이상한 결과를 가져온다. 만일 우리가 정확히 동일한 특성을 갖고 있는 두 사람을 고려해 볼 때, 한 사람은 선하고 다른 사람은 그렇지 않음을 직관적으로 알 수 있을지도 모른다. 브라운 부인은 실의에 빠진 사람에게 친절할 수도 있고 아이들을 잘 보살피며 자신과 다른 견해를 가진 사람에게 관대할 수 있다. 그러나 만일 이러한 특성을 제쳐놓고서 브라운 부인의 선함을 직관하지 못한다면, 우리는 우리가 이미 선하다고 말한 존스 부인과 똑같은 특성을 가지고 있는 브라운 부인임에도 불구하고 그녀를 선하다고 말할 수 없을 것이다. 이런 이상한 결과로 인해 많은 도덕 철학자들은 사람이나 사람의 행동의 특성과 관계 없이 그것들에 대해서 선함과 나쁨을 직관할 수 있다고 주장하는 직관주의를 거부하게 된다.

(3) “무한 퇴행” 논증

도덕적 회의주의에 관한 보다더 일반적인 세번째 논증을 간략하게 고려해 보자. 만일 옳은 것 또는 그른 것을 결정하는 서로 다른 두 가지 윤리적 과정을 살펴보면, 우리는 하나의 도덕 판단에 관한 “타당한” 또는 “좋은” 이유들이 서로 다른 방식으로 규정되어 있다는 것을 발견할 수 있다. 예를 들어 결과에 관계 없이 죄없는 사람의 생명을 뺏는 것은 항상 그르다고 주장하는 사람은 도덕적 논증에서 인간 존중의 도덕 원리에 호소하는 이유들을 “좋은” 이유들로 규정할 것이다. 반면에 죄없는 사람의 생명을 희생시키는 것이 더 커다란 악을 피하기 위해 불가피하다고 주장하는 사람은 아마도 인류의 최대 복지나 유용성에 호소하는 이유를 도덕적 논증에서 "좋은" 이유로 규정할 것이다.

회의주의자는 도덕적 진리를 결정하는 이러한 두 가지 방법 중에 어느 것이 옳은지를 결정하기 위해서는 중립적인 세번째 방법을 가져야 한다고 주장한다. 이 방법은 두 방법 중 하나를 받아들이고 다른 하나를 거부할 이유를 제시할 수 있게 할 것이다. 그러나 이러한 세번째 방법은 아마도 일련의 다른 평가 기준을 제시할 네번째 방법과 대조해서 "타당한" 이유를 가지는 기준만을 제안할 것이다. 그 다음에 세번째 방법이 옳은지 네번째 방법이 옳은지를 결정하기 위해서 또한 다섯번째 방법이 필요할 것이다. 그러나 하나의 방법을 정당화할 방법을 끝없이 추구할 수 없기 때문에 우리는 결국 한 가지 방법을 받아들이고 다른 모든 방법을 거부하는 임의적이며 정당화되지 않는 결정을 내리게 된다. 하지만 도덕적 지식에 대한 어떠한 주장도 임의적인 결정에 의존할 수는 없다. 그래서 우리는 죄없는 사람의 생명을 정당하게 뺏을 수 있는지의 여부를 결정할 때 사용해야 하는 방법이 무엇인지를 결정하지 못하며 도덕 원리들간의 상충을 판단할 방법도 가지지 못한다.[8]

우리는 도덕의 근간으로서 종교와 직관에 반대하는 논증과 마찬가지로 이 논증에 대해서도 반박할 수가 있다. 비록 이 논증에 대해 지금 결정적으로 반박하지 못한다고 하더라도 미래에는 가능할지도 모른다. 그럼에도 불구하고 우리는 도덕적 회의주의가 자신의 입장을 위해서 인상적인 논증을 했다는 것을 인정해야 한다. 우리는 도덕적 회의주의의 진리를 의심할 어떤 이유를 가지고 있는가? 그렇다. 우리는 도덕적 회의주의의 더욱 극단적인 형태에서 특별히 도덕적 회의주의를 의심할 이유를 가지고 있다.

제 3 절 극단적 회의주의에 대한 의문점: 중도적인 방법은?

많은 도덕적 회의주의자들은 특정한 일련의 도덕 원리들의 정당성을

8) P.W. Taylor, *Principles of Ethics* (Encino, Calif.: Dickenson, 1975), 25~26면 참조.

확인하려는 시도가 무의미하게 되었던 이유를 설명할 수 있다고 믿는다. 즉 윤리적 판단은 단지 감정이나 태도의 표현에 불과하다는 것이다.[9] 만일 도덕 판단에 대한 이러한 생각이 적절하다면 도덕 판단에 관한 합리적인 논증들이 결정적이 아니라는 주장에 대해서도 놀랄 필요가 없다. 엄격한 의미에서 도덕 판단에 관한 합리적인 논증은 불가능하다. 왜냐하면 감정이나 태도의 표현에 불과하기 때문이다. 당신이 굴을 좋아하든 싫어하든 당신은 그 이유에 대해서 논증할 수 없다. 예를 들어 확실히 우리는 왜 사람들이 살인이나 절도에 대한 부정적 감정을 가지는가에 대해서 일련의 "이유들"을 제시한다. 그러나 어떤 극단적인 도덕적 회의주의자는 이러한 이유들이 어머니가 자식에게 "너는 그 빵을 훔친 것이 부끄럽지도 않느냐!"라고 꾸짖을 때처럼 사람의 정서를 움직이는 시도에 불과하다고 믿는다. 즉 내가 "훔치는 것은 그르다"라고 말할 때 나는 절도에 대한 나의 부정적 감정을 표현하고 있다는 말이다.

극단적인 도덕적 회의주의 역시 도덕적 논쟁에 포함된 사실에 대하여 논증할 수 있다고 믿는다. 만일 우리가 마약 복용의 도덕성을 고려하고 있고 치명적인 교통 사고에 대해 부정적인 감정을 가지고 있다면, 마약이 치명적인 교통 사고를 유발하는지의 문제에 관해 논증하기를 원할지도 모른다. 사실에 관한 논증에서는 통계를 인용하고 관련된 의학적 증거를 동원하고 그 밖의 다른 관련된 사실을 이용하는 것이 적절하다. 그러나 이러한 사실에 관한 논증들은 단지 치명적인 교통 사고에 대하여 부정적인 감정을 가지기 때문에 관련이 있을 뿐이다.

도덕 판단의 성질에 관한 이러한 해석—도덕 판단은 감정이나 개인의 기호를 표현한 것이라는 해석—은 직관과 신의 명령에 대한 호소의 성격을 이해할 수 있게 만든다. 우리는 "직관"을 고려할 때 진실로 우리의 정서를 고려하고 있다. 직관이 무엇이 그른지를 우리에게 보여준다고 말할 때 우리는 단순히 문제된 것에 관한 우리의 감정(feeling)을 표현하고 있는 것이다. 마찬가지로 신이 우리에게 타인을 사랑으로

9) 예를 들면, C.L. Stevenson, *Ethics and Language*(New Haven, Conn.: Yale Univ. Press, 1944).

대할 것을 명령한다고 말할 때 우리는 사랑에 관한 긍정적인 감정을 표현하고 있을 뿐이다.

그러나 극단적인 도덕적 회의주의자의 생각이 잘못되었다고 믿을 만한 이유가 있다. 감정 또는 기호는 도덕 판단과 명백히 구별된다. 왜냐하면 어떤 문제에 대한 우리의 감정은 우리의 윤리적 판단과 관계 없이 변할 수 있기 때문이다. 다음의 사례를 살펴보자.[10] 제인은 대학에 입학할 예정이다. 그러나 제인의 어머니는 제인의 교육을 위해 가족들이 저축한 돈을 새 아파트 구입에 쓰려고 한다. 제인의 어머니는 남편에게 다음과 같이 말한다.

> 저는 제인의 교육을 위해서 돈을 저축해 왔다는 것을 알고 있습니다. 그러나 저는 우리들이 더 늙기 전에 안락하게 살 수 있는 아파트를 원합니다. 그러니 우리가 저축한 돈을 새 아파트의 구입에 쓰도록 합시다.

제인은 어머니의 말씀에 윤리적으로 동의할지도 모른다. 그러나 새 아파트를 구입한다는 생각에 대해서는 부정적인 태도를 가질 수 있다.

> 저는 어머니가 저의 교육을 위해 돈을 저축해야 한다고 생각합니다. 그래서 죄송하지만 새 아파트 구입에 그 돈을 사용하기보다는 오히려 저축했으면 좋겠습니다.

혹은 제인은 윤리적으로 뿐만 아니라 태도에서도 어머니의 말씀에 동의할지 모른다.

> 어머니가 저를 위해서 돈을 저축할 의무가 있다는 것을 알고 있지만, 저는 부모님이 젊었을 때 안락하게 사실 수 있는 새 아파트를 구입하기를 원합니다.

---

10) 이 논증은 K. Baier, "Fact, Value, and Norm in Stevenson's Ethics", in *Nous*, 1(1967. 5), 139~160면에서 인용했다.

혹은 마지막으로, 제인은 윤리적으로 뿐만 아니라 태도에서도 불일치할 지도 모른다.

> 저는 새 아파트를 구입하기 위해서 그 돈을 사용하는 것이 그릇된 것이라고는 전혀 생각하지 않습니다. 결국 부모님은 자신들의 삶을 열심히 살아오셨고 저는 자신을 돌보기에 충분한 나이가 되었습니다. 그러나 저는 여전히 부모님들이 저의 진학을 위해 그 돈을 사용하기를 바랍니다.

부모가 저축한 돈의 적절한 용도에 관해서 제인이 취하는 감정은 자신의 도덕적 신념과 다를 수 있다. 그래서 대부분의 도덕 철학자들은 거리낌없이 극단적인 도덕적 회의주의가 도덕을 합리적 논증의 여지가 없는 감정의 표현에 불과하다고 보는 견해를 거부했다. 우리가 히틀러를 사악한 사람이라고 말했을 때, 우리들은 대부분 그 말이 "나는 굴을 좋아하지 않는다"라고 말할 때와 같은 개인의 기호 그 이상을 표현하고 있다고 생각한다. 더 나아가 윤리적 논증은 개인의 감정 그 이상을 다루고 있다. 왜냐하면 우리는 윤리적 논증에서 합법적인 이유로 간주되는 것을 결정할 때 어떤 기준을 인식하기 때문이다. 제인은 부모가 저축한 돈을 새 아파트 구입에 사용하는 것이 그릇되지 않다고 생각한다. 왜냐하면 제인 자신도 독립하기에 충분한 나이가 되었다고 느끼기 때문이다. 만일 제인이 아름답지 못한 자신의 외모를 이유로 삼는다면 우리는 당황해 할 것이다. 이러한 고려 사항이 어떻게 돈의 적절한 용도에 대한 부모의 신념과 도덕적으로 관련되는지를 이해하기 어렵기 때문이다.

그러면 우리는 도덕의 상대성에 대한 문제에 관해서 어떻게 말할 수 있는가? 도덕은 상대적인가? 오늘날 대부분의 도덕 철학자들은 아마도 이 문제에 대해서 단순하게 '예' 또는 '아니오'라고 답변하는 것으로는 만족하지 않을 것이다. 우리가 방금 제공했던 논증들이 도덕적 회의주의에 대한 더 극단적인 해석에 의문을 던진다고 하더라도, 도덕적 회의주의가 그르다는 것을 증명하지는 못한다. 도덕적 회의주의가 도덕적 상대주의의 강력한 근거인 한, 그 논증들은 또한 도덕적 상대주의의 문제점을 제기할 근거도 제공한다. 그러나 그 논증들은 도덕적 회의주의와 상대주의에 대한 평범한 대안, 즉 극단적인 절대주의도 결코 증명하지 못한다. **도덕적 절대주의**는 객관적으로 타당한 단일한 일련의 도덕원리들이 모든 사람에게 적용된다는 견해이다. 한편에는 극단적인 절대주의가 있고 또 한편에는 완전한 상대주의와 회의주의가 존재하지만 그 사이에 많은 미지의 영역이 놓여 있다. 그러나 우리는 아직 이러한 영역을 드러내는 데 필요한 도구를 가지고 있지 않다. 이러한 도구 몇 가지를 제시하는 것이 다음 장의 우선적인 목적이 될 것이다.

내용 요약

현대 사회의 지배적인 신념인 도덕적 상대주의는 서로 다른 도덕 원리가 서로 다른 사람들에게 옳다는 견해이다. 상대주의자들은 도덕적 진리가 존재한다는 것을 부정하지 않는다. 그러나 그들은 도덕적 진리가 문화, 계층, 개인 또는 일련의 원리들에 대해 상대적이라고 믿는다. 도덕적 상대주의의 다음과 같은 몇 가지 논증은 설득력이 없다. 한 사람에게 옳은 행위가 항상 다른 사람들에게도 옳은 것은 아니다. 사람들은 도덕 원리에 관해서 일치하지 않는다. 사람들이 서로 상충하는 도덕 판단을 해도 때로는 정당화된다.

도덕적 상대주의의 좀더 설득력 있는 논증은 도덕적 회의주의에 근거한다. 도덕적 회의주의는 어떤 윤리적 원리가 옳은지 알 수 없다는 견해이다. 도덕적 회의주의자는 종교적 권위와 도덕적 직관에 대한 호소는 도덕 원리의 훌륭한 토대가 아니라고 설득력 있게 논증한다. 회의주의자는 또한 자신의 입장을 위하여 "무한 퇴행" 논증을 제시할 수 있다. 이러한 논증들이 도덕 원리의 토대가 마련될 수 없음을 증명하지는 못하지만, 도덕적 회의주의가 올바른 궤도에 있을지도 모른다는 것을 시사해 준다.

그러나 우리는 극단적인 도덕적 회의주의 역시 그르다고 믿을 만한 근거를 가지고 있다. 많은 극단적인 도덕적 회의주의자들은 도덕 판단이 감정의 표현에 불과하다고 말한다. 하지만 우리는 어떤 문제에 대한 우리의 감정이 윤리적 판단과 관계 없이 변할 수 있다는 것을 보여줄 수 있다. 더 나아가 한편에는 극단적인 상대주의와 회의주의, 또 다른 한편에는 도덕적 절대주의가 있지만 진리는 그 사이에 놓여 있다는 것을 시사하는 많은 근거들이 윤리에 관한 논의에 있어 극단적인 회의주의를 인정하려는 근거들보다 더 나은 입장에 있다.

3 도덕 이론의 구조와 평가

소크라테스는 철학의 수호자로 불릴 자격이 있다. 언어나 생활 속에서 그보다 더 강력하게 혹은 더 감동적으로 철학의 이상을 표현한 사람은 거의 없다. 철학의 성격과 기능에 관한 그의 생각은 삶에 있어서 그의 개인적 "사명"(mission)과 긴밀하게 연관되어 있다. 그 사명은 아테네 사람들로 하여금 자신들의 가치와 신념을 살펴보도록 하는 것이었다. 소크라테스는 개인들을 대화로 이끌고 논제에 대해서 그들의 신념을 진술하도록 만든다. 그 다음에 그는 그들의 신념을 살피고 난점을 지적하여 때로는 그들로 하여금 자신들의 신념을 재정리하게 하거나 모두 버리도록 한다. 소크라테스는 다음과 같은 방식으로 대화(dialogue)에 대해서 묘사한다.

> 나는 그에게 질문하고 또 반문하고 그리고 테스트할 것이다. 그는 탁월함을 가지고 있다고 말하지만 만일 그가 탁월함을 가지고 있지 않다고 생각되면, 나는 그가 가장 가치 있는 것을 경시한다고 비난하며 덜 가치 있는 것을 과대 평가한다고 비난한다. 이것이 내가 만나는 모든 사람 즉 젊은이나 노인, 시민 또는 외지인들에게 하는 전부이다. 그러나 특히 시민들에게 관심을 두는 이유는 그들이 나와 친하기 때문이다.[1]

그 후에 소크라테스는 자신의 철학적 사명의 주제를 다음과 같이 제시했다. "반성하지 않는 삶은 살 가치가 없다."[2)]

소크라테스는 사람들에게 그들이 가지고 있는 신념과 가치에 대해서 비판적 반성을 가르치려고 했다. '**비판적 반성**'이란 각자의 신념과 가치에 근거를 제공하려는 시도와 그러한 근거를 살펴서 합리적인 검토에 견디지 못하는 확신을 수정하거나 심지어 버리는 것까지를 의미한다. 이러한 일은 소크라테스도 잘 알고 있듯이 매우 어렵고 고통스러운 일이다. 때로는 그와 대화한 사람 몇몇이 소크라테스의 말은 듣는 것보다 실천하는 것이 더 쉽다고 결정할 정도였다. 어떤 경우에는 충분한 근거가 없는 자신들의 신념을 공개적으로 드러냈다는 것에 화를 내기도 했다. 많은 사람들 역시 소크라테스가 자신들이 가지고 있는 대부분의 근본적인 신념에 대해서 의문을 제기하게끔 함으로써 국가의 도덕을 해치고 있다고 생각했다. 그래서 결국 소크라테스는 "젊은이들을 타락시킨다"는 죄목으로 죽음에 이르게 되었다. 그럼에도 불구하고 소크라테스가 자극하려고 했던 비판적 반성은 철학의 핵심적인 임무이다. 그리고 자신의 신념이 합리적으로 정당화된다고 주장하는 사람들에게는 본질적인 과업이다.

도덕 원리에 대한 비판적 반성은 도덕적 회의주의와 도덕적 상대주의가 진리를 가지고 있는지를 결정하는 유일한 방법이다. 그것은 또한 우리의 생활 속에서 도덕적 결정을 할 경우에 우리가 사용하고자 하는 도덕 원리를 결정하는 유일한 방법이기도 하다. 그래서 비판적 반성은 도덕적 회의주의나 상대주의의 문제와 무관하게 커다란 유용성을 가진다. 이는 도덕적으로 책임 있는 사람이 되기 위한 중요한 구성 요소이다. 이 장에서는 도덕 원리에 대해 비판적으로 반성할 때 사용할 수 있는 몇 가지 개념적 도구를 고려해 볼 것이다. 첫번째 도구는 도덕 원리를 정립할 수 있도록 도와 주는 일련의 개념들이다. **도덕 철학**이라고 부를 수 있는 **도덕 이론**은 도덕 원리들의 체계적인 배열이다. 두번째 도구는 도덕 이론의 적절성을 판단하기 위한 일련의 기준들이다.

---

1) Platon, *The Apology*, 29~30.
2) Platon, *The Apology*, 38.

제 1 절 도덕 이론의 세 가지 단계

개인은 도덕 원리에 관한 비판적 반성에 어떻게 관계하는가? 윤리적 원리에 관한 비판적 반성은 그 성격상 체계적이다. 하나의 도덕적 주장을 정당화할 때 여러분들은 다른 도덕적 주장에 호소하고 있다는 것을 발견하게 되고, 또 이 주장은 또 다른 도덕적 주장에 호소하고 있다는 것을 발견하게 된다. 그리하여 원리적으로, 단일한 윤리적 주장을 정당화할 때는 자신들의 기본적인 도덕적 입장을 대부분 어쩔 수 없이 표현하게 될 것이다. 간단한 실례를 살펴보자. 내가 다음과 같은 진술을 한다고 생각해 보자.

> "사형은 옳지 않다."

이러한 도덕적 진술을 정당화하려고 시도할 때 나는 다음과 같은 사실적 주장을 할 수 있다.

> "사형은 차별적이다. 즉 사형을 선고받은 사람이 가난하거나 소수 민족의 일원이라면 사형이 집행될 가능성은 더 많다."

우리는 앞에서 도덕적 주장이 사실로부터만 도출될 수는 없다는 것을 고찰했다. 그래서 최초의 도덕적 주장을 정당화하기 위해 나는 또 다른 도덕적 주장을 추가해야 한다.

> "차별적 행위는 옳지 않다."

그러나 이러한 도덕적 주장은 어디에서 나오는가? 나는 다음과 같이 말함으로써 정당화시킨다.

> "내가 사형을 언도받는다고 해도 이러한 방식으로 차별되기를 원하지 않

는다. 나는 적어도 공정하게 대우받기를 원한다."

그러나 이러한 주장조차 여전히 다음과 같은 또 다른 도덕적 주장이 있어야 차별이 옳지 않다는 나의 판단을 정당화시킬 수 있다.

"행위의 원리가 옳기 위해서는 동일한 상황에서 나에게 적용되는 동일한 원리를 내가 기꺼이 받아들일 수 있어야 한다."

만일 당신이 나에게 왜 이런 주장을 믿느냐고 묻는다면, 나는 이러한 추론이 무엇이 옳고 무엇이 그른지를 결정하는 방법에 관해서 내가 가지고 있는 기본적인 믿음이라고 말할 수 있다. 그래서 사형에 대한 나의 믿음을 옹호하려는 시도는 나를 점차 일반적 원리를 통하여 나의 궁극적인 도덕적 입장으로 되돌아가게 한다.

도덕 판단으로부터 더 일반적인 도덕 원리를 거쳐서 마침내 기본적인 도덕 원리로 진행되는 순서는 도덕 이론의 윤곽을 제공한다. 도덕 이론은 세 가지 단계를 가진다. 도덕적 확신을 거슬러 올라가다 보면 결국 가장 기본적인 원리에 도달하게 되는데 그것이 바로 도덕 규준(moral standard)이다. 도덕 원리의 매개자는 도덕 규칙(moral rule)이며, 논의를 시작하는 도덕적 진술은 도덕 판단(moral judgment)이다. 우리는 도덕 규준을 시작으로 하여 이러한 각각의 단계들에 대해 논의할 것이다.

(1) 첫번째 단계: 도덕 규준

도덕 규준은 기본적인 도덕 원리, 즉 하나의 이론에 관하여 옳고 그름의 결정 기준을 제공하는 원리이다. 앞의 예에서 우리는 도덕 판단으로부터 기본적 원리로 되돌아가는 추론을 하고 있었기 때문에 도덕 규준은 다음과 같이 진술된 최후의 도덕 원리였다. "행위의 원리가 옳기 위해서는 동일한 상황에서 나에게 적용되는 동일한 원리를 내가 기꺼이 받아들일 수 있어야 한다." 도덕 규준(MS)의 진술을 살펴보면 각각의 도덕 규준은 동일성을 가지기 위해 "이러저러한 행위는 옳다"라는 말로 시작하거나 매우 유사한 형식(이기주의적 규준의 진술은 약간 다르다)으로 시작한다. 나머지 진술은 옳은 행위들이 만족해야 하는 기준(criterion)을 제공할 것이다. 우리가 앞으로 살펴보게 될 첫번째 도덕 철학인 이기주의의 도덕 규준은 다음과 같다.

> MS : 행위가 적어도 다른 대안적 행위들의 결과 이상으로 이기주의자의 자기 이익에 좋은 결과를 산출할 때 오직 그때만 그 행위는 옳다.

각각의 도덕 규준은 이러한 규준이 적용되기 전에 정의되어야 하는 일정한 용어들을 가진다. 이기주의의 도덕 규준에서 가장 중요한 용어는 '자기 이익'이다. 이러한 개념을 명백히 하지 않는다면 도덕 규준은 아무 소용이 없다. 나의 이익이 무엇인지 알지 못한다면, 내가 추구해야 할 행위와 피해야 할 행위가 무엇인지를 알 수 없기 때문이다.

때때로 부수적인 차이점과 정의는 도덕 규준이 사용되기 전에 주어져야 한다. 예를 들면 이기주의는 장기적인 자기 이익과 단기적인 자기 이익을 구별해야 하고, 그 다음에 추구하려는 목적을 결정해야 한다. 공리주의자는 규칙 공리주의와 행위 공리주의를 구별해야 하고 자신이 추구하고자 하는 공리주의를 결정해야 한다. 자연법 윤리학자는 자연법 윤리설을 적용하기 전에 "이중 효과"(double effect)의 원리를 규정해야 한다.

(2) 두번째 단계: 도덕 규칙

두번째 혹은 중간 단계는 도덕 규준으로부터 도출된 일반적인 원리들로 구성되어 있다. 이러한 도덕 원리들은 많은 개별적 도덕 판단들을 정당화시킬 수 있다. 이들은 도덕 판단보다 더 넓은 영역의 행위에 적용된다. 그러나 도덕 규준만큼 넓은 영역에 적용되지는 않는다. 이러한 중간적인 도덕 원리를 도덕 규칙이라고 부른다. **도덕 규칙**(MR)은 도덕 규준에서 진술된 기준에 근거해서 옳거나 그른 행위의 윤곽을 그린다.

예를 들면 도덕 규칙은 다음과 같다.

MR : 차별적 행위는 그르다.

이기주의자는 도덕 규준을 사용할 때 자기 이익을 성취하기 위해 추구해야 하는 목표를 가지고 있으며, 이 목표를 나타내는 도덕 규칙을 도출할지도 모른다. 그러한 규칙 중 하나는 다음과 같다.

MR : 나는 육체적 건강을 증진시켜야 하고 보존해야 한다.

육체적 건강은 자기 이익을 성취하기 위한 필수적인 전제 조건이다.

도덕 이론은 많은 도덕 규칙들을 가지는 반면에 통상적으로 오직 하나의 도덕 규준만을 가진다. 도덕 규칙에서 첫번째 유용한 단계는 도덕 규칙을 개인 윤리를 위한 규칙들과 사회 윤리를 위한 규칙들로 나누는 것이다. '개인 윤리'는 개인들간의 관계와 관련된다. '사회 윤리'는 집단과 개인, 집단과 집단의 관계와 관련된다. 또한 개인 윤리는 자신에 대한 의무와 타인에 대한 의무로 세분될 수 있다.

자신에 대한 의무에 요구되는 문제는 다음과 같다. 어떤 특성과 어떤 개인적 목적이 도덕 규준에 나타나는 이상(ideal)의 실현에 가장 많이 기여하는가? 예를 들면 이기주의자는 자기에게 이익을 가져오는 것을 결정하기 위해서 합리적으로 그리고 냉정하게 사물을 살피는 능력을 발달시킬 필요가 있다는 것을 발견하게 된다. 그래서 합리성이라는 특성을 발달시킬 의무는 이기주의적 도덕 규준으로부터 도출된다. 자연법 윤리학자는 자신과 살아 있는 모든 유기체가 자기 보존의 자연적 경향성을 더 잘 실현하기 위해서 자신의 육체적인 건강을 보존하고 증진시켜야 할 의무를 가진다는 것을 발견하게 된다.

의무는 적극적일 뿐만 아니라 소극적일 수 있다. 이기주의자는 자신의 건강을 해치지 않을 의무를 가지거나 타인의 복지를 위해 자신을 희생시키지 않을 의무를 가진다. 전통적인 자연법 윤리학자는 자살하지 않을 의무를 가진다고 믿고 있으며 생식 기능을 위반하는 피임을 하지 않을 의무를 가진다고 믿고 있다.

타인에 대한 가장 중요한 의무 가운데 몇 가지는 소극적이다. 예를 들면 대부분의 도덕 이론은 일반적으로 타인에게 거짓말하지 않을 의무와 도둑질하지 않을 의무, 사기 혹은 육체적 폭력을 가하지 않을 의무를 포함하고 있다. 그러나 몇몇 도덕 이론들은 타인에게 해를 끼치지 않을 의무 외에도 타인의 해를 방지하고 타인을 이롭게 하는 적극적인 의무를 포함한다. 마지막으로 가족 윤리와 성 윤리는 타인에 대한 의무의 중요한 세부 범주들이다.

우리가 시민으로서 직면하는 대부분의 중요한 도덕 문제들은 개인 윤리보다 사회 윤리의 범주에 속한다. 그래서 도덕적으로 세련된 사람은 사회와 사회의 적절한 관계, 사회와 개인의 적절한 관계에 관한 생각—물론 자신의 일반적인 도덕 철학과 일관된 생각—을 정리해 볼 필요가 있다. 답변되어야 할 가장 일반적인 문제는 다음과 같다. 당신의 도덕 철학에서 나타나는 목적의 실현에 가장 적절한 사회 질서는 어떤 것인가? 이러한 문제에 답변하기 위해서 우리는 크게 두 가지의 서로 다른 접근 방법을 취할 수 있다.

극단적인 형식으로서, 자유 지상주의(libertarianism)로 표현되는 한 가지 접근 방법은 자유주의자의 이른바 "최소 국가"를 옹호하는 것이다. 이때의 국가는 시민들을 폭력, 절도, 깡패로부터 보호하고 시민들간의 분쟁을 조정하기 위한 어떤 메카니즘의 제공으로 그 기능이 제한된다. 그렇지 않으면 최소한의 국가 간섭으로 개인들이 각자의 목적을 추구할 수 있도록 내버려 두어야 한다. 대체로 이기주의적 전통은 사회 정책에 관하여 자유 지상주의의 방식에 동감한다.

또 다른 접근 방법은 보다 능동적인 국가의 역할을 옹호한다. 여기서 국가는 개인의 복지 또는 더 큰 사회적 목적들을 촉진하기 위한 적극적인 책임을 가진다. 대체로 공리주의자들은 공공의 일반적 복지를 가져오는 정책에서 국가가 능동적인 역할을 해야 한다고 주장한다.

(3) 세번째 단계: 도덕 판단

도덕 판단은 개인과 행위에 대한 도덕적 평가이거나, 아니면 적어도 도덕 규칙에서 다룬 것보다 더 구체적인 행위 또는 인간에 대한 도덕적 평가이다. 앞서 제시한 예에서 도덕 판단은 "사형은 그르다"라는 것이었다. 이에 비해 도덕 판단은 "김 아무개의 처형은 그르다" 또는 "아무개는 정말 악한 사람이다"에서처럼 개인의 행위나 인격에 적용할 수 있다. 우리는 때때로 어떤 진술이 도덕 규칙인지 아니면 도덕 판단인지의 여부를 쉽게 결정할 수 없다. 예를 들면 "차별적인 행위는 그르다"라는 진술은, 이 진술이 도덕적 추론의 과정 속에 나타난 결과인지 아닌지의 여부에 따라 어떤 맥락에서는 도덕 규칙으로 또 다른 맥락에서는 도덕 판단으로 생각될 수 있다. 도덕적 명제가 추론의 과정 속에서 나온 최종적인 판단인 경우에, 그리고 구체적인 행위와 개별적인 인간 또는 개인의 행위와 인격에 대한 평가인 경우에 우리는 이를 도덕 판단이라고 부른다.

행위에 관하여 세 가지 형태의 도덕 판단이 적용될 수 있으며 때로는 네 가지 형태가 관련되기도 한다. 어떤 판단은 **도덕적으로 의무**인 행위들, 즉 해야 할 옳은 행위와 하지 않아야 할 그른 행위들을 지시한다. 만일 어떤 행위에 대립되는 행위가 도덕 규준을 위반한다면 앞의 행위 그 자체는 도덕적으로 의무인 행위이다. 그 행위를 수행하지 못하게 되면 우리는 도덕적으로 정당화될 수 없다. 대부분의 도덕 이론에 있어서 부모는 자식들을 보살펴야 한다는 판단은 의무인 행위를 지시한다. 왜냐하면 그 행위의 부정(부모는 자식들을 보살피지 않아야 한다)은 도덕 규준을 어기기 때문이다. 만일 어떤 사람이 이기주의자라면 도둑으로부터 자신의 재산을 보호하는 것은 도덕적으로 의무인 행위이다. 왜냐하면 그 행위의 부정(도둑으로부터 자신의 재산을 보호하지 못하는 행위)은 그 사람의 이익에 어긋나기 때문이다.

어떤 판단은 **금지된** 행위나 **도덕적으로 허용할 수 없는** 행위, 즉 하는 것이 그르고 하지 않는 것이 옳은 행위를 지시한다. 도덕 규준을 어기는 행위가 이러한 범주에 속한다. 대부분의 도덕 철학이 인정하는 도덕 판단의 한 예로 우리는 살인 청부가 도덕적으로 허용되지 않는다는 판단을 들 수 있다. 왜냐하면 이러한 행위는 대부분의 도덕 규준을 어기기 때문이다. 전통적인 자연법 윤리학자에게 있어서 피임과 같은 "인위적인" 행위는 출산의 가치와 모순되기 때문에 도덕적으로 허용될 수 없다.

세번째는 **도덕적으로 허용할 수 있는** 판단들이다. 우리는 또한 도덕적으로 허용할 수 있는 행위들을 도덕적으로 가치 중립적인 행위들이라고 언급할지도 모른다. 왜냐하면 그러한 행위들은 그 자체로 도덕 규준에 어긋나지 않으며, 그 행위들의 부정 역시 도덕 규준을 어기지 않기 때문이다. 도덕적으로 의무인 행위도 허용되는 행위이기 때문에 우리는 그러한 종류의 행위들을 단지 허용할 수 있는 행위들이라고 언급할 수 있다. 그러나 편의상 이것들을 우리는 도덕적으로 허용할 수 있는 행위들이라고 부르겠다.

허용할 수 있는 행위들은 사소한 것일 수도 있고 또는 중대한 것일 수도 있다. 허용할 수 있는 **중대한** 행위들은 중요한 결과를 가지는 행위들인 반면에, 허용할 수 있는 **사소한** 행위들은 상대적으로 중요하지 않은 결과를 가지는 행위들이다. 생명을 몇 달 더 연장하기 위해 위험한 수술을 시도하려는 결정과 그 수술을 거부하여 정해진 수명만큼만 살겠다고 하는 결정은 어떤 경우에도 동등하게 허용될 수 있다. 예를 들면 이기주의자인 어떤 사람은 자신의 생명을 좀더 연장함으로써 가져오게 될 이익으로 수술 후에 겪게 될 고통을 상쇄할 수 있다. 만일 그에게 그와 관련된 다른 고려 사항이 없다면 수술을 받으려는 결정과 받지 않으려는 결정은 도덕적으로 허용할 수 있는 중대한 행위일 것이다. 반면에 치마보다는 바지를 입겠다고 하는 결정은 대부분의 경우에 있어서 도덕적으로 허용할 수 있는 사소한 행위일 것이다.

마지막 판단 형태는 앞의 세 가지만큼 중요한 것은 아니다. 그러나 이 형태는 몇몇 행위들의 도덕적 상태를 이해하는 데 매우 중요하다. 때때로 도덕 철학자들은 어떤 행위를 **의무 이상(supererogatory)의 행위**, 즉 "의무의 요청을 넘어선" 행위라고 부른다. 의무 이상의 행위들은 적극적 행위이거나 소극적 행위일 수 있다. 소극적인 의무 이상의 행위는 하지 않아야 좋으나 하는 것도 도덕적으로 허용될 수 있는 행위이다. 어떤 사업가가 재정적으로 곤경에 처해 있는 회사에 즉각적이고 전체적인 어음 지불을 요구하지 않는다면, 그 사람은 도덕적으로 칭찬받을 만한 행위를 하는 것이다. 그러나 그가 정당한 채무에 대한 지불을 요구하는 것 역시 도덕적으로 허용될 수 있다. 즉각적인 지불을 요구하지 않는 것은 소극적인 의무 이상의 행위가 된다.

적극적인 의무 이상의 행위는 하는 것이 좋으나 하지 않는 것도 도덕적으로 허용될 수 있는 행위이다. 예를 들면 우리는 일반적인 회사들이 실업 문제와 도시 문제를 해결하는 데 도움이 되거나 예술에 기여하는 행위를 반드시 이행해야 한다고 말할 수 없다. 왜냐하면 이러한 행위를 하는 회사는 의무 이상의 행위를 하는 것이기 때문이다. 물론 어떤 사람들은 회사들이 이러한 행위들을 해야 할 도덕적 의무를 가진다고 생각할 수 있다. 따라서 회사 측의 이러한 행위들이 의무인 행위인지 의무 이상의 행위인지의 문제는 도덕적으로 중요하다.

의무 이상의 행위는 통상 성인이나 영웅의 행위로 생각된다. 그러나 친절하고 관대한 행위들의 경우 엄격한 의미에서는 의무 이상의 행위임에도 불구하고 확실히 성인이나 영웅의 행위는 아니다. 길 잃은 어린아이에게 길을 가르쳐 주는 것이 의무는 아니지만 성인 또는 영웅의 행위도 아니다. 의무를 이행하는 도중에 어떤 사람의 생명을 구하는 것은 영웅적인 행위일 수 있으나 의무 이상의 행위는 아니다. 그래서 우리는 사소한 의무 이상의 행위와 중대한 의무 이상의 행위를 구별할 필요가 있다. 중대한 의무 이상의 행위는 도덕적으로 요구되는 것 이상이며 또한 모험과 자기 희생의 요소를 포함한다. 반면에 사소한 의무 이상의 행위는 모험과 자기 희생의 요소를 포함하지 않는다. 어떤 기술자가 자신이 직접 관련되지 않은 공적인 프로젝트에 뇌물 수수나 기계적 결함이 있음을 폭로함으로써 자신의 운명을 모험에 걸 때, 그는 해야 할 적극적인 의무를 실행하는 것이 아닐지도 모른다. 특히 그 문제가 생명에 심각한 위협을 가져오지 않을 경우에는 더욱 그러하다. 그러나 그는 확실히 중대한 의무 이상의 행위를 하고 있는 것이다. 마찬가지로 자신의 직업 운명과 목숨의 위협에도 불구하고 마피아단을 조사하여 기소하는 검사의 행위는 위험하고 매우 칭찬할 만하지만 도덕적으로 요구되는 행위는 아닐 것이다. 따라서 그 행위는 중대한 의무 이상의 행위이다.

다음은 도덕 이론의 요소들을 개괄한 것이다.

I. 도덕 규준
  A. 중심이 되는 용어의 정의
  B. 관련된 다른 원리와 구분

II. 도덕 규칙
  A. 개인 윤리
    1. 자신에 대한 의무
    2. 타인에 대한 의무
  B. 사회 윤리

III. 도덕 판단
  A. 그 행위는 도덕적으로 의무인가?
  B. 그 행위는 도덕적으로 허용할 수 있는가?
  C. 그 행위는 도덕적으로 허용할 수 없는가?
  D. 그 행위는 의무 이상의 행위인가?

필자는 앞으로 고려하게 될 네 가지 도덕 이론 즉 이기주의 윤리학, 자연법 윤리학, 공리주의 윤리학 그리고 인간 존중의 윤리학을 제시함에 있어서 이러한 개괄을 따를 것이다. 이 개괄의 세번째 절에서만 약간의 수정이 있을 것이다. 또한 구체적인 경우에 대해서만 도덕 판단을 할 수 있기 때문에 도덕 이론이 적용될 구체적인 경우를 논의할 것이다. 우리는 그 행위가 의무인지, 허용할 수 있는지 또는 허용할 수 없는지를 묻겠지만, 직접적으로 관련되지 않는다면 의무 이상의 행위의 범주는 고려하지 않을 것이다. "점검표"는 도덕 이론을 구체적인 경우에 적용해 보는 데 도움이 될 것이며 또한 제시된 경우를 논의할 때는 이 점검표를 따르게 될 것이다. 이러한 구성 체계는 여러분으로 하여금 그 이론을 집단 또는 개인의 경험에 일어나는 다른 도덕 문제에 적용할 수 있도록 해줄 것이다.

제2절 도덕 이론을 평가하기 위한 네 가지 기준

지금까지는 도덕 이론의 구조를 살펴보았고 이제는 도덕적 신념을 평가하기 위해 필요한 두번째 일련의 도구들, 즉 도덕 이론을 평가하기 위한 기준을 살펴보아야 할 차례이다. 도덕 철학자들은 도덕 이론을 판단하기 위한 일련의 기준들에 대해서 서로 일치하지 않는다. 그러나 일관성은 도덕 이론의 평가를 위해 일반적으로 받아들이고 있는 기준이기 때문에 일관성을 도덕 이론에 적용하는 것은 적절할 것이다. 앞으로 사용하게 될 그 밖의 다른 세 가지 기준 역시 도덕 이론의 평가에 있어서 주목할 만한 가치가 있을 것이다. 이 세 가지 기준은 다음과 같다. 이미 가지고 있는 도덕적 신념과의 일치 즉 신빙성, 도덕적 딜레마를 해결할 때의 유용성 그리고 도덕 규준을 정당화할 때의 정당성.

(1) 기준 1: 일관성 — 그 이론은 일관적인가?

합리적으로 받아들일 수 있는 이론은 일관적이어야 한다는 것에 우리는 항상 동의할 수 있다. 즉 이론 내의 명제는 그 이론 내의 다른 명제들과 모순되지 않아야 한다는 것이다. 일관되지 못한 과학적 이론은 실험 테스트 이전에 심각한 의문이 제기되거나 심지어는 포기되기도 한다. 만일 질병의 기원에 관한 어떤 이론이 질병은 박테리아에 의해 발생된다는 주장과 바이러스에 의해 발생된다는 주장을 동시에 주장한다면, 과학자들은 그 이론을 실험해 보지도 않는다. 사실 그 이론은 테스트하기가 어렵다. 왜냐하면 서로 다른 많은 결과들이 그 이론과 양립 가능하기 때문이다.

윤리적 이론은 다른 몇 가지 방식에 있어서 비일관적일 수 있다. 예를 들면 이기주의는 흔히 도덕 규준 그 자체 내에 있는 내적 비일관성 때문에 비판을 받는다. 그 도덕 규준은 한편으로는 자기 이익을 가져오는 것을 하도록 지시하고 또 다른 한편으로는 다른 사람들에게도 이기주의자가 되라고 가르친다. 그러나 그 도덕 규준은 타인들의 이익 추구는 자신의 이익과 상충되므로 타인들이 이기주의자가 되는 것을 원하지 않아야 하며 실제로도 타인들이 자기 이익을 추구하지 못하도록 해야 한다. 이러한 이기주의의 내적 비일관성으로 인하여 이기주의는 많은 비판을 받는다.

자연법 윤리학은 도덕 규준을 충족시키는 데 사용되는 두 원리 즉 상실의 원리(principle of forfeiture)와 이중 효과의 원리(principle of double effect)의 상충으로 인해 비판받는다. 이러한 비일관성은 도덕 규준 그 자체 내에 존재하는 것이 아니라 그 규준을 적용하는 데 사용되는 두 원리에 존재한다. 물론 위와 같은 상충은 자연법 윤리설을 논의한 후에야 충분히 설명될 수 있다.[3] 그러나 이러한 상충은 어느 누구도 결코 인간의 생명을 직접 빼앗을 수 없다는 가르침과 인간의 생명은 그 자신이 죄를 범했을 때 직접적으로 상실될 수 있다는 가르침간의 갈등이라는 것을 말하기에 충분하다.

도덕 이론 내에 비일관성이 있다고 해서 그것이 곧 그 도덕 이론을 모두 포기해야 한다는 것을 의미하는 것은 아니다. 어떠한 도덕 이론도 완전하게 일관적일 수는 없으며, 아마도 인간이 단일한 도덕 이론을 일관되게 주장한다는 것도 불가능할 것이다. 그러나 일관성이라는 개념은 합리성 그 자체의 개념에 있어서 필수적인 개념이다. 따라서 도덕 이론의 내적 비일관성은 도덕 이론의 중요한 약점으로 간주해야 한다.

(2) 기준 2: 신빙성—그 도덕 이론은 우리가 이미 가지고 있는 도덕적 신념과 일치하는 도덕 판단을 산출하는가?

도덕 이론을 평가하는 또 한 가지 방법은 구체적인 도덕 문제에 관하여 그 이론이 함축하는 바를 끌어내고, 그 다음에 이러한 함축을 우

3) 이 책 5장, 118~121면 참조.

리들 대부분이 강력하게 지지하고 있는 도덕적 신념들과 비교하는 것이다. 예를 들어 무고한 인간의 생명을 직접 빼앗는 것은 항상 그르다고 주장하는 자연법과 같은 도덕 이론을 고려해 보자. 이 원리가 함축하는 것 중의 하나는 자신의 불행을 종결시켜 줄 것을 요구하는 치유 불가능한 암 환자의 생명을 끊기 위해 극약을 투여하는 행위는 부도덕하다는 것이다. 그러나 어떤 사람은 그러한 행위가 부도덕하지 않으며 더 나아가 자비로운 행위라고 믿을지도 모른다. 만일 그렇다면 자연법 도덕 이론과 그 사람이 이미 가지고 있는 도덕적 신념간에는 상충이 있다고 할 것이다.

그러한 상충에 직면해서 그 사람은 네 가지 가운데 하나를 선택할 수 있다. 첫째, 그는 안락사가 때때로 도덕적으로 허용될 수 있다는 자신의 신념을 포기할 수 있다. 둘째, 그는 자연법 도덕 이론을 전체적으로 거부할 수 있다. 셋째, 자연법 도덕 이론이 실제로는 안락사를 비난하지 않는다는 것을 보여주려고 시도할 수 있다. 넷째, 그는 이러한 경우에 자신의 도덕 이론과 도덕적 신념이 상충한다는 것을 인정할 수 있다. 만일 어떤 사람들이 자연법 도덕 이론을 강력하게 지지한다면—예를 들어 그들이 보수적인 로마 가톨릭 교인들이라면—첫번째 또는 세번째와 네번째 안 중에서 하나를 선택할지도 모른다. 만일 누군가가 자연법 도덕 이론에 강력한 근거를 가지고 의문을 제기한다면, 그는 두번째 안을 선택할 것이다.

이미 가지고 있는 도덕적 신념과의 일치가 도덕 이론의 타당성에 대한 절대적인 테스트는 아니라는 것을 명심해야 한다. 만일 어떤 도덕 이론이 이미 가지고 있는 도덕적 신념과 상충한다면 그 이론은 이론이라기보다 그른 도덕적 신념일 수 있다. 이러한 성격의 상충은 적어도 어떤 것이 그르다는 것을 알려 주어야 한다.

(3) 기준 3: 유용성—그 이론은 도덕적 딜레마를 해결하는 데 유용한가?

도덕 이론이 우리들의 사고 내에서든 우리들과 타인들 사이에서든 도덕적 상충을 해결하는 데 도움이 될 수 없다면 실질적인 용도는 거의 없는 셈이다. 우리가 이러한 목적을 이루는 데 도덕 이론이 도움이 되지 못하는 경우는 세 가지가 있다.

첫째, 도덕 이론에서의 중요한 용어가 너무 모호해서 실제적인 도덕 문제에 관해 함축하고 있는 것 또한 명백하지 못한 경우이다. 예를 들어 **'자연적 경향성'**에 대한 정의는 자연법 윤리학자들에게 문제를 제시하지만, 자연법 윤리설이 가지는 도덕적 함축은 직접적으로 이러한 용어에 대한 해석에 의존한다.

도덕 이론이 유용하지 못하게 되는 두번째 경우는 이론 그 자체만으로는 상충되는 도덕적 가르침들을 중재할 수 있는 어떤 지침도 제공하지 못하는 경우이다. 예를 들면 도덕의 1차적인 기능 중의 하나는 개인들간의 논쟁을 해결함에 있어서 평화적인 수단을 제공하는 것이다. 그러나 이기주의자들은 오직 각 개인에게 이익이 되는 것을 하도록 권한다. 이러한 충고가 이해의 상충을 해결하는 데 도움이 되는 것이 아니라 오히려 상충을 격화시키기 때문에 윤리학적 이기주의는 세번째 기준 즉 유용성의 기준에 잘 들어 맞지 않는다. 인간 존중의 윤리학도 의무간의 상충에 대해 해결 방식을 항상 제공하는 것은 아니기 때문에 또한 세번째 기준과 일치시키기에는 어려움이 많다.

셋째, 도덕 철학은 어려운 도덕적 문제를 해결하기 위해 정보를 요구할 수 있다. 그런데 그런 정보를 얻기란 어려운 일이다. 이 문제는 특히 두 결과주의 도덕 철학 즉 이기주의와 공리주의에서 심각하다. 결과주의에 대한 비판에 의하면 이기주의자는 흔히 자신의 장기적인 이익을 가져오게 될 행위가 무엇인지를 알기 위한 사실에 관한 충분한 지식을 가지고 있지 않고, 공리주의자는 일반적 복지를 가져오게 될 행위가 무엇인지를 알기 위한 사실에 관한 충분한 지식을 가지고 있지 않다. 예를 들어 공리주의자는 만연된 혼외 정사가 사회에 미치는 장기적인 영향을 충분히 알 수 있는가? 혼외 정사는 결혼을 더욱 안정시키는가 또는 불안정하게 하는가? 이 문제에 대한 답변 없이는 공리주의의 관점으로서는 혼전 성관계의 도덕성을 결정할 수 없다.

(4) 기준 4: 정당성—그 도덕 규준은 얼마나 잘 정당화될 수 있는가?

모든 도덕 이론가들은 다른 사람의 도덕 규준보다 자신의 도덕 규준이 받아들여지도록 하기 위해 어떤 근거를 마련한다. 우리는 이미 종교나 도덕적 직관에 호소함으로써 도덕 규준을 옹호하는 가장 평범한 방식들 중의 두 가지를 논의했었다. 많은 도덕 철학자들은 이러한 방법들이 불완전하다고 믿는다. 그러나 도덕 규준을 받아들이도록 하기 위한 다른 많은 방법들이 있다. 도덕 규준을 옹호하는 방법은 하나의 도덕 이론 내에 있는 도덕 규칙들이나 도덕 판단들을 옹호하는 방법과 근본적으로 달라야 한다는 것을 주목해야 한다. 도덕 규칙들과 도덕 판단들은 도덕 규준과 관련하여 변호될 수 있지만, 도덕 규준은 더 고차적인 도덕 규준을 언급함으로써 변호될 수 없다. 따라서 도덕 규준의 엄격한 증명은 불가능하다. 기껏해야 도덕 철학자는 다른 도덕 규준을 받아들이는 것보다 왜 이 도덕 규준을 받아들이는 것이 그럴 듯한지 그 이유를 보여줄 수 있을 뿐이다. 네 가지 이론들을 분석할 때 이러한 논증의 몇 가지를 고려해야 할 것이다.

내용 요약

도덕 원리를 평가하기 위해서 우리는 우선 더 광범위한 이론의 맥락 속에 그 도덕 원리를 끌어들여 평가할 것이다. 도덕 이론은 세 가지 단계를 가진다. (1) 도덕 규준은 옳고 그른 것을 결정하기 위한 기본적 기준이다. (2) 도덕 규칙은 옳거나 그른 행위의 단계를 표시하는 도덕 원리이다. 도덕 규칙은 개인들간의 관계(개인 윤리)와 개인과 집단 또는 집단과 집단간의 관계(사회 윤리)에 지침을 제공한다. (3) 도덕 판단은 행위나 인격의 구체적인 등급 또는 구체적인 행위나 인격에 대한 도덕적 평가들이다. 도덕 판단은 행위들을 의무인 행위, 허용할 수 있는 행위, 허용할 수 없는 행위, 의무 이상의 행위로 평가할 수 있다. 도덕 이론에 대한 이러한 개괄은 이 책에서 논의된 네 가지 도덕 이론을 언급할 때 준수될 것이다.

도덕 이론을 평가하기 위한 네 가지 기준은 일관성, 이미 가지고 있는 도덕적 신념과의 일치 즉 신빙성, 도덕적 딜레마를 해결할 때의 유용성 그리고 도덕 규준의 정당성이다. 이러한 기준들은 앞으로 고찰하게 될 네 가지 도덕 철학의 각각에 적용될 것이다.

4 이기주의 윤리학

어떤 사람이 전문 경영인의 부하 직원으로서 재정을 담당하고 있다고 생각해 보자. 그 전문 경영인이 16개월 전에 공장의 시설과 설비가 낙후된 제조 회사의 최고 집행 임원이 되었을 때, 그는 그 사람을 함께 데리고 갔다. 그 회사의 중역 회의에서 임원들은 회사에 재투자하고자 하는 사람들과 빠른 시일 내에 수익을 얻어내고자 하는 사람들로 나누어졌었다. 그의 상관은 설비 재투자를 주장했던 사람들이 오랜 격론 끝에 그 중역 회의의 표결에서 근소한 차이로나마 이겼기 때문에 초빙되었다. 그와 그의 상관은 그 회사의 성장과 혁신을 위해 7개년 계획을 전개시켰다. 그의 계획에는 많은 자본 지출이 포함되어 있었기 때문에 그는 투자가의 관심이 크게 감소될 것을 염려했다. 그래서 그는 이러한 발전 비용을 보고하기 위해 투자가들에게 가장 호감이 가는 방식을 사용했다.

그런데 어느 날 그의 상관은 느닷없이 어떤 대기업에서 최고의 일자리를 제의받았다고 그에게 말했다. 그의 상관은 새로운 일자리의 보수와 도전감이 너무 커서 이 기회를 놓칠 수가 없다며, 그와 함께 가기를 원한다. 그런데 새로운 기업의 회장은 그러한 제의가 공식화되기 전에 현재 그의 상관이 책임지고 있는 회사의 다음 번 재정 명세서에서 어떤 훌륭한 성과를 기대했다. 그 대기업은 오직 훌륭한 기본 라인에만 관심을 가졌고 어느 누구도 세부 사항에 대해서는 관심을 두지 않았다. 그의 상관은 진실로 새로운 일자리를 원했기 때문에 7개년 계획을 백지화시켰다. 그리하여 그의 상관은 그에게 현회사의 여러 부분들 또는 회사의 유가 증권 중의 일부를 팔 수 있는 가능성 등을 조사에 포함시켜, 보고할 재정 명세서를 작성해 주기를 원한다. 그의 상관은 그가 불법적인 일을 하기를 바라지는 않지만, "일반적으로 받아들여진 회계 절차"에 대한 지식을 총동원하여 그 회사의 자기 재정 명세서를 매우 훌륭하게 보이게 만들 방법을 발견할 수 있을 것이라고 확신한다.

그는 이러한 요청에 대해 어떻게 대처해야 하는가? 그의 상관이 그에게 요구하고 있는 "긴급 사태"(quick fix)에 따른 방침은 명백히 현재 몸담고 있는 회사의 주주들이나 고용인들의 장기적인 이익이 되지 못한다. 다른 한편으로 그 정책은 그와 그의 상관을 새로운 회사로 진출하게 할 것이며, 그 회사에서의 재정적 보수를 더욱 많게 할 것이다.[1]

이 경우는 한 개인의 자기 이익과 타인의 자기 이익간의 상충—사회나 개인적 삶에서 계속해서 몇 번이고 되풀이되는 상충을 설명하고 있다. 많은 사람들은 무엇보다 먼저 자기 이익이 산출되는 입장을 채택한다. 앞으로 고려하게 될 도덕 철학자들은 자기 이익에 중점을 둔다. 그러나 한 사람의 자기 복지가 옳고 그름에 대한 최고의 기준이 되는 것은 합법적인가? 자기 이익에 근거한 도덕 철학은 개인의 행위와 사회 정책에 어떠한 의미를 부여하는가? 이러한 문제들을 이 장에서 서술할 것이다.

이기주의 즉 자기 이익이 최고선이라는 철학은 오랜 역사를 가지고 있다. 플라톤과 같은 고대 그리스 철학자들도 이 철학에 관해 언급했다. 그러나 다른 개인들과 경쟁 관계에 있는 한 개인을 강조하는 근세에는 이기주의에 대해 특별한 탁월성을 부여했다. 근세 이기주의의 최초의 대표자는—아직도 많은 흥미를 끌고 있고 철학적으로도 빈틈 없는 이기주의자들 중 한 사람인—홉즈(T. Hobbes, 1588~1679)이다.

---

1) 웬거트(R.G. Wengert)가 제시한 사례 중에서 인용했다.

홉즈는 두 가지 점에서 이기주의자이다. 이 두 가지 의미는 명백히 구별되어야 한다. 우선 그는 **심리적 이기주의자**이다. 왜냐하면 그는 인간의 모든 행위는 사실상 자기 이익에 의해 동기가 부여되며 인간의 본성은 그렇게 구성되어 있으므로 우리는 항상 이기적으로 행위하게 된다고 보았기 때문이다. 그는 또한 **윤리적 이기주의자**이다. 왜냐하면 그는 인간의 모든 행위가 자기 이익에 의해 동기가 부여**되어야 한다고** 믿기 때문이다. 즉 도덕 규준은 자신의 복지를 옳은 행위의 기준으로 만들어야 한다는 것이다. 따라서 홉즈에게 있어서 이기주의는 우리가 받아들여야 할 유일한 심리학일 뿐만 아니라 올바른 도덕 철학이다. 홉즈의 저서 《리바이어던》(*Leviathan*)은 도덕에 대한 이기주의적 접근 방식의 전통적인 사고를 포함하고 있다.

현대의 영향력 있는 학자들 중에서 란드(A. Rand)는 가장 잘 알려진 이기주의 옹호자이다. 그는 《근원》(*The Fountainhead*)과 《어깨를 으쓱대는 아틀라스》(*Atlas Shrugged*)와 같은 소설에서, 그리고 《이기심과 자본주의: 알려지지 않은 이상》(*The Virtue of Selfishness and Capitalism: The Unknown Ideal*)과 같은 다소 철학적인 저서에서 이기주의를 가장 적절한 도덕 철학으로 옹호한다. 우리는 이기주의적 관점에 대한 학술적인 설명에 관심을 가지고 있지는 않지만 이기주의를 묘사함에 있어서 홉즈와 란드의 생각을 이용할 것이다.

제 1 절 이기주의의 도덕 규준

이기주의의 도덕 규준에서 가장 단순한 형식은 한 개인의 자기 이익에 기여하는 행위들이 옳다는 것이다. 이러한 형식은 이기주의의 기본적인 생각을 나타내는 데는 유용하지만 자세하게 살펴보면 적어도 두 가지 문제가 있다.

첫째, 이러한 형식은 몇 가지 대안적 행위들이 각각 이기주의자의 자기 이익에 기여하게 될 때 어떠한 행위가 옳은지를 결정해 주지 못한다. 만일 어떤 행위가 이기주의자에게 10이라는 이익을 주고 또 다른 행위가 50을 준다면 두 행위 모두 이러한 도덕 규준에 의하여 옳을 것이다. 그러므로 어떤 행위가 단순히 이기주의자의 자기 이익에 기여한다고 해서 옳은 행위일 수는 없다. 도덕 규준은 준수되어야 할 행위의 과정이 이기주의자에게 최선의 결과를 산출하게 될 행위라는 것을 규정해야 한다.

도덕 규준으로서의 두번째 문제는, 이러한 형식의 도덕 규준은 이기주의자가 행해야 하는 행위들 중에 그 어느 것도 이기주의자의 자기 이익에 적극적으로 기여하지 못하는 상황들이 있을 때 그것을 설명하지 못한다는 문제이다. 만일 이기주의자인 어떤 사람이 몇 가지 대안들 즉 어떤 것을 하건 그 자신의 이익을 손상시키게 될 대안들에 직면한다면 그는 가장 적게 손해보는 행위를 하려고 할 것이다. 그러한 행위는 그의 자기 이익에 기여하지는 못하지만 그와 같은 불행한 상황에서는 옳은 행위이다.

이기주의의 도덕 규준에 대한 아래의 형식은 이러한 두 가지 반론을 극복할 것이다.

MS : 행위가 적어도 다른 대안적 행위들의 결과 이상으로 이기주의자의 자기 이익에 좋은 결과를 산출할 때, 오직 그때만 그 행위는 옳다.

(1) 자기 이익에 대한 정의

이기주의의 입장을 전개시키기 위해서 우리는 우선 도덕 규준에서의 핵심 용어인 자기 이익을 정의해야 한다. 예상했듯이 이기주의자들은 이 용어를 정의하는 방식이 서로 다르다. 어떤 이기주의자들은 자기 이익을 쾌락, 권력, 명성, 사회적 지위, 또는 심지어 육체적 생존의 견지에서 정의한다. 또 다른 사람들은 자기 이익을 행복이나 자아 실현의 견지에서 정의한다. 우리의 정의(definition)는 각 개인들의 특별한 정의를 허용하는 상대적으로 중립적인 정의이어야 한다. 그러므로 자기 이익에 대한 정확한 의미의 결정은 개인적 이기주의자들에게 맡기고 여기에서는 자기 이익을 "좋은 삶"의 성취라고 정의할 것이다. 좋은 삶은 재미 있고 보람있는 직업, 만족스러운 가정 생활, 높은 사회적 지위 그리고 충분한 여가를 가능하게 하는 충분한 부를 포함한다. 다른 사람들은 좋은 삶을 덜 관습적인 방식으로 정의할지도 모른다. 그러나 어쨌든 그들도 좋은 삶에 대한 관점에서 좋음의 체계와 그것의 다양한 요소들을 정립시켜야 한다. 그렇지 않다면 그들은 좋은 것들이 서로 상충할 때 추구해야 할 바를 결정할 수 없기 때문이다. 예를 들어 방금 서술했던 좋은 삶의 정의에서 직업의 목적은 여가에 대한 욕구와 육체적 쾌락이라는 면에서 상충할지도 모른다. 어떤 사람은 오늘밤 파티에 참석하기를 원하지만, 다가오는 시험을 잘 치르지 못한다면 기술자가 되기 위한 그의 직업적 목적을 성취하지 못할 것이라는 것도 알고 있다. 그는 삶에 대한 그의 정의에서 출발한 좋은 것들의 체계에 근거해서 선택을 해야 한다.

좋음의 체계를 형성하는 한 가지 방식은 어떤 좋음이 가장 포괄적인지를 결정하는 것이다. 즉 어떤 좋음이 다른 좋음을 획득하는 데 가장 중요한지를 결정하는 것이다. 예를 들면 성공적인 직업은 그 자체로 만족스러우며 그 자신의 권리라는 측면에서도 좋을 뿐 아니라, 부, 사회적 지위 그리고 쾌락과 같은 다른 선을 성취하기 위한 방법도 제공해준다. 그러므로 이기주의자는 추구해야 할 좋음의 체계에서 직업적 목적을 쾌락에 우선해서 선택하는 것이 좋을 것이다. 그리하여 그는 파티에 참가하기보다는 공부할 것을 결정한다. 왜냐하면 공부하는 것이 기술자가 되고자 하는 자신의 포괄적인 목적을 성취하는 데 더 중요하기 때문이다.

(2) 단기적 이익과 장기적 이익

단기적인 이기주의자가 되는 것이 가능하다고 하더라도 이기주의자는 아마도 단지 짧은 기간보다는 전생애에서 자신의 목적을 완전하게 실현하는 데 더 관심이 있을 것이다. 또한 이기주의자는 단기적인 만족보다는 장기적인 자기 이익의 실현에 의해서 좋은 삶을 측정할 것이다. 이기주의자는 어떤 특정한 상황에서의 쾌락보다 쾌락의 최대 총량을 성취하고자 하거니와 좋은 삶을 구성하는 다른 모든 좋음에 관해서도 동일하게 말할 수 있다. 따라서 이기주의자는 자신의 목적을 효과적으로 추구하기 위해서 자기 통제력과 장기적 계획을 발달시켜야 한다.

이기주의자가 좋은 삶에 관한 자신의 견해와 좋음의 등급 체계를 규정하는 방법은 고도의 개인적인 문제이지만, 이기주의자의 행위는 좋은 삶의 한 측면으로서 또는 그러한 목적의 수단으로서 정당화되어야 한다. 일관된 이기주의자는 좋은 삶을 성취하려는 자신의 목적을 방해하는 행위는 무엇이든 하지 않을 것이며 그러한 목적에 기여하지 않는 행위 역시 하지 않을 것이다. 따라서 이기주의자는 타인을 돕거나 사회에 기여하는 행위가 어떤 방식으로든 궁극적으로 자신에게 이익이 된다면 그러한 행위를 하겠지만, 그렇지 않다면 그러한 행위를 하지 않을 것이다.

개인적인 이기주의 윤리학과 사회적인 이기주의 윤리학을 살펴보기 전에, 해야 할 행위를 결정할 때 이기주의자가 따라야 할 절차를 살펴보자.

윤리적 이기주의를 적용하기 위한 점검표

1. 행위의 결과와 그 행위의 대안이 가져오는 결과가 당신의 자기 이익에 영향을 미칠 때 그 결과들을 결정하라. (이러한 단계는 당신이 자기 이익을 정의했고, 또한 장기적 자기 이익을 극대화할지 또는 단기적 자기 이익을 극대화할지의 여부를 결정했다는 것을 전제한다.)
2. 적어도 당신이 할 수 있는 다른 대안적 행위의 결과 이상으로 당신에게 좋은 결과를 산출하는 행위를 선택하라.
   (1) 당신의 자기 이익을 가능한 한 많이 촉진시키는 행위나 가능한 한 자기 이익을 적게 손상시키는 행위는 도덕적으로 의무인 행위이다.
   (2) 당신이 할 수 있는 어떤 대안적 행위 이상으로 당신의 자기 이익을 촉진시키지 못하거나 당신에게 가능한 다른 행위보다

당신의 자기 이익을 더 많이 손상시키는 행위는 도덕적으로 허용할 수 없는 행위이다.

(3) 만일 몇몇 행위들이 적어도 다른 행위들만큼 당신의 자기 이익에 기여하고 다른 어떤 행위보다 당신의 자기 이익을 덜 손상시킨다면, 그러한 모든 행위는 도덕적으로 동등하게 허용될 수 있는 행위이다.

내용 요약

고대 그리스에서 그 기원을 찾을 수 있는 도덕 철학으로서의 이기주의는 개인들의 경쟁을 강조하는 현대에 와서도 특별한 탁월성을 가지고 있다. 이기주의의 도덕 규준에 의하면, 행위는 적어도 다른 대안적 행위들의 결과 이상으로 이기주의자의 자기 이익에 좋은 결과를 가져올 때, 오직 그때에만 옳다. 이기주의자는 개인적으로 자기 이익을 정의해야 하고 그러한 정의 내에서 좋음의 등급 체계를 세워야 한다. 대부분의 이기주의자들은 단기간의 완전한 자기 이익의 실현보다 전생애에 걸친 완전한 자기 이익의 실현에 더 많은 관심을 가지고 있다.

제 2 절 개인적인 윤리적 이기주의와 사회적인 윤리적 이기주의

지금까지 이기주의 윤리학을 적용해 가면서, 우리는 앞서 논의한 이기주의의 도덕 규준을 언급함으로써 도덕적 문제들을 해결했다. 그러나 이것은 이기주의가 무엇을 함축하는지 즉 이기주의의 도덕 규준은 일반적으로 어떤 개인 윤리를 지지하며 또한 어떤 사회 윤리를 지지하는지를 아는 데에도 도움을 준다. 이 절에서는 이러한 과제의 수행에 초점을 맞출 것이다.

우리는 이기주의자에게 있어서 모든 의무는 궁극적으로 자신에 대한 의무라는 것을 보았다. 타인들과 사회에 대한 모든 도덕적 의무도 이기주의자 자신에게 이익을 가져다 주는 것으로서 정당화되어야 한다. 그러므로 우리는 자신에 대한 의무를 관장하는 일반적 규칙을 서술할 수 있다. 즉 이기주의자는 자신에게 장기적인 이익을 가져오는 것이면 어떤 것이든 해야 한다는 것이다. 또한 이기주의도 표면적으로는 이기주의와 무관한 타인들에 대한 개인적 의무를 정당화할 수 있다. 그리고 이기주의 역시 국민들의 자기 이익을 극대화하기 위해서 사회와 정부는 어떠해야 하는지에 관한 이론을 가지고 있다.

(1) 자신에 대한 의무

이기주의자 자신의 구체적인 의무는 무엇인가? 란드에 의하면, 그러한 의무 중의 하나는 어떤 성격이 자신의 삶에 기여할지를 확인하는 것이다. 이기주의자에게는 그러한 성격을 완전하게 발달시켜야 할 의무가 있다. 이기주의자의 중요한 성격 중의 하나는 **합리성**이다. 이기주의자는 장기적인 목적을 성취하기 위해서 순간적인 감정에 흔들려서는 안 된다. 그는 행위의 결과를 분석하는 방법을 익혀야 하고, 가장 신중한 행위의 과정을 합리적으로 평가해야 한다. 두번째 바람직한 성격은 **자기 절제**(self-discipline)이다. 이기주의자가 합리적으로 가장 신중한 행위의 과정을 결정한 후라면, 이러한 과정이 앞서 서술한 일시적 불만족을 경험하게 만든다고 하더라도 그는 그 과정을 추구하기 위해 자기 절제를 해야 한다. 셋째, 이기주의자는 일반적으로 **근면성**(열심히 일하는 것)이 자신의 목적을 성취하는 데 도움이 된다는 것을 인정할 것이다. 여러분들도 위에서 언급한 성격 이외에 다른 중요한 성격들에 대해서 생각해 볼 수 있을 것이다.

위와 같은 성격의 계발과 더불어 이기주의자는 자신의 좋은 삶에 기여하는 다른 행위를 수행해야 할 의무도 가진다. 예를 들어 일반적으로 지식과 학교 교육은 한 개인으로 하여금 보람있는 직업을 추구하도록 도와 줌으로써, 그리고 그가 세계를 이해하고 여가를 즐기도록 해줌으로써 그의 좋은 삶의 실현에 기여한다. 육체적인 건강과 정서적인 안정은 일반적으로 훌륭한 삶의 필수적인 구성 요소이기 때문에 합리적 이기주의자도 자신의 목적을 추구하기 위해서는 자신이 할 수 있는 것이라면 어떤 것이든 해야 한다. 게다가 이기주의자는 일반적으로 사회가 받아들일 수 있는 방식으로 행위할 것이다. 대부분의 경우에 이기주의자는 사회적 관습이 잘못되었다고 떠벌이는 것이—적어도 공공연하게는 아니지만—자신에게 이익이 될 것이라고는 생각하지 않는다. 자기 이익이 되지 않는다면, 그는 다른 사람들에게 그 자신을 바람직하지 않은 사회 구성원으로 보이게 하지는 않을 것이다. 이 문제는 이기주의자의 타인에 대한 의무에서 더 자세하게 고찰하게 될 것이다.

우리가 처음 생각했던 것과는 달리 이기주의자가 자신의 의무를 위반하지 않고도 자신의 생명을 내거는 경우도 일어날 수 있다. 모험은 그 모험이 목적을 성취하는 데 본질적이라면 당연히 정당화될 수 있는데, 만일 생각과 행위의 자유가 억압받고 또한 자아 실현에 필수적인 조건들이 부족한 독재하에 있는 이기주의자라면 독재로부터 탈출하거나 독재를 타도하기 위해서 자신의 생명을 걸어볼 수 있다. 심지어 어떤 이기주의자는 삶의 조건이 의미 있는 자아 실현을 방해할 경우에 자살을 할 수도 있다. 예를 들어 불치의 병으로 고통 속에서 죽어가는 상황이라면 이기주의자는 자신의 삶을 연장하려고 시도하지 않고 스스로 자신의 생명을 끊을지도 모른다. 그와 같은 행위에 있어서 어떤 것도 이기주의의 원칙과 모순되지 않는다.

(2) 타인에 대한 의무

이기주의자의 타인에 대한 의무는 모두다 궁극적으로 자신에게 이익을 가져다 주는 것으로서 정당화되어야 하고, 외관상 비이기주의적인 많은 행위조차 이기주의적 관점에서 볼 때 정당화될 수 있다. 예를 들어 당신의 아내가 병을 앓고 있고 그 병을 치료하기 위해서는 많은 비용을 치루어야 하는데 당신이 부자라고 가정해 보자. 당신의 아내가 당신의 행복에 중요하다면 그녀를 살리기 위해 전재산을 사용한다 해도 당신은 그 사실을 정당화할 수 있다.

타인을 돕는 많은 행위가 이기주의적 근거에서 정당화될 수 있다. 어떤 사람이 지방 자선 병원의 후원회장이 되려고 하는 경우에, 그러한 행위가 은행의 경력 사원 모집에 응시하는 데 도움이 되기 때문일 수도 있다. 은행은 뛰어난 사회 구성원으로서 훌륭한 경력을 가진 사원을 좋아하기 때문이다. 어떤 사람은 우정을 중요하게 여겨 친구를 위하여 기꺼이 자신을 희생할 것이다. 왜냐하면 그러한 방법이 친구를 사귀는 유일한 방법이고, 친구는 자신의 좋은 삶에 매우 중요하다는 것을 알고 있기 때문이다. 또한 어떤 사람은 가족을 부양하고 책임 있는 가장이 되려고 할 것이다. 왜냐하면 자식의 복지 역시 그의 행복에 중요하기 때문이다. 여러분들도 이기주의적 근거에서 정당화될 수 있는 타인에 대한 의무의 다른 예들을 제시할 수 있을 것이다.

(3) 사회 윤리

이기주의자는 어떤 사회 정책이 최대한의 자기 이익 추구에 도움이 되는지를 반문함으로써 정치적·사회적 질서에 접근한다. 한 개인의 자기 이익을 정의하는 방식이 이러한 정책들을 결정하는 데 필수적이라는 것은 분명하다. 우리는 모든 이기주의의 형태가 가지는 정치적·사회적 의미들을 전부 설명할 수는 없다. 그러나 몇 가지 전제를 논의할 수는 있다.

이기주의자는 대부분 자신이 보통 사람들보다 많은 능력을 가지고 있기 때문에 정당한 경쟁에서 다른 사람들을 앞설 수 있다고 생각한다. 그리하여 이기주의자들은 타인들과의 경쟁에서 자신들의 능력을 발휘하기 위한 최대한의 자유를 보장하는 사회 환경을 요구한다. 이들에게 있어서 이상 국가는 신체적 폭력, 절도, 사기 등으로부터 개인들을 보호해야 하지만 이러한 보호가 유일한 목적이어야 한다. 이러한 기본권을 보호하는 기능을 벗어난 정부의 팽창된 권력은 불법적인 권력이다.

자유 지상주의로 알려진 이러한 정치 철학은 란드에 의해 옹호된 사회 정치적 입장이다. 노직(R. Nozick)은 이러한 견해에 대한 가장 세련된 최근의 해석을 그의 저서 《무정부주의, 국가 그리고 유토피아》에서 보여주었다. 노직이 자신의 자유주의를 이기주의에 근거시키지 않았다고 하더라도 "최소 국가"(minimal state)에 대한 그의 서술은 이기주의자가 바라는 정부의 형태와 일치한다.

> 국가에 대한 우리의 주요한 결론은 폭력, 절도, 사기 등으로부터 국민들을 보호한다고 하는 좁은 기능으로 한정된 최소 국가가 정당하다는 것, 즉 다소 커다란 국가는 개인으로 하여금 어떤 것을 하지 못하도록 하여 개인의 권리를 침해하기 때문에 정당하지 못하므로 최소 국가는 옳을 뿐만 아니라 고무할 만하다는 것이다. 여기서 두 가지 의미는 언급할 만한 가치가 있는 바, 그 국가는 국민들에게 타인을 돕게 하거나 국민들 자신의 이익과 보호를 위한 것이라는 미명하에 행위를 금지시키기 위한 위압적인 제도를 사용하지 않는다.[2)]

이기주의적 관점으로부터 최소 국가를 정당화하는 것은, 이기주의자가 자신의 자유를 확보할 수 있는 유일한 방법이 타인의 자유에 대해서도 유사한 존중을 인정하는 것이라는 사실이다. 홉즈에 의하면 심지어 이기주의자 집단도 결국 어떠한 정부도 존재하지 않는 "자연 상태" 혹은 무정부 상태로부터 법과 질서를 지키는 시민 사회의 형식으로의 전이에 동의한다. 왜냐하면 이기주의자들도 사회가 자신의 이익에 더욱더 도움이 된다는 것을 인정할 것이기 때문이다. 홉즈의 시민 사회가 결코 자유주의자의 최소 국가는 아니지만, 현대의 이기주의자는 최소 국가를 정당화하기 위해 홉즈의 논증 중에서 몇 가지를 사용할지도 모른다. 물론 이상적으로 이기주의자는 자신에게는 더 많은 자유가, 그리고 타인에게는 더 적은 자유가 부여되기를 원하지만, 이러한 배분은 거의 채택되지 않는다. 그러므로 이기주의자는 모든 사람을 위해 자유주의자의 최소 국가에 동의한다. 이제 자유주의자의 국가가 가지는 몇 가지 특성을 고려해 보자.

첫째, 최소 국가는 노직이 언급하고 있듯이 두 가지 명백한 한계를 가진다. 그곳에는 강제로 하는 선행 즉 "어떤 시민으로 하여금 남을 돕게 하는" 행위는 없다. 자발적인 선행이 완전히 허용된다고 하더라도 (우리는 이기주의자가 때때로 자신의 이익을 위해 타인을 돕기를 원할

---

2) R. Nozick, *Anarchy, State and Utopia*(New York: Basic Books, 1974), ix면.

지도 모른다는 것을 보았다), 그 국가는 타인을 돕기 위해 개인에게 세금을 거둘 권리는 없다. 어떠한 복지 계획도 불이익을 받는 자를 도와서는 안 된다. 예외가 있다면 그것은 시민의 불안에 대한 현재의 명백한 위험을 없애는 계획이나 자연적인 재해 또는 전쟁과 관련된 재해의 희생자를 도우려는 계획뿐이다. 비록 이기주의자라고 하더라도 거리에서 폭동이 일어나는 것보다 가난한 자를 구제하기 위해 세금을 내는 것을 더 선호할 것이다. 그리고 심지어 자신이 가난한 사람이 아니라고 믿는 이기주의자도 어찌할 수 없는 재난의 경우에는 도움받기를 원할 것이다.

마찬가지로 최소 국가는 간섭주의(paternalism)를 채택하지 않는다. 즉 "사람들 자신의 선이나 보호를 위하여" 사람들에게 어떤 것을 하도록 또는 하지 말도록 강요하지 않는다. 그 국가는 사람들에게 안전 벨트나 안전 헬멧을 착용하도록 요구하지 않는다. 비록 그것이 그들의 보호를 위한 것이라고 하더라도 그들에게 요구하지 않는다. 그 국가는 퇴직을 대비해서 소득의 일부를 저축하도록 사람들에게 요구하지도 않는다. 그러나 자발적인 사회 보장 계획으로써 적립된 연금을 퇴직 후에 이자와 함께 받게 된다면 또한 그 계획으로 인해서 자신의 소득이 타인에게 분배되지 않는다면 그들은 그 계획을 받아들일 것이다. 엄격한 간섭주의적 법률을 반대하는 자유주의자는 마리화나나 헤로인과 같은 마약을 규제하는 법률에 대해서도 조심스럽게 언급한다. 최소 국가는 타인의 권리를 침해하는 범죄를 야기할 때만 마약을 금지할 수 있다. 사실상 간섭주의에 의해서만 정당화될 수 있는 법률이라면 어떤 것이든 폐기되어야 한다.

둘째, 국가의 강제에 대한 유일한 정당화는 다른 사람들 또는 다른 국가들로부터 개인을 보호하는 것이기 때문에 최소 국가는 단순히 어떤 사람이 생각한 것이 부도덕하다는 이유만으로 행위를 금지시키지는 않는다. 따라서 포르노 영화가 실질적으로 성범죄를 증가시키고 그럼으로써 타인의 기본권을 위협한다는 것을 보여줄 수 없다면, 입법자는 포르노 영화를 규제하는 어떠한 법률도 제정할 수 없다. 이와 마찬가지의 경우가 동성 연애, 혼전 성관계 또는 몇몇 사람들이 부도덕한 것으로 간주하는 성행위들을 규제하는 법률에도 적용된다. 공휴일에 상행위를 금지하는 법률은 철폐되어야 한다. 일부다처제를 금지하는 법률은 최소 국가에서는 정당성을 가지지 못한다. 여러분들은 아마도 이와 동일한 이유로 없어져야 될 다른 법률들을 생각할 수 있을 것이다.

셋째, 이기주의자는 일반적으로 자신들의 도덕적 입장이 자유 방임적 자본주의의 입장과 가장 비슷하다고 생각한다. 자본주의는 개인적인 자본 축적, 생산 수단의 사적 소유 그리고 자유 시장 체계에 의해 규정되는 경제 체제이다. 이기주의와 양립 가능한 생산 체계는 한 개인이 타인의 기본권을 침해하지 않는 한 수익의 견지에서 그 개인에게 자기 이익을 추구할 수 있는 최대의 자유를 보장한다. 만일 심리적 이기주의가 주장하는 것처럼 자기 이익이 개인에게 있어서 가장 근본적인 동기라면 자본주의가 가장 동적이고 생산적인 경제 체제라는 것에 놀라서는 안 된다. 왜냐하면 자본주의는 모든 인간의 자연적인 이기주의적 경향을 효과적으로 이용하고 있기 때문이다. 아담 스미스(Adam Smith)와 같은 많은 자본주의 옹호자들이 생각한 것처럼 자기 이익의 추구가 타인에게도 직업과 부를 가져다 주는 등 이익이 된다는 것은 사실이다. 그러나 개인적인 이기주의자의 동기는 이타적인 것이 아니며, 이타적이어서도 안 된다.

내용 요약

자신의 의무에 관한 이기주의적 사고를 지배하는 일반적인 규칙은, 개인은 자신의 장기적인 이익을 가져오는 행위를 해야 한다는 것이다. 자신에 대한 의무는 합리성, 자기 절제, 근면성과 같은 성격적인 특성 다시 말하면 자기 이익을 더욱더 효과적으로 추구할 수 있게 하는 성격의 발달을 포함한다. 사회 윤리에 대한 이기주의의 접근을 관장하는 일반적인 원칙이란, 국가는 개인에게 자기 이익을 추구하기 위한 최대한의 자유를 허용해야 한다는 것이다. 이 원칙으로 인해서 많은 이기주의자들은 자유주의를 환영한다. 자유주의라는 정치 이념은 개인의 행위에 대한 최소한의 간섭, 강제적인 간섭주의와 강제적인 선행의 배제 그리고 자유 방임적 자본주의를 옹호한다.

제3절 이기주의 윤리학의 적용

이제 도덕적 결정을 포함하는 몇 가지 사례를 이기주의적 관점에서 살펴보자. 제시될 세 가지 예는 이기주의자가 도덕적 선택을 요구하는 상황을 어떻게 분석하는지 그리고 그가 해야 할 행위에 관한 답변을 어떻게 정식화시키는지를 이해하는 데 도움이 된다. 여기서는 점검표에서 개괄된 방법론을 따를 것이다. 또한 사실적 문제, 개념적 문제, 도덕적 문제간의 차이가 유용하게 보일 때에는 그 차이를 참조할 것이다.

(1) 사례 1: 항공기 제동 장치 사건

1967년 굿리치라는 회사는 LTV 항공 협회에 항공기 제동 장치의 최저 입찰 가격을 제시함으로써 입찰을 따내어 계약을 체결했다. 그러나 얼마 안 가서 그 회사의 기술자들은 계약을 위해 고안된 제동 장치가 너무 작아서 비행기를 안전하게 멈추게 할 수 없다는 것을 발견했다. 하급 경영진은 이러한 실수를 인정하지도 않고 제동 장치를 재고안하는 대신에 실험 결과를 변조하여 원래의 제동 장치 제작을 추진해 나가기로 결정했다. 비행기의 제동 장치를 실험하는 동안 몇 가지 결함이 발생하여 사고도 일어났다. 젊은 기술자 로슨과 기술 이론가 밴다이버는 상태의 수정을 요구했으나 상관으로부터 협조를 얻지 못하자 검찰에 고발했고 후에 변조된 실험 보고서를 가지고 FBI로 갔다. 이 두 사람은 이러한 고발의 결과로 직장을 잃었다. 허위 진술에 협력한 고용인들은 직장을 보존했고 심지어 이 사건이 공개된 후에도 어떠한 처벌도 받지 않았다.[3] 만약 이들이 이기주의자였다면 어떻게 행위해야 했겠는가?

---

3) K. Vandiver, "Why Should My Conscience Bother Me?", in *In the Name of Profit*, ed. R.L. Heilbroner, et al.(Garden City, N.Y.: Doubleday, 1972), 3~31면.

1. 우선 두 사람에게 가능한 행위의 결과를 결정해야 한다. 두 사람은 한편으로는 다른 대부분의 고용인들처럼 침묵을 지킬 수 있다. 그렇게 하면 이들은 확실히 직장을 보존할 것이고 그 사건이 밝혀진 후에도 아마 어떠한 처벌도 받지 않을 것이다. 다른 한편으로 그들이 실제로 선택했던 행위를 그대로 선택할 수 있다. 그렇게 하면 직장에서 해고되는 결과를 가져올 것이다. 만일 두 사람이 이기주의자이며 자유주의자였다면 사기에 대한 금지 규정이 있는 법률 체계를 옹호했을 것이며 따라서 그 회사의 변조 행위와 같은 것을 반대하는 법률적 규제를 찬성했을 것이다. 그러나 그와 같은 행위가 장기적인 자기 이익에 그 목적이 있다면 특히 다른 사람들은 사기 규제의 법률을 꾸준히 지키면서 살아가고 이기주의자들은 그 법률을 어길 수 있다면 이기주의자로서 그들은 그 법률을 어기고 말 것이다.

2. 만일 이 두 사람이 이기주의자였다면 특히 자기 이익을 직위 승진의 견지에서 규정하는 이기주의자들이었다면 이 문제를 폭로하는 것이 자신들의 자기 이익에 반대된다고 결정했을 것이다. 그러므로 그들은 정보를 폭로하는 행위는 도덕적으로 허용할 수 없는 행위라고 결론을 내릴 것이다.

(2) 사례 2: 성인들간에 합의된 동성 연애의 합법화 문제

1957년 영국에 있는 울펜 위원회(Wolfenden Committee)는 동성 연애에 대한 영국 법률을 자유화해야 하며 또한 성인들간에 서로 합의된 동성 연애는 더 이상 범죄가 아니라고 주장했다. 고등 법원 판사인 데블린 경은 이러한 주장에 반대했다. 왜냐하면 그러한 행위의 합법화는 사회 질서의 분열을 초래할 수 있다는 것이다. 데블린에 의하면 합의된 도덕관은 사회를 유지하는 결속력의 일부이며 동성 연애가 그르다는 견해는 영국 사회에서 광범위하게 공유된 가치라는 것이다. 그러한 문제에 관한 도덕적 합의를 함부로 변경하는 것은 사회 구조를 변경하는 것과 같다. 따라서 성인들간에 합의된 동성 연애라고 해도 합법화되어서는 안 된다는 것이다. 이기주의는 이 문제에 대해서 어떤 입장을 취하는가?

1. 만일 이기주의자가 동성 연애자라면 그는 성인들간에 합의된 동성 연애의 합법화를 옹호할 강력한 이유를 가진다. 그러나 이기주의자가 동성 연애자가 아니라고 생각해 보자. 그의 도덕 철학과 가장 일관된 입장은 어떤 입장인가? 이기주의자가 동성 연애를 합법화하는 것은 사회 구조를 위협할 수 있다는 데블린의 주장과 관련이 있다. 만일 사회 질서가 일반적으로 최소 국가의 원칙과 일치한다면 이기주의자는 그 질서가 보존되기를 원한다. 그러나 이기주의자는 동성 연애의 합법화가 실질적으로 사회 분열을 가져온다는 확실한 증거를 요구할 것이다. 그러나 그 증거의 수집은 대단히 어렵다. 왜냐하면 하나의 사건(즉 동성 연애에 대한 더욱 관대한 태도로의 변화)이 다른 사건(즉 사회 질서의 분열)의 원인이라거나 또는 그것에 기여한다고 말하기 위해서는 두 개의 역사적 사건간의 인과 관계를 입증해야 하는데 우리는 이것을 손쉽게 할 수 없기 때문이다. 또 다른 이유는 흔히 사회적 분열과 단순한 사회적 변화를 구별하기 어렵다는 데 있다. 도덕관의 변화가 수반되는 사회적 변화가 항상 분열의 표식은 아니다. 아마도 이기주의자는 성인들간에 합의된 동성 연애의 합법화가 실제로 사회의 분열을 가져온다는 것에 대한 확정적인 증거가 없다고 결정할 것이다.

게다가 우리는 타인의 동등한 자유를 제한하지 않는 한 이기주의자는 최대한의 개인적 자유를 허용하는 법률을 지지한다는 것을 이미 보았다. 이기주의자가 자신의 행위에 대한 관용을 얻을 수 있는 유일한 방법은 타인의 자유에 대해서도 동일한 존엄성을 부여하는 것이다. 동성 연애를 억압하는 것은 자유주의 원칙과 모순되며 따라서 이기주의가 지지하는 사회 질서와 모순된다.

2. 결국 이기주의적 자유주의자들은 동성 연애를 금지하는 법률은 자신들의 이익을 간접적으로나마 손상시킬 것이기 때문에 역시 허용할 수 없다고 결론지어야 한다. 그러나 이러한 결론이 이기주의적 자유주의자가 성인들에게 아이들을 성적으로 괴롭힐 자유를 부여하는 것이라고 여겨서는 안 된다. 자유주의가 일반적으로 간섭주의를 반대한다고 하더라도 국가에 의한 미성년자의 보호는 자유주의의 원칙과 완전히

양립 가능하다. 사실상 이러한 보호는 단순히 개인의 자유에 대한 국가적 보호의 한 측면이다. 만일 우리가 생각하기에 미성년자가 성관계 여부에 대해 자유롭고 충분한 정보를 지닌 상태에서 결정할 수 없다면 또는 성적 경험에 있어서 미성년자와 성인간의 관계가 일방적이어서 미성년자 측의 진정한 자유가 무시된다면 우리는 자유주의 국가의 미성년자를 위한 간섭을 쉽게 정당화할 수 있다.

(3) 사례 3: 변호사의 딜레마

교통 사고로 중상을 입은 청년이 사고의 책임이 있는 운전사 *A*를 고소했다.[4] *A*의 변호사는 자신의 주치의에게 청년을 살펴보게 했다. 그 의사는 명백히 사고로 인해 생긴 대동맥 이상 증대증을 발견했다. 하지만 그 청년의 주치의는 이것을 발견하지 못했다. 이 병은 수술하지 않으면 생명이 위험하다. 그러나 *A*의 변호사는 그 청년이 이러한 사실을 안다면 더 많은 보상금을 요구하리라는 것을 알고 있다. 게다가 그 변호사는 변호사 윤리 규범에 따라 직업적 관계에서 얻은 정보에 대해 비밀을 지켜야 하며, 그러한 정보의 누설은 소송 의뢰인에게 손해가 되리라는 것을 알고 있다. 만일 그 변호사가 이기주의자라면 어떻게 해야 하는가?

1. 만일 *A*의 변호사가 청년의 변호사에게 정보를 누설한다면 자신의 고객을 변호하는 그의 능력은 실질적으로 약화될 것이다. 그리고 그의 능력의 약화는 변호사로서의 명성에 해가 될 것이며 장차 의뢰 건수를 줄어들게 할 것이다. 그는 또한 변호사 윤리 규범으로 자신을 변호할 수 있다는 것을 알고 있다. 이러한 결과는 그가 정보를 누설하지 말아야 한다는 것을 보여준다. 그러나 만일 그가 정보를 누설하지 않아서 청년이 죽는다면 자신이 그 병에 대해서 알고 있었다는 것이 공개될 경우에 그의 명성은 더욱더 손상될 것이다. 또한 그는 청년이 죽는 경우에 겪게 될지도 모르는 죄책감도 고려해야 한다. 비록 이러한 죄책감이 이기주의적 관점에서 볼 때 정당화될 수 없다고 하더라도 그는 죄책감

---

4) Spaulding vs. Zimmerman, 116 N.W. 2d 704(1962).

을 피할 수 없을 것이다. 물론 그 역시 고발될 수도 있다.

2. 우리는 어떠한 대안이 변호사에게 가장 큰 장기적인 이익을 가져오는지를 쉽게 결정할 수 없다. 다양한 대안들의 결과를 알기 어렵다는 것은 결과주의적 이론에 있어서 그렇듯이 이기주의에 있어서도 심각한 문제이다. 도덕 원칙이 명백하다고 하더라도 사실에 관한 지식의 한계는 이러한 경우에 문제를 야기한다. 변호사가 스스로 제기해야 할 문제는 그 정보가 공개될 기회가 많은지의 여부이다. 그의 고객과 마찬가지로 의사도 그 정보를 알고 있기 때문에 결국에는 공개될 가능성이 많다. 따라서 변호사의 장기적인 자기 이익은 정보를 공개하는 것이라고 할 수 있다.

제 4 절 도덕 이론으로서의 이기주의에 대한 평가

이제 3장에서 내세웠던 네 가지 기준을 사용하여 이기주의를 평가할 차례이다. 모든 도덕 이론은 비판의 여지가 있다. 즉 어떠한 이론도 완전하지 않다는 것이다. 마지막 과제는 네 가지 도덕 이론들의 상대적인 장점과 단점을 평가하는 것이다. 또한 주관적인 요소가 도덕 이론을 평가하는 데 필연적으로 개입된다는 것을 명심해야 한다. 마지막에 서술되는 평가가 도덕 철학자들간에 광범위하게 지지되는 입장을 반영하고 있다고 하더라도 결국 필자 자신의 평가일 수밖에 없다. 그러므로 이러한 평가는 무비판적으로 받아들이기보다는 여러분들의 숙고가 요구된다.

다음에 나오는 표와 같이 등급을 나타내는 것은 유용할 것이다. 이 표에서 ○라는 표시는 나 자신의 견해에 따라 도덕 이론이 각각의 개별적인 기준에 대해 어떻게 등급이 매겨지는지를 나타낸다. 이러한 체계는 쉽게 볼 수 있으나 지나친 단순화일 수도 있다. 그러나 도덕 이론의 상대적인 장단점에 관해서는 효과적으로 살필 수 있다. 여러분도 이러한 형식으로 각각의 도덕 이론에 대한 자신의 등급표를 만들 수 있을 것이다.[5)]

〈이기주의 윤리학 : 이 이론은 기준들을 얼마나 만족시키는가?〉

기 준	매우 만족		보통 만족		매우 불만족
1. 일관성				○	
2. 신빙성				○	
3. 유용성				○	
4. 정당성			○		

(1) 기준 1 : 일관성

이기주의는 일관성에 대해서 낮은 점수를 받는다. 사실 이기주의는 다른 어떤 도덕 이론보다 일관성에 커다란 난점이 있다. 이기주의가 범한 두 가지 비일관성의 형태를 고려해 보자.

비일관성의 첫번째 형태는 다음의 예를 통해 설명할 수 있다.[6] *A*와 *B*는 동업자이며 *A*는 *B*로부터 회사 자금 50만 달러를 횡령하기 위해 거의 완전 무결한 방법을 사용했다고 생각하지만 실제로는 약간의 실수를 범했다고 가정해 보자. 그러나 이러한 사실을 *A*는 모르는 반면에 *B*는 자신을 속이려는 *A*의 계획을 알았다. *B*가 *A*의 계획을 막는 것은 *A*의 이익에는 반대되지만 자신에게 이익이 된다. *A*가 자신의 음모를 완벽하게 수행한다면 그것은 그 자신에게는 이익이 될 것이다. 이것으로부터 *A*는 *B*를 속여야 한다는 사실이 도출되며 *A*가 그 행위를 수행

5) 이러한 등급표는 R.M. Thomas, *Comparing Theories of Child Development* (Belmont, Calif.: Wadsworth, 1979), 69~70면에서 암시받았다.
6) K. Baier, *The Moral Point of View* (New York : Random House, 1966), 95~96면.

하지 않는 것은 그르며 *A*가 자신의 음모를 완수하는 것이 도덕적인 행위라는 사실이 도출된다. 마찬가지로 *B*는 *A*의 의도를 알았기 때문에 *A*의 계획을 좌절시킬 조치를 취해야 한다. *B*가 그렇게 하지 않는다면 그것은 그른 행위이다. *B*는 자신을 속이려는 *A*의 시도로부터 자신을 보호하기 위해 최선을 다해야만 도덕적으로 행위하는 것이 된다.

위와 같은 사실로부터 만일 *B*가 자기를 속이려는 *A*의 계획을 좌절시킨다면 *B*의 행위는 그르기도 하고 동시에 그르지 않기도 하다고 말해야 한다는 사실이 도출된다. 왜냐하면 *B*의 행위는 *A*가 해야 하는 행위를 방해하기 때문에 그르고 동시에 *B*가 해야 할 행위이므로 그르지 않기 때문이다. 그러나 동일한 행위가 동일한 도덕 이론의 관점으로부터 도덕적으로 그른 동시에 도덕적으로 그르지 않다고 말해서는 안 된다. 이렇게 상충되는 도덕 판단들을 초래하는 도덕 이론은 내적으로 비일관적이라고 말할 수 있다.

두번째 비일관성은 이론 그 자체에 대해 외적인 비일관성으로서 자신이 이기주의자이면서 타인도 이기주의자라고 주장하는 사람들간의 상충에서 나타난다. 이러한 비일관성은 앞의 예로써 설명될 수 있다. 그 예가 보여주듯이 흔히 *B*가 자신의 이익을 따르는 것은 *A*에게 이익이 되지 않으며 동시에 *A*가 자신의 이익을 따르는 것은 *B*에게 이익이 되지 않는다. 이러한 문제에 비추어 보면 이기주의자는 왜 타인들도 역시 이기주의자라고 주장해야 하는가? 타인들도 이기주의적 원칙들을 따르며 또한 이기주의자는 자신에게 이익이 되는 것만 해야 한다고 주장한다면 그것은 종종 이기주의자에게 이익이 되지 않는다. 이러한 문제에 대해 이기주의자가 할 수 있는 답변을 고려해 보자.

한 가지 답변은 **개인적 이기주의**의 견지에서 가능하다. 개인적 이기주의의 주장에 의하면 나는 나 자신에게 이익이 되는 것을 해야 하고 모든 사람들 역시 나에게 이익이 되는 것을 해야 한다. 개인적 이기주의는 타인이 아니라 바로 내가 자기 이익의 원칙에 따라서 행위한다는 것만을 요구한다. 이러한 입장을 취하는 이기주의자는 제기된 문제에 대해 다음과 같이 답변할 수 있다. 즉 만일 내가 그러한 이기주의자라면 모든 사람이 나에게 이익이 되는 것을 해야 한다고 주장할 수 있다. 이러한 종류의 이기주의를 주장함에 있어서 어떠한 비일관성도 존재하지 않는다. 그러나 불행하게도 이러한 형태의 이기주의는 타인에 의해 받아들여질 가능성이 거의 없다. 왜 모든 사람이 나에게 이익이 되는 것을 해야 하는가? 이에 대한 어떠한 이유도 주어지지 않으며 그럴 듯한 이유를 상상하기도 어렵다.

더욱더 심각한 문제는 많은 도덕 철학자들이 개인적 이기주의는 결코 도덕 철학일 수 없으며 단지 행위에 대한 개인적 지침이라고 믿는다는 사실이다. 1장에서 보았듯이 어떤 행위가 옳다(또는 그르다)라는 명제의 의미는 타인들도 그와 동일한 상황에서 동일한 행위를 해야 한다(또는 하지 말아야 한다)는 것이다. 따라서 어떤 사람이 절도는 그르다라는 도덕적 주장을 할 때 그가 의미하는 것은 그 행위가 모든 사람에게 그르다는 것이다. 만일 그 행위가 어떤 특정한 사람에게만 그르다는 것을 의도했다면 그는 진실된 도덕적 주장을 하고 있는 것이 아니다. 개인적 이기주의는 도덕적 명제의 성격에 관한 이러한 해석과 양립할 수 없다. 왜냐하면 개인적 이기주의에 따르면 절도라는 동일한 상황임에도 불구하고 그에게는 옳고 다른 사람들에게는 그르기 때문이다. 그러므로 도덕적 주장의 성격에 관한 우리의 해석이 옳다면 개인적 이기주의자들은 도덕적 관점을 채택한다고 주장할 수 없다.

두번째 답변은 비개인적 이기주의(impersonal egoism)의 관점에서 가능하다. 비개인적 이기주의에 따르면 각 개인은 자신들에게 이익이 되는 것을 해야 한다. 비개인적 이기주의는 도덕적 관점과 다소 일관된다는 이점을 가지거니와 도덕 기준으로 정식화된 이기주의의 일종이다. 그래서 때때로 이기주의자는 비개인적 이기주의가 일관적이라는 것을 보여주려고 시도해 왔다. 일관성을 보여주는 방법 중의 하나는 타인도 이기주의자라고 주장하는 것을 거부하는 것이다. 비개인적 이기주의자는 타인들이 이기주의자이어야 한다고 판단할 수는 있지만 타인들이 이기주의자라는 것을 공개적으로 옹호하는 것은 거부할 수 있다. 즉 그는 그들이 그들 자신의 이익을 따라야 한다는 것을 인지하기는 해도 그들에게 그렇게 하도록 권하지 않는다는 것이다. 결국 비일관성은 오직 내가 공개적으로 이기주의를 주장할 때에 한해서 이기주의와 이기주의의 공개적인 주장간에 존재한다.

그러나 이러한 관점은 성실한 도덕적 충고를 제공할 수 없다. 도덕적 관점을 받아들인다는 것은 우리가 채택한 동일한 도덕 원칙을 타인들도 따라야 한다는 것을 요구하므로 우리는 성실한 도덕적 충고를 요구하는 사람들에게 그 원칙을 제공할 수 있어야 한다. 그러나 어떤 사람이 비개인적 이기주의자에게 이러저러한 상황에서 그가 행위해야 하는 방법에 관한 충고를 부탁했다고 생각해 보자. 만일 이기주의자가 자신의 도덕 원칙을 공개적으로 주장하기를 거부한다면 그는 그 사람에게 이기주의적 원칙이 아니라 다른 도덕 원칙에 따라 행위하도록 충고해야 한다. 아마도 이기주의자는 일반적 복지를 가져오는 것을 하도록 질문자에게 충고하거나 자신의 진정한 도덕관을 반영하지 않은 어떤 다른 조언을 해줄 것이다. 공개적으로 자신의 도덕 원칙을 주장하지 않는 비개인적 이기주의자는 자신이 이기주의의 원칙에 따라 행위해야 한다고 판단했더라도 질문자에게 그러한 원칙에 따라 행위하도록 권하지는 못할 것이다.

비개인적 이기주의자가 채택할 수 있는 또 다른 전략은 다른 사람들이 이기주의적 관점을 채택한다면 그들이 때때로 그 자신의 이익과 반대되는 정책을 추구한다고 하더라도 장기적인 면에서 보면 그에게도 더 좋을 것이라고 주장하는 것이다. 다른 말로 하면 다른 사람들이 자신들의 자기 이익을 추구하는 것이 자신에게도 이익이 된다는 것이다. 모든 구성원들이 활발하게 그리고 합리적으로 자신들의 이익을 추구하는 사회는 비이기주의자로 구성된 사회보다 더 풍요로워질 것이고 더욱 동적이며 심지어 문화적으로도 더욱 창조적일 것이다. 이러한 풍요는 이기주의자 자신에게도 이익이 될 것이다.

이러한 주장은 사실인가? 이러한 주장은 상식에 어긋난다. 사람들의 자기 이익은 종종 상충한다. 그러므로 그렇지 않다는 강력한 논증이 없다면 이러한 접근 방식은 이기주의가 가지고 있는 비일관성의 문제에 대한 불만족스러운 해결이라고 결론내려야 한다.

비일관성의 문제를 해결하기 위한 또 다른 방법은 이기주의적 도덕 규준에 대한 부차적 규제 조항(side constraints)을 도입하는 것이다. 이기주의적 도덕 규준의 경우에 대한 부차적 규제는 자기 이익의 명목하에 받아들이게 되는 행위를 규제하는 것이다. 따라서 이기주의는 다음과 같은 도덕 규준을 채택하게 된다.

MS : 어떤 행위가 타인의 기본 권리를 침해하지 않는 한도 내에서 적어도 다른 대안적 행위들의 결과 이상으로 이기주의자의 자기 이익에 좋은 결과를 산출할 때, 오직 그때에만 그 행위는 옳다.

이러한 도덕 규준은 사실상 개인이 자신의 이익을 추구할 때조차 일정한 어떤 것 즉 타인의 기본권과 상충되는 행위를 수행할 수 없다는 것을 말하고 있다. 이러한 기본권은 명시되어야 하나 항상 죽임을 당하지 않을 권리와 육체적 폭력으로부터 보호받을 권리 그리고 절도와 사기로부터 보호받을 권리를 포함한다.

자유주의자들은 이와 같은 권리를 받아들인다. 또한 이기주의자에게도 이러한 부차적 규제가 별 어려움을 야기시키지 않을 것이라고 쉽게 결론지을지도 모른다. 그러나 이러한 결론은 잘못된 것이다. 부차적 규제가 없다고 하더라도 이기주의자는 자신의 권리를 타인들이 존중하게 할 다른 방법이 하나도 없다는 이유만으로 타인의 기본권을 존중하는데 동의한다. 더 나아가 이기주의자는 이러한 규제를 피하는 것이 이익이 된다면 그리고 이러한 시도들이 부도덕하지 않다면 그때마다 그렇게 하려고 시도할 것이다. 그러나 만일 이기주의자가 부차적 규제 조항을 받아들인다면 타인의 기본권을 침해하려는 시도는 부도덕한 행위이다. 설사 그가 자신의 기본권에 대한 타인의 존중을 잃지 않고서 그렇게 할 수 있다는 것을 알고 있다고 하더라도 그러한 시도는 부도덕한 것이다. 그러므로 부차적인 규제 조항의 부가는 근본적으로 다른 형태의 이기주의로 나아가게 한다.

불행하게도 부가된 부차적 규제 조항은 비일관성의 문제를 해결하지 못한다. 오히려 그러한 규제 조항은 비일관성을 도덕 규준 그 자체에 두게 할 뿐이다. 부차적 규제 조항은 이기주의와 양립 불가능한 권리관을 제시하기 때문에 비개인적 이기주의의 규제된 해석은 실질적으로 두 가지 서로 양립 불가능한 도덕 규준, 즉 하나는 이기주의적이고 다른 하나는 그렇지 않은 도덕 규준을 동시에 가지고 있는 것이다. 또한 일관적인 이기주의자가 타인들도 이러한 규제된 이기주의 형식을 받아들이기를 원하는 이유도 전혀 명백하지 않다. 왜냐하면 타인들은 이기주의자의 자기 이익과 모순되는 많은 것들을 여전히 할 수 있기 때문이다. 이들은 이기주의자의 사업을 망칠 수도 있고 그의 여자 친구나 아내를 빼앗을 수도 있고 그의 면전에서 그의 애인을 포옹할 수도 있다. 또한 그에 관한 험담을 퍼뜨릴 수 있으며 그를 불행하게 만드는 다른 많은 것들을 할 수도 있다.

이기주의자가 그런 도덕적 관점을 가지는 한 우리는 이기주의적 관점에는 두 가지 비일관성 모두를 피할 수 있는 명백한 방식이 없다고 결론을 내려야 한다. 내적인 일관성이 없는 도덕 철학을 받아들이는 것이 가능하다고 하더라도 앞서 논의한 문제들은 가혹한 비판으로 받아들여야 한다.

(2) 기준 2: 신빙성

도덕 철학을 평가하는 두번째 방법은 그 도덕 철학이 산출하는 도덕 판단들을 우리들이 매우 강력하게 지지하는 도덕적 신념과 비교하는 것이다. 필자는 이 항목에서도 이기주의에 상대적으로 낮은 점수를 주었다.

우리 자신의 복지를 증진시키는 것임에도 불구하고 우리들 대부분이 하지 않으려고 하는 것들이 있다. 예를 들어 우리는 살인하려고 하지 않으며 자신의 이익을 증진시키기 위해 타인들에게 거짓말하려고 하지도 않는다. 많은 사람들은 국가를 위한 선행이 도덕적으로 허용될 수 없다는 자유주의적 관점에 대해 만족하지 않는다. 우리가 옳다고 생각하는 행위를 이기주의자들이 정당화시킬 수 있다고 할 때조차 그들은 잘못된 이유를 제시하는 것처럼 보인다. 예를 들면 가족을 돌보는 이유가 자기 이익에 있다고 하는 것은 적절해 보이지 않는다.

우리는 이기주의가 많은 사람들이 이미 가지고 있는 도덕적 신념과 양립 불가능하다고 결론을 내려야 한다. 이러한 결론만으로 이기주의를 거부할 수는 없다. 왜냐하면 우리가 강력하게 견지하고 있는 도덕적 신념이 잘못된 것일 수도 있기 때문이다. 그러나 이기주의에 반대하는 표시로서 이러한 양립 불가능성을 주장하는 것은 이기주의를 받아들일 강력한 이유가 발견되지 않는 한 합리적인 것으로 보인다. 그러나 지금까지 그러한 이유는 발견되지 않았다.

(3) 기준 3: 유용성

필자는 도덕적 상충을 해결하는 능력에 대해서도 이기주의에 낮은 점수를 주었다. 다음의 예는 그 이유를 보여준다. 제2차 세계 대전이 끝난 후에 영국 언론들은 두 명의 여자 이중 스파이에 관한 이야기를 보도했다. 수년에 걸친 작업 끝에 나치의 암호가 해독되었고 영국 육군 본부는 두 여자 스파이의 실체가 연합군의 첩자라는 것을 나치가 눈치채고 있다는 것을 알게 되었다. 육군 본부는 또한 그들이 나치로 돌아간다면 체포된 후에 고문을 받고 처형될 것이 거의 확실하다는 사실도 알고 있었다. 그러나 만일 두 여자가 돌아가지 않는다면 나치는 자신들의 암호가 해독되었다는 것을 알아차리고 암호를 변경시킬 것이다. 그렇게 되면 영국과 연합군은 최소한 2년 이상 전쟁 계획에 관한 나치의 주요 정보의 출처를 잃어 버리게 된다. 그 결과 두 명의 이중 스파이는 나치에 보내졌고 그 후로 그들에 대한 소식을 결코 듣지 못했다.

이러한 예에서 해야 할 옳은 행위는 무엇인가? 사람들은 그와 같이 명백한 이해 관계의 상충을 어떻게 해결하는가? 개인적 이기주의자는 모든 사람에게 자신(개인적 이기주의자 자신)에게 이익이 되는 행위를 하라고 충고할 수 있을 뿐이다. 그리고 비개인적 이기주의자는 갈등 상황에서는 각자의 이익을 따르라고 각 개인들에게 충고할 수 있을 뿐이다. 즉 육군 본부에 속해 있는 관리는 이중 스파이들에게 나치로 돌아가도록 명령해야 하고 그들의 위험에 대해서는 알려주지 말아야 한다. 만일 그들이 자신들의 운명을 알았더라면 그들은 가능한 모든 방법을 동원하여 명령을 거부했을 것이다. 만일 어떤 사람이 도덕의 1차적 기능을 이해 관계의 상충으로부터 일어나는 논쟁의 해결이라고 생각한다면 이기주의는 특히 이러한 목적을 수행하기에는 부적합한 것으로 보인다. 그러므로 이기주의는 이해 관계의 상충을 해결하기 위해 일반적 복지를 고려하는 것과 같은 한 단계 높은 차원으로 올라갈 수가 없다.

도덕적 딜레마를 해결함에 있어서 이기주의의 유용성에 대한 두번째 한계는 때때로 어떤 대안이 한 개인에게 장기적인 자기 이익이 되는지를 결정할 수 없다는 것이다. 공리주의처럼 이기주의도 행위의 결과에 의해서 그 행위의 도덕성을 판단한다. 그러나 이기주의자가 다양한 대안들의 결과를 확실하게 또는 정확하게 알지 못하는 한 그는 해야 할 바를 결정할 수 없다. 앞에서 제시한 사례들 중에서 세번째 사례인 "변호사의 딜레마"는 이러한 이기주의의 한계를 보여주고 있다.

(4) 기준 4: 정당성

필자는 이기주의적 도덕 규준의 정당성에 대해서는 약간 높은 점수를 주었다. 왜냐하면 그 정당성이 이기주의자들의 주장만큼 설득력이 있는 것은 아니지만 많은 사람들의 마음 속에는 강한 이기주의적 입장이 자리하고 있기 때문이다.

이기주의적 도덕 규준에 대한 가장 일반적인 정당화는 심리적 이기주의에 대한 호소이다. 윤리적 이기주의는 우리가 1만 파운드의 강철을 들어올릴 의무가 전혀 없다는 이유를 육체적으로 그렇게 하는 것이 불가능하다는 데서 찾는다. 이렇게 하여 윤리적 이기주의는 심리적 이기주의의 주장—즉 실제로 사람들은 오직 자기 이익의 동기로부터 행위할 수 있고 또한 행위한다는 주장—에서 출발한다. 이기주의자는 그 후에 우리가 도덕적 의무를 가진다고 주장한다. 유일하게 타당한 도덕적 의무는 우리들 자신의 이익을 추구하는 것이기 때문에 이기주의는 유일하게 옳은 도덕 철학이어야 한다는 것이다.

심리적 이기주의로부터 윤리적 이기주의로 나아가는 논증에는 두 가지 종류의 비판이 가능하다. 첫번째 비판은 논증 그 자체의 논리를 공격하는 것으로서 윤리적 이기주의는 심리적 이기주의가 참이라고 하더라도 이에 근거하여 자신의 경우를 완전하게 지지할 수 없다는 것이다. 두번째 비판은 적어도 모든 인간의 행위가 자기 이익에 의해 동기가 부여된다는 심리적 이기주의의 주장이 거짓이라는 것이다. 이러한 각각의 비판을 차례차례 고려해 보자.

사람들이 자기 이익으로부터 행위할 수 있다는 사실과 그 사람이 의무를 수행할 수 있을 때만 의무를 가진다는 사실로부터 도출되는 바를 자세하게 언급해 보자. 유일하게 정당한 결론은 어느 누구도 자기 이익에 근거해 있지 않는 의무의 수행을 도덕적으로 요구받지 않는다는 사실이다. 예를 들어 나는 자비를 행하는 것이 나에게 이익이 되지 않는다면 그렇게 할 의무를 가지지 않는다. 그러나 이러한 결론이 윤리적 이기주의가 유일하게 올바른 도덕 이론이라는 윤리적 이기주의의 주장과 동일한 것은 아니다. 왜냐하면 이러한 논증은 그럴 듯하지도 않을 뿐만 아니라 자기 이익과 모순되는 행위를 우리에게 결코 요구하지 않는 다른 도덕 원리들이 있기 때문이다. 아니면 원래의 논증과 반대로 우리에게는 도덕적 의무가 전혀 없는 것일 수도 있다. 왜냐하면 이기주의자는 우리가 도덕적 의무를 가진다는 자신의 주장이 참인지를 증명하지 못했기 때문이다. 그러므로 사람들이 이기주의적 원리에 의해 살아갈 의무가 있다는 주장을 더욱 강하게 만들려는 시도는 성공하지 못한다.[7] 그럼에도 불구하고 심리적 이기주의가 참이라면 윤리적 이기주의는 그러한 사실이 엄격하게 증명되지 않았다고 하더라도 강력한 지지를 받는다. 그래서 우리는 다른 비판을 고찰해야 한다.

심리적 이기주의로부터 윤리적 이기주의로 나아가는 논증에 대한 두번째 공격은 우리가 항상 자기 이익의 동기로부터 행위한다는 주장의 타당성에 대해 문제 삼는다. 우리들은 대부분 심리적 이기주의가 자신의 측면에서는 매우 참되다고 말할 것이다. 겉으로 보기에는 많은 이타

---

7) T.C. McConnell, "The Argument from Psychological Egoism to Ethical Egoism", in *Australasian Journal of Philosophy*, 56(1978), 41~47면 참조. 맥코넬이 지적했듯이 윤리적 이기주의자는 실제로 우리가 항상 자기 이익에 속한다고 믿는 것에 따라서 행위하지만 사람들은 종종 이러한 신념이 잘못되었다고 생각한다고 주장한다. 그러나 이러한 논의를 여기서는 무시할 수 있다.

적인 행위가 실제로는 자기 이익과 관련되어 행해진다. 그러나 일부 사람들의 행위는 자기 이익 외의 다른 고려 사항이 동기인 것처럼 보이는 경우도 많다. 부모의 자식에 대한 희생을 자기 이익의 견지에서 설명하기는 어렵다. 전쟁과 일상 생활에서의 영웅적인 행위 역시 자신의 안녕 이상의 것을 포함하고 있다.

도덕적으로 칭찬할 가치가 있는 행위는 항상 자기 이익이라는 동기만을 가지는가? 악의나 증오의 행위는 칭찬할 만한 행위도 아니지만 이기적인 행위도 아니다. 사람들은 흔히 자신들을 희생해서 적들을 없애려고 한다. 그렇게 하는 것이 엄청난 돈, 명성, 사회적 지위 또는 심지어 자신의 생명까지 잃게 한다고 해도 그들은 적을 죽이거나 해치려고 시도한다.

여기에서도 확고한 심리적 이기주의자는 한 개인의 행위는 그것이 어떤 행위이든 그 행위로부터 만족을 얻는 데서 기인한다고 대답할 것이다. 부모가 자식을 위해 희생하는 경우에도 그것은 부모들이 다른 어떤 것보다 아이들이 보다 행복하고 좋은 교육을 받는 것에서 더 커다란 만족을 얻기 때문이라는 것이다. 만일 어떤 사람이 적에게 복수하기 위해서 자신의 전재산을 바친다고 해도 그것은 돈보다 복수에 더 많은 만족을 느끼기 때문이라는 것이다.

다음의 예가 이러한 논증의 한계를 보여준다. 가상적인 이 이야기는 다음과 같다. 링컨은 한때 모든 인간이 좋은 일을 하는 동기는 자기 이익에 있다고 친구를 설득하려고 했다. 마침 그들이 타고 있는 마차가 다리를 건너려고 할 때 제방에서 늙은 멧돼지가 무시무시한 소리를 지르고 있었다. 왜냐하면 새끼가 물에 빠져 죽어가고 있었기 때문이다. 링컨은 마차를 세워 새끼 돼지를 건져 올렸다.

> 그가 마차로 돌아왔을 때 친구는 말했다. "자, 보게나. 자네는 여기서 이기심을 찾아볼 수 있겠나?" "오! 저런, 이것이 바로 이기심의 본질일세. 만일 내가 새끼를 걱정하는 어미 멧돼지의 고통을 못 본 체하고 지나갔다면 하루 종일 마음이 평온치 못했을 것일세. 나는 마음의 평온을 얻기 위해 그 일을 한 것이야. 이제 알겠나?"[8]

링컨의 논증은 오해에 근거한 것이다. 만일 그가 새끼 돼지를 살리지 않았더라면 멧돼지를 도움으로써 생기는 쾌락은 얻지 못했을 것이다. 그러나 그가 자신의 그러한 행복에 앞서 다른 욕구를 가지지 않았었다면 또한 멧돼지를 도움으로써 생기는 만족을 경험하지 못했을 것이다. 그 자신의 만족은 자신의 행위에 대한 **목적**이 아니라 오히려 자신의 만족에 앞서 있는 동물의 행복(welfare)이라는 욕구의 **결과**이다. 이러한 예는 모든 행위의 동기가 이기주의적인 것은 아니라는 사실을 설명한다. 만일 나의 행복이 욕구의 만족으로 이루어진다면 반드시 나의 행복에 대한 욕구에 앞서 다른 어떤 욕구가 존재해야 한다.

그럼에도 불구하고 우리들은 대부분 심리적 이기주의가 자신들의 측면에서는 커다란 설득력을 가진다고 말할 것이다. 많은 이타주의적인 행위들이 실제로는 자기 이익과 관련되어 행해지는 것처럼 보인다. 모든 인간의 행위가 자기 이익에 의해 동기 부여가 되는 것은 아니라고 해도 대부분의 행위가 그렇다는 것은 여전히 참일지도 모른다. 그러므로 윤리적 이기주의에 관한 미약한 논증은 심리적 이기주의를 근거로 해서 만들어질 수 있다. 즉 윤리적 이기주의는 적어도 다른 도덕 이론들만큼 인간의 심리에 관한 사실들과 일치하며 어쩌면 더 많이 일치할지도 모른다는 것이다. 도덕 철학은 가능한 한 엄격하게 인간성에 근거되어 있어야 하므로 윤리적 이기주의자들은 여전히 이기주의가 강력한 정당성을 가진다고 결론지을 수 있다.

인간이 이기주의와 무관한 행위를 할 수 있는 한 그리고 이러한 사실을 믿을 수 있는 한 다른 도덕적 입장이 배제될 수는 없다. 이기주의가 다른 평가 기준에서 가지는 문제들을 함께 고려한다면 우리는 이기주의에 대한 미약한 변호조차도 대안적인 도덕 이론들을 살핀 후에 받아들여야 한다고 결론을 내릴 수밖에 없다.

---

8) J. Feinberg, "Psychological Egoism", in *Reason and Responsibility*, 제6판(Belmont, Calif.: Wadsworth, 1985)에서 인용했다. 이 논문에서는 심리적 이기주의에 대한 가치 있는 논의가 이루어졌으며, 위와 같은 예에 근거한 논증은 이 논문에서 발췌했다.

내용 요약

이기주의 도덕 이론은 다음과 같은 문제 즉 이기주의에 따르면 동일한 행위가 그르기도 하고 그르지 않기도 하다는 사실로부터 도출되는 내적인 일관성이라는 주요 문제에 직면한다. 또 다른 비일관성은 이기주의자의 자기 이익과, 개인과 무관하게 서술되어야 하는 도덕 규준의 요구간에 잠재적인 상충이 존재한다는 것이다. 나의 자기 이익은 다른 사람이 따르는 자기 이익에 의해 도움을 받지 못한다. 그러나 이기주의의 도덕 규준은 모든 사람이 자신의 이익을 따라야 한다고 말한다. 이기주의자에게는 이런 두 가지 비일관성을 극복할 만족스러운 방법이 없다. 이기주의는 우리의 일상적인 도덕적 신념과 상충되는 많은 도덕 판단들을 야기시킨다. 또한 이기주의는 개인은 자신의 이익을 따른다는 것만을 옹호할 수 있을 뿐이기 때문에 이해 관계의 상충을 해결하기 위한 시도에서도 여러 가지 문제에 부딪친다. 그러므로 이기주의자는 다른 대안이 명백히 자신의 최대 이익에 기여하지 않는 경우에는 도덕적 결정을 내리기가 어렵다. 마지막으로 심리적 이기주의에 호소함으로써 이기주의의 도덕 규준을 정당화시키는 것은 논증의 논리적인 문제에 의해서 그리고 사람들은 항상 자기 이익으로부터 행위한다는 주장이 거짓이라는 사실에 의해서 약화된다.

5 자연법 윤리학

데이비드와 마르타는 모두 보수적인 로마 가톨릭 신자이다. 이들은 교리에 따라 "인위적인" 피임을 하지 않았으며 그 결과로 5명의 자녀를 두게 되었다. 이들은 자식들을 사랑하며 많은 자식을 낳은 것을 기뻐한다. 그러나 이들은 현재의 소득으로는 가정을 적절히 지탱할 수 없다는 것에 서로 동감하고 있다. 사실 이들은 자녀들을 어떻게 학교에 보낼지 자신이 없다. 그리고 이들은 또다시 임신한다는 생각이 들면 진저리를 친다. 그리고 이러한 공포는 성생활에 영향을 가져왔다. 성당의 신부는 이들 부부에게 피임약을 사용하는 것은 자연법에 위배되며 부도덕하다고 말했다.

다른 예를 살펴보자. 블랙은 로마 가톨릭 신자인 의사이다. 그의 여자 환자 중 어떤 환자는 자신의 주치의인 그가 자신에게 불임 수술을 해줄 것을 원한다. 그러나 이 의사의 종교는 불임 수술이 자연법에 어긋나며 부도덕하다고 가르쳤다. 환자와의 친밀한 관계 때문에 그 의사는 그녀의 요구를 거절하기 어렵다. 게다가 그는 불임 수술이 자연법 윤리설에 위배된다는 근거에 관해 타당한 도덕적인 반론이 가능한지를 생각하고 있었다. 사람들은 자연법 윤리설에 일치하는 것과 일치하지 않는 것을 어떻게 결정하는가? 사람들이 그러한 결정을 내릴 수 있다고 하더라도 그러한 결정이 도덕적 문제를 해결할 수 있는 훌륭한 방법이 될 수 있는가?

마지막으로 세번째 예를 살펴보자. 동성 연애 해방 집단, 급진적인 교회 그리고 일부 정치적 단체들은 성인들간에 합의된 동성 연애를 범죄시하지 않으려는 주(州) 전체 규모의 운동을 후원하고 있다. 몇몇 보수적 종교 집단과 다른 기구들은 이러한 운동에 반대해서 "가정의 중요성"(family value)을 옹호하고 나섰다. 이들은 동성 연애가 가정을 파괴할 것이며 청소년을 위협할 뿐 아니라 불쾌하고 부자연스러운 것이라고 주장한다. 존은 자신을 분별 있는 시민이라고 자부하는 사람이다. 그는 양측으로부터의 많은 진술들을 공허한 말장난으로 보고 논쟁에서의 논증들을 거의 무관심하게 들었다. 그러나 그는 동성 연애가 가정을 파괴할 것이라는 주장과 이성간의 연애가 젊은 여자에게 주는 위협보다 동성 연애가 젊은 남자에게 주는 위협이 더 많다는 주장에 의심을 가지게 되었다. 하지만 동성 연애가 자연에 위배된다는 비난이 그를 보다더 혼란스럽게 한다. 그는 동성 연애의 생활 양식은 불쾌하고 심지어 잘못된 성격을 가지고 있다고 믿는다. 이러한 반대는 어떠한 합리적 근거를 가지고 있는가? 각자가 타인을 배려하고 누구도 해치지 않는데 어떻게 성인인 두 사람이 합의한 성적 행위가 단순히 자연에 위배된다고 해서 부도덕하다고 할 수 있는가?

이러한 도덕 문제 모두와 더불어 다른 많은 문제들은 자연법 도덕 이론의 전통이 현대에 미치는 지속적인 영향을 반영한다. 이러한 전통은 특히 로마 가톨릭 교회와 관계가 있다. 그러나 그 영향은 세번째 예가 설명하듯이 그 종교 내에 한정된 것이 아니다. 우리들은 대부분 만일 어떤 것이 "자연에 위배되는" 것이라면 특히 그것이 성적 행위에 관련된 것이라면 더욱 부도덕하다는 뿌리 깊은 감정을 가지고 있다. 심지어 법률에서도 때로는 어떤 행위를 그르다고 비난하는 명백한 의도로서 "자연에 위배되는 행위"를 언급한다. 자연에 위배된다는 말과 부도덕하다는 말은 전통적인 사고와 긴밀하게 관련되어 있다. 반면에 자연적이라는 말이 함축하는 바는 매우 긍정적이다. 우리는 만일 어떤 것이

"자연적"이라면 역시 옳은 것이어야 한다고 생각하는 경향이 있다.

우리는 이제 "자연적인" 것과 그렇지 않은 것에 대한 이러한 많은 말들이 자연법 윤리학에 대한 더욱 세련된 해석과 전혀 관계가 없다는 것을 보게 될 것이다. 그럼에도 불구하고 자연법 윤리학자들은 인간성과 좋은 삶은 서로 연관이 있다고 가르친다. 우리의 1차적인 삶의 목적은 인간으로서 우리의 잠재력을 가능한 한 완전히 실현하는 것이다. 이러한 진술은 이기주의와 흡사하지만 중요한 차이가 있다. 이기주의자는 자신의 개인적인 선호가 무엇이든 그것을 실현하려고 노력하는 반면에 자연법 윤리학자들은 모든 인간들이 공통으로 가지는 성격에 의해 구체화된 좋음의 실현을 믿는다. 따라서 자연법 윤리학의 도덕 규준은 이기주의가 가질 수 없는 객관적 성격을 가진다.

우리는 자연법 윤리학 전통이 도덕 규준을 결정하는 문제에 대해 매력적인 접근 방법을 가지고 있는 이유를 쉽게 알 수 있다. 만일 윤리학이 인간의 행위를 규제하는 것으로 생각된다면 이러한 규제의 목적은 확실히 인간 그 자체의 좋음을 위한 것이어야 한다. 그리고 이러한 좋음은 확실히 인간성의 요구 조건에 의해 결정되어야 한다. 도대체 어떤 윤리적 체계가 인간성 그 자체보다 합리적인 근거를 가질 수 있는가? 그럼에도 불구하고 제시된 모든 예들은 도덕 판단을 내리는 근거로서 인간성에 호소한다는 것은 약간의 문제가 있다는 것을 보여준다. 이러한 호소는 "자연적으로 나타나는 것이 어떤 것이든 그것을 하는 것"은 옳다라는 것을 함축하는가? 거짓말하는 자연적 경향을 가진 사람은 거짓말하는 행위를 자연법 윤리학에 호소함으로써 정당화시킬 수 있는가? 우리는 인간성을 수반하는 기준이 어떠한 행위 기준인지를 어떻게 결정하는가? 이 장에서는 그러한 어려운 문제들을 제기하고 우리의 도덕적 사고에 계속 영향을 미치고 있는 도덕 철학의 전통을 고찰하게 될 것이다.

제 1 절 도덕 규준

(1) 자연법 윤리학이란 무엇인가?

자연법(natural law)이란 말은 우리를 잘못된 길로 인도할 수 있다. 왜냐하면 그 말은 윤리적 법칙이 "자연 법칙"(laws of nature)이나 과학 법칙과 같다는 것을 의미할 수 있기 때문이다. 물리학에서의 보일의 법칙은 과학 법칙의 하나로서 일정한 온도에서 가스의 압력과 그 부피의 곱은 항상 일정하다는 것이다. 그러나 과학 법칙은 **기술적**(descriptive)이다. 즉 과학 법칙은 항상 자연에서의 현상들이 실제로 어떻게 작용하는지를 말해 준다. 반면에 윤리적 법칙은 **규정적**(prescriptive)이다. 즉 윤리적 법칙은 사람들이 어떻게 행위**해야** 하는지 그리고 그들이 왜 그렇게 행위해야 하는지의 여부를 설명한다. 자연법 윤리학자들에 의하면 인간은 자유 의지를 가지고 있고 또한 그들이 해야 할 행위를 할 것인지의 여부도 결정할 수 있다. 이러한 논의가 의미하는 바는 **법칙**이라는 말이 자연 법칙보다도 시민법과 더 많은 관계가 있다는 것이다. 왜냐하면 시민법과 윤리적 법칙은 모두 어길 수 있는 법칙들이기 때문이다. 자연 현상은 항상 자연의 법칙에 따라 예측 가능하게 발생하는 반면에 사람들은 법률적으로 또는 도덕적으로 행위할 것을 필연적으로 강요받지는 않는다.

시민법과의 유사성 역시 우리를 오도할 수 있다. 왜냐하면 자연법 윤리학의 **자연**이라는 말의 핵심이 윤리적 법칙과 국가의 법률을 비교하는 데 있기 때문이다. 로마의 법학자들이 로마 제국에 적용할 수 있는 법률적 개념을 찾고자 했을 때 자연법의 철학에 주목했다. 왜냐하면 자연법 철학은 어떤 윤리적 법칙이 "관습적"이라기보다 "자연적"이라고 주장하기 때문이다. 즉 그러한 윤리적 법칙들은 관습과 관계 없이 그리고 개별적인 사회의 신념과 관계 없이 모든 인간에게 동일하게 적용된다는 것이다. 이렇게 해서 인간 행위에 관한 자연법은 로마 제국이 다스리는 모든 인간의 행위를 판단하는 근거로서 기여할 수 있었다. 그러므로 우리는 다음과 같이 말할 수 있다. 자연법은 사람들이 실제로 행하는 것보다 행위해야 하는 것을 규정하는 윤리적 지침이나 규칙이며 또한 모든 인간은 인간성 그 자체에 근원을 두고 있기 때문에 모든 사람들에게 동등하게 적용되는 윤리적 지침이나 규칙들을 지칭한다.

자연법이라는 용어는 불가피하게 일종의 윤리적 법률주의(ethical legalism)—즉 엄격한 지침이 가능한 모든 세부적 행위를 관장한다는 신념—를 상기시키기 때문에 우리를 오도할 수도 있다. 그러나 이러한 특징 부여는 자연법 전통에는 적합하지 않다. 자연법의 대표자인 토마스 아퀴나스(1224~1274)는 적절한 인간 행위의 기본적인 성향은 상대적으로 분명하다고 믿었다. 그러나 그 역시 우리가 구체적인 도덕 판단에 접근할수록 실수를 범하는 경우가 많아지며 의견 차이가 많아진다고 가르쳤다. 심지어 일부의 현대 자연법 윤리학자들도 자연법 윤리학이 역사적 차원을 가지므로 한 시대에 옳은 것이 다른 시대에는 옳지 않을 수 있다고 믿는다. 이러한 견해가 받아들여지는지의 여부와 관계없이 자연법적 사고가 팽배했던 로마 가톨릭 교회에서의 윤리적 문제에 관한 활발한 논의는, 자연법 윤리학자들이 모든 윤리적 문제들이 이미 해결되었다는 것을 결코 믿지 않는다는 것을 보여준다. 법칙이라는 말은 단지 인간의 행위를 지배하는 규칙의 규정적인 성격을 가리킨다.

그러나 자연법 윤리학자들은 도덕의 객관적 기준을 믿는다. 즉 도덕적 진리는 과학적 진리처럼 존재한다는 것이다. 그들은 극단적인 윤리적 상대주의자나 회의주의자가 될 수 없다. 그들은 일반적으로 우리가 이러한 기준의 기본적 윤곽을 알고 있다고 믿는다. 그러나 이러한 믿음은 그 기준이 함축하는 바를 모든 경우에 올바르게 해석했다는 것을 의미하지는 않는다. 과학에서와 마찬가지로 윤리학에서도 인간은 끊임없이 진리를 추구한다. 객관적 진리에 대한 신념은 과학에서 그러한 것처럼 윤리학에서도 인간의 자유와 창조성을 억압하지 않아야 한다.

(2) 인간의 본성과 자연적 경향성

윤리학에서 진리의 기준은 무엇인가? 대충 그 기준은 인간의 본성이라고 말할 수 있다. 사람들은 인간의 본성을 충족시키는 데 도움이 되는 것을 해야 한다. 여기서 다시 우리는 자연법 윤리학과 이기주의간의 유사성을 지적할 수 있다. 그러나 자연법 윤리학자들은 (이기주의자들과 달리) 항상 개인 스스로 무엇이 인간의 본성인지를 결정할 수 없다고 믿었다. 그렇다면 우리는 인간의 본성이 무엇인지를 어떻게 결정하는가?

인간의 본성을 묘사하는 것이 어렵다는 것을 보여주는 어떤 유사한 상황을 고려해 보자. 흔히 기능의 견지에서 즉 어떤 것의 본성이 기여하는 목적의 견지에서 그것의 본성을 묘사하는 것은 유용하다. 예를 들어 우리는 연필의 본성을 기능의 견지에서 또는 사람으로 하여금 종이에 표기할 수 있도록 해준다는 목적의 견지에서 묘사할 수 있다. 예를 들면 "좋은" 연필은 잘 써지고 지워지지 않으며 부러지지 않는 연필이다. 마찬가지로 만일 자동차의 기능이 수송에 있다면 좋은 자동차는 편안하고 믿을 수 있는 운송을 제공하는 자동차이다. 사과 나무의 기능은 사과를 제공하는 것이며 좋은 사과 나무는 양질의 사과를 많이 생산하는 것이다.

우리가 인간을 구체적인 사회적 역할로 한정한다면 우리는 인간의 기능도 결정할 수 있다. 농부의 기능은 식량을 재배하는 것이며 훌륭한 농부란 능률적으로 그리고 적절하게 가축과 토지를 보살펴서 식량을 생산하는 사람이다. 비슷한 추론에 의해서 훌륭한 아버지란 자식의 복지에 관심이 많은 사람이라고 말할 수 있다. 그러나 이제 인간을 사회적 역할과 관계 없이 고려해 보자. 그리고 단순히 "인간의 기능은 무엇인가?"라고 물어 보자. 여기서 우리는 윤리학의 근거를 인간의 본성에 두고자 하는 사람들이 직면했던 문제를 알 수 있다. 일반적으로 말하면 복잡한 동물일수록 그 행위는 더욱 다양하기 때문에 그 동물의 "본성" 또한 더욱 모호하게 정의된다. 그리하여 인간 행위의 자유는 몇몇 철학자가 주장했듯이 인간이 고정된 본성이나 기능을 가지고 있지 않다는 사실에 의해 정확히 규정된다고 주장할 수 있다. 우리는 이러한 문제에 직면해서 자연법 윤리학을 어떻게 이해할 수 있는가?

다행히도 우리는 무엇이 인간의 본성인지를 발견하기 위한 또 다른 더욱 믿음직스러운 접근 방법을 취할 수 있다. 한 사물의 특징을 결정하는 방식 중의 하나는 그 사물의 작용을 관찰하는 것이다. 화학에서 우리는 철이 다른 요소와 어떻게 반응하는지를 관찰함으로써 철의 성질을 배운다. 아마도 우리는 아퀴나스가 표현했듯이 인간이 공유하는 "자연적 경향성"(natural inclination)을 조사함으로써 인간의 본성을 발견할 수 있을 것이다. 이를 다른 방식으로 표현하면 우리는 인간이 일반적으로 추구하려는 목적을 확인함으로써 인간의 본성을 발견할 수 있다는 것이다. 이러한 가치관은 인간의 본성이 가지는 구조를 반영하며 자연법 윤리학은 이러한 가치관을 따르라고 가르친다. 그러므로 우리는 자연법 윤리학의 도덕 규준으로서 다음과 같은 명제를 제시할 수 있다.

MS : 인간의 자연적 경향성에 의해 구체화된 가치들을 촉진하는 행위들은 옳다.

우리는 이러한 자연적 경향성이 무엇인지를 어떻게 발견하는가? 우리는 우선 심리학자, 사회학자 또는 인류학자에게 자문을 구하게 될 것이다. 몇몇 현대 자연법 윤리학자들은 자신의 결론을 변호하기 위해서 사회 과학의 연구 결과를 이용한다. 그러나 자연법 윤리학의 전통은 사회 과학이 발생하기 전에 발달했으며 근본적인 인간의 경향성을 발견하기 위해 다소 비공식적인 관찰 방법을 사용하였다. 대부분의 자연법 윤리학자들은 이러한 관찰들이 여전히 타당하다고 주장한다. 우리는 자연적인 인간의 경향성에 의해 구체화된 가치들을 두 가지 기본적인 집단으로 나눌 수 있다. (1) 우리의 신체와 밀접하게 관련되어 있고 다른 동물과도 공유하는 생물학적 가치. (2) 보다더 긴밀하게 인간적인 측면과 관련되어 있는 인간 특유의 가치. (우리는 이러한 두번째 집단을 인간의 고유한 가치라고 부르지 않을 것이다. 왜냐하면 이러한 가치를 나타내는 몇몇 경향성, 예를 들어 사회 속에서 살려고 하는 경향성 같은 것들은 인간 고유의 것이 아니기 때문이다.) 우리는 두 집단의 가치들과 그것들이 나타내는 자연적 경향성을 다음과 같이 요약할 수 있다.

1. 생물학적 가치

(1) 삶: 우리는 다른 모든 동물들과 마찬가지로 자신의 존재를 보존해야 한다는 자연적 경향성으로부터 삶이란 좋은 것이고 우리는 자신들의 건강을 증진시킬 의무를 가지며 또한 자위권을 가진다고 추론할 수 있다. 소극적으로 이러한 경향성은 살인과 자살이 그르다는 것을 의미한다.

(2) 출산: 우리는 다른 모든 동물들과 마찬가지로 성관계를 가져야 하며 자손을 길러야 한다는 자연적 경향성으로부터 출산이 하나의 가치이며 또한 자식을 낳아 길러야 할 의무를 가진다는 것을 추론할 수 있다. 소극적으로 이러한 경향성은 불임 수술, 동성연애, 인위적 피임과 같은 관행이 그르다는 것을 의미한다.

2. 인간 특유의 가치

(1) 지식: 신에 관한 지식을 추구하는 경향성을 포함해서 알아야 한다는 자연적 경향성으로부터 우리는 지식이 하나의 가치이며 또한 세계와 신에 대한 지식을 추구해야 할 의무가 있다는 것을 추론할 수 있다. 소극적으로 이러한 경향성은 지적 호기심과 지식 추구의 억압이 그르다는 것을 의미하며 또한 종교에 대한 탄압도 그르다는 것을 의미한다.

(2) 사회성: 우리는 다른 사람들과 더불어 애정과 사랑으로 집단을 형성해야 하며 사회 속에서는 타인들과 결속해야 한다는 자연적 경향성으로부터 우정과 사랑이 좋은 것이며 국가는 자연적 제도이므로 좋은 것이라고 추론할 수 있다. 따라서 우리는 다른 사람들과 긴밀한 관계를 추구해야 할 의무를 가지며 국가의 합법적인 권위에 복종해야 할 의무를 가진다. 또한 우리는 전쟁이 국가를 방위하는 데 필수적이라면 어떤 조건에서는 전쟁도 정당화될 수 있다고 추론할 수 있다. 소극적으로 이러한 경향성은 적절한 인간 관계를 방해하는 행위들 예를 들면 모략과 거짓말을 퍼뜨리는 행위와 같은 것들이 그르다는 것을 의미한다. 국가의 권력을 파괴하는 행위 역시 그르다. 그래서 자연법

윤리학은 국가가 극단적으로 정당하지 못할 때를 제외하고는 혁명과 모반에 반대한다는 논증의 근거를 인정한다.

이러한 자연적 경향성들은 인간의 본성에 대한 반영이며 이러한 경향성들에 의해 구체화된 선의 추구는 개인적 자아 실현의 방법이다. 아퀴나스는 자기 생각에 입각한 가치의 목록은 대부분 불완전하다는 것을 명백히 했다. 다른 자연법 윤리학자들은 연극과 미적 경험과 같은 것들을 포함시켜 그 목록을 확장시켰다. 그러나 여기서 제시된 목록은 역사적으로 커다란 영향력을 가졌기 때문에 우리는 우선 이것을 완전하다고 생각할 것이다.

이러한 목록에 의해 제기된 더 중요한 문제는 다양한 가치들간의 상충에 대한 잠재성이다. 자신을 방어하려는 기본 욕구가 살인을 필요로 할 때 우리는 어떻게 해야 하는가? 출산을 하게 되면 생명이 위험한 경우 낙태 수술로 생명을 구할 수 있다면 우리는 어떻게 해야 하는가? 가정에서 이미 키우고 있는 어린이들의 적절한 교육과 가족 계획을 위해서 피임이 불가피한 경우에는 어떻게 해야 하는가? 이러한 각각의 예들에서 자연법 윤리학의 한 측면은 다른 측면들과 상충되는 것으로 보이며 또한 이러한 가치들은 결정의 근거가 될 수 있는 등급 체계를 가지는지에 관한 문제가 발생한다. 이러한 문제에 대한 답변은 자연법 윤리학에 있어서 가장 중요하고 논의의 여지가 있는 측면들 중의 하나인 도덕적 절대주의의 문제를 불러일으킨다.

제2절 도덕적 절대주의와 그 제한 규칙들

(1) 도덕적 절대주의

제2차 세계 대전중 미국에서 영국으로 가는 어떤 해군 호송함이 있었다고 생각해 보자. 그 배는 공습을 받아 침몰되었다. 그 배의 구명정은 24명을 태워야 했다. 그러나 구명정의 정원은 20명이었다. 초과된

4명이 내리지 않으면 침몰하게 되리라는 것은 확실했다. 그리고 24명 중 4명은 공습에서 크게 다쳤기 때문에 죽게 될 것이 거의 확실했다. 누구도 자진해서 배에서 내리지 않았기 때문에 그 배의 선장은 그들을 구명정에서 밀어낼 것을 결정했다. 그가 그렇게 하는 것은 도덕적으로 정당화되는가? 많은 사람들은 그러한 상황하에서는 그의 행위가 정당하다고 말한다. 그러나 자연법 윤리학자들은 구명정에 타고 있는 모든 사람이 다른 방식으로 죽게 되더라도 그의 행위는 정당화되지 않는다고 말한다.

또 다른 전시의 예를 살펴보자. 어떤 정보국 장교가 몇몇 죄수들이 수많은 생명을 구하게 될 정보를 가지고 있다는 것을 알게 되었다고 생각해 보자. 그 정보를 얻기 위한 유일한 방법은 그 죄수들의 생명을 위협하는 것이다. 그러나 그는 그러한 위협이 단순히 엄포에 불과하다면 그 죄수들이 자백하지 않으리라는 것을 알고 있었다. 그래서 그는 엄포가 아니라는 것을 보여주기 위하여 그들 앞에서 다른 죄수를 총살시켰다. 이러한 행위는 정당화되는가? 대부분의 사람들은 이러한 극단적인 상황하에서는 그 행위가 정당화된다고 말하지만 자연법 윤리학자들은 그렇지 않다고 생각한다.

마지막으로 이 장의 서두에 제시된 예를 생각해 보자. 전통적인 자연법 윤리학의 입장은 "인위적인" 피임, 불임 수술, 동성 연애는 그르다는 것이다. 자연법 윤리학자에 있어서 이러한 금지 조항은 그 결과가 교육시킬 수 없는 자식을 낳는 것이거나 모체의 생명이 위험한 상황이라고 하더라도 또는 동성 연애가 어떤 사람에게는 만족을 주는 유일한 성적 행위라고 하더라도 타당하다. 이러한 예들은 자연법 윤리설의 가장 중요한 측면 중의 하나인 절대주의를 보여준다.

도덕적 절대주의는 도덕적 진리에 대한 객관적인 기준이 우리와 독립적으로 존재하거나 또는 행위의 옳고 그름이 그 결과와 상관 없이 결정된다는 신념이다. 자연법 윤리학은 두 가지 의미 모두에서 절대주의적 도덕 이론이다. 그러나 절대주의의 두번째 의미는 앞의 예들을 보면 더욱 분명해진다. 자연법 윤리학자에 의하면 **자연적 경향성에 의해 구체화된 가치들 중 어느 것도 직접적으로 침해될 수는 없다.** 설사 죄없는 사람을 살해함으로써 다른 죄없는 사람을 구할 수 있다고 하더라도 어떠한 이유로도 사람을 죽여서는 안 된다. 우리의 생물학적 본성의 일부인 출산 기능은 피임과 불임 수술 같은 관행에 의해 침해되지 않아야 한다. 설사 그러한 관행들이 자식들의 교육, 모체의 생명과 같은 다른 가치들을 보존하는 데 필수적이라고 하더라도 침해되지 않아야 한다. 마찬가지로 동성 연애는 어떤 개인이 즐길 수 있는 유일한 성적 행위라고 하더라도 출산의 가치를 위반하므로 금지되어야 한다.

자연법 윤리학자들이 자연적 경향성에 의해 구체화된 기본적 가치들은 그 결과와 관계 없이 침해될 수 없다고 주장하는 데에는 두 가지 이유가 있다. 첫째, 기본적 가치들은 측정되거나 비교될 수 없다. 즉 기본적 가치들은 어떤 공통 단위에 의해 양으로 표시되거나 측정될 수 없기 때문에 다른 가치와 서로 교환될 수도 없다는 것이다. 예를 들면 우리는 지식이라는 선(good)과 출산이라는 선을 가치의 단위로 나눌 수 없으므로 두 가치는 동일한 척도로 비교될 수 없다. 또한 한 생명의 선을 수많은 생명의 선과 비교할 수 없다. 따라서 한 생명이 다른 생명을 보존하기 위해서 희생될 수 있다고 말할 수 없다. 이러한 생각으로 인하여 흔히 한 인간의 생명은 다른 인간의 생명을 포함한 다른 무엇과도 비교될 수 없는 "절대적 가치" 또는 "무한한 가치"로 불린다. 자연법 윤리학자들은 또한 기본적 가치들은 비교할 수 없다(incommensurable)고 말함으로써 이러한 점을 강조한다. 우리는 가치를 측정할 수 없기 때문에 어떤 행위의 결과가 더 중요한지를 계산할 수 없다. 그러므로 결과는 행위의 도덕적 지위를 결정하는 데 사용될 수 없다.

둘째, 우리는 행위를 수행하고 있는 사람의 동기를 평가함으로써 도덕 판단을 해야 하기 때문에 도덕 판단을 결정하기 위해 결과를 사용할 수 없다. 행위의 동기는 어떤 사람이 행위를 수행함으로써 성취하고자 하는 것이다. 예를 들어 어떤 사람은 사회적으로 훌륭한 평판을 얻으려고 자선 단체에 돈을 기부할 수 있다. 그 행위의 결과는 좋지만 그 동기는 도덕적으로 칭찬할 가치가 없다. 일부의 도덕 철학자들은 행위의 결과에 대한 도덕적 평가와 행위를 수행하고 있는 사람의 동기에 대한 도덕적 평가를 구별한다. 이러한 구별 때문에 우리는 앞의 예에서 자선 단체에 돈을 기부하는 행위는 칭찬할 가치가 있으나 돈을 기부하는 사람에 대해서는 칭찬할 가치가 없다고 말하는 것이다. 왜냐하면 그 동기가 나쁘기 때문이다. 자연법 윤리학자들은 항상 다른 무엇보다도 동기를 강조한다.

(2) 제한 원칙들

가치들은 비교될 수도 없고 직접 침해될 수도 없기 때문에 우리는 우리가 수행하는 어떤 행위가 중요한 가치를 침해하는 그리하여 겉으로 보기에는 부도덕한 행위가 될 수밖에 없는 상황을 생각할 수 있다. 예를 들어 자기 방어는 때때로 그 자신을 보호하려는 타인들의 자연적 경향을 무시할 것을 요구한다. 즉 우리가 아무것도 하지 않는다면 우리들 자신이 죽게 되며, 만일 우리가 우리들 자신을 방어한다면 다른 사람들을 죽이게 되는 상황이 있을 수 있다. 이러한 활동 불능 상태를 피하기 위해서 그리고 도덕적 선택의 동적인 상황에 대한 더 깊은 통찰력을 얻기 위해서 자연법 윤리학자들은 도덕 판단을 할 때 절대적으로 중요한 두 가지 원칙, 즉 상실의 원칙(principle of forfeiture)과 이중 효과의 원칙(principle of double effect)을 도입했다.

상실의 원칙에 따르면 무고한 사람의 생명을 위협하는 사람은 자신의 생명권이 상실된다. (여기서 **무고한** 사람은 타인의 생명을 위협하지 않는 사람이다.) 토지를 경작하는 어떤 개척자를 생각해 보자. 그의 아내와 어린 자식은 언덕 위의 통나무 집에 살고 있는데 낯선 두 사람이 그에게 접근해서 토지를 내놓지 않는다면 그와 그의 가족들을 죽이겠다고 위협한다. 그들을 죽여서라도 자신과 가족을 보호할 수 있다면 그것은 도덕적으로 허용될 수 있는가? 자연법 윤리학자들은 이 문제에 대해 긍정적으로 답변한다. 비록 그가 약탈자들을 죽인다고 하더라도 그들은 그의 생명을 부당하게 위협했기 때문에 자신들의 결백함을 상실할 수밖에 없다. 그러므로 그들은 자신들의 생명이 존중되어야 한다는 주장을 스스로 상실하게 된 것이다. 우리는 이 이야기를 죽임(killing)과 살해(murder)를 구별함으로써 이해할 수 있다. **죽임**은 죄있는 사람의 생명을 빼앗는 것인 반면에 살해는 죄없는 사람의 생명을 빼앗는 것이다. 어떤 사람이 자신을 죽이려는 사람의 생명을 빼앗았을 경우에 그는 그 사람을 죽인 것이지 살해한 것은 아니다.

상실의 원칙은 개인의 자기 방어뿐 아니라 전쟁과 사형을 정당화하는 데에도 사용될 수 있다. 방어를 위한 전쟁에서는 상황에 따라 비록 다른 사람들을 죽이게 된다고 하더라도 정당화될 수 있다. 왜냐하면 침략자들의 생명에 대한 권리는 상실되기 때문이다. 마찬가지로 살인자들은 타인을 살해함으로써 자신의 생명에 대한 권리를 상실했기 때문에 그들에 대한 처형도 정당화된다.

이중 효과의 원칙에 따르면 두 가지 효과 즉 좋은 결과와 나쁜 결과를 동시에 야기하는 행위를 수행한다고 해도 다음과 같은 경우들을 모두 만족시킨다면 도덕적으로 허용될 수 있다. (1) 좋은 결과를 성취하기 위해서 나쁜 결과가 불가피한 경우, (2) 나쁜 결과를 의도하지 않은 경우 즉 나쁜 결과가 좋은 결과를 얻기 위한 직접적인 수단이 아닌 경우, 그리고 (3) 나쁜 행위를 수행해야 하는 비례적으로 심각한 이유가 존재하는 경우.

이러한 원칙을 설명하는 최선의 방법은 예를 들어 설명하는 방법이다. 결핵을 앓고 있는 임산부가 결핵을 치료하기 위해 약을 복용하려고 한다. 그러나 그 약은 낙태의 위험이 있다. 이 경우 약의 복용은 도덕적으로 허용될 수 있는가? 이중 효과의 원칙에 따르면 이러한 경우에 약을 복용하는 것은 정당화된다. 왜냐하면 위의 세 가지 조건이 모두 만족되기 때문이다.

첫째, 나쁜 결과가 산출되지 않고서는 좋은 결과가 성취될 수 없다는 점에서 나쁜 결과는 불가피하다. 예측하건대 다른 어떠한 약도 결핵을 치료할 수 없을 것이며 약을 복용하면 낙태는 피할 수 없을 것이기 때문이다.

둘째, 나쁜 결과가 좋은 결과를 성취하기 위한 직접적인 수단이 아니라는 점에서 나쁜 결과는 의도된 것이 아니다. 우리는 여기서 자연법 윤리학자들이 의미하는 것을 명백히 해야 한다. 나쁜 결과는 확실히 예견된다. 즉 그 부인은 약의 복용이 낙태를 초래할 것이라는 사실을 알고 있다. 그러나 그 결과는 좋은 결과의 직접적인 수단으로 의도된 것이 아니다. 낙태는 결핵을 치료하기 위한 필수적인 조치가 아니다. 오히려 낙태는 불행한 결과이며 의도되지 않은 부차적인 결과이다. 낙태를 미리 알았음에도 불구하고 그것이 의도된 것이 아니라는 증거는 태아를 죽이지 않으면서도 효과가 같고 쉽게 사용할 수 있는 또 다른 치료가 가능하다면 그 부인은 아마도 그러한 치료 방법을 선택할 것이라는 사실이다.

셋째, 낙태를 감수해야 하는 비례적으로 심각한 이유가 있다. 태아의 죽음은 적어도 산모의 생명을 구함으로써 상쇄된다. 만일 (이러한 경우처럼) 나쁜 결과가 심각하고 반면에 좋은 결과가 상대적으로 무의미하다면 그 행위는 비록 그 밖의 조건들이 충족된다고 하더라도 이중 효과의 원칙에 의해 정당화될 수 없을 것이다. 여기서의 결과들은 자연법 윤리학의 추론에 있어서 부분적인 역할을 한다. 그러나 이 세번째 조건은 다른 두 가지 조건이 만족되었을 때만 고려될 수 있다는 것을 주목해야 한다.

아래의 두 가지 다른 예들은 이중 효과의 원칙이 어떻게 작용하는지를 더욱 명백히 보여줄 것이다. 어떤 사람이 윤리학 책을 읽기 위해 전등을 켜려고 한다고 생각해 보자. 그러나 그는 전등을 켜면 마루 밑에서 작업하고 있는 전기 기사가 감전된다는 것을 알고 있다. 만일 그가 전기 기사를 감전시키지 않고서는 도저히 책을 읽을 수 없다면 그는 전기 기사의 감전이 불가피하다고 말할 수 있다. 전기 기사를 감전시키는 것이 철학책을 읽기 위한 직접적인 수단이 아니라 오히려 불행하고 의도되지 않은 부차적 결과라는 점에서 그와 같은 나쁜 결과는 의도되지 않은 것이다. 그러나 이중 효과의 원칙에 있어서 세번째 조건이 만족되지 않는다. 살인이 비록 그 상황에서 의도되지 않은 것이며 불가피한 것이라고 하더라도 윤리학 책을 읽는 가치에 의해 무시되어서는 안 된다. 따라서 전등을 켜는 것은 이중 효과의 원칙에 의해서 정당화되지 않는다. 행동의 궁극적인 의도와 불가피성에 대한 문제로서 비례적으로 심각한 이유가 있다는 것을 결정하기가 어려운 경우도 종종 있다. 그러나 위의 경우라면 그 원리의 적용은 명백하다.

또 다른 예를 고려해 보자. 어떤 여자의 난자는 나팔관에서 수정된다. 그렇게 되면 수정된 난자가 발달하여 나팔관을 찢어 산모와 태아 모두를 죽이게 된다. 이러한 경우에 낙태는 이중 효과의 원칙에 의해서 정당화되는가? 나쁜 결과(낙태)는 피할 수 없다. 산모의 생명은 낙태 없이는 구할 수 없다. 그럼에도 불구하고 나쁜 결과는 의도되지 않은 것은 아니다. 왜냐하면 태아를 나팔관에서 제거하는 것은 산모의 생명을 구하는 직접적인 수단이기 때문이다. 비례의 원칙은 만족된다. 왜냐하면 생명 대 생명의 경우이기 때문이다. 그러나 두번째 조건이 만족되지 않기 때문에 이러한 경우에 있어서 낙태는 이중 효과의 원칙에 의해 정당화될 수 없다.

물론 이러한 경우는 자연법 윤리학자에게는 비극적인 경우이다. 그래서 다른 근거에서 이러한 낙태를 정당화하기 위해 다양한 시도가 있었다. 예를 들면 어떤 자연법 윤리학자는 상실의 원칙에 의해서 해결될 수 있다고 주장한다. 왜냐하면 태아는 실질적으로 산모의 생명에 대한 침략자이기 때문이다. 태아에게 비록 산모를 해치려는 어떤 의식적인 동기가 없음에도 불구하고 태아 성장의 실질적인 결과는 산모의 생명을 위협한다는 것이다. 자연법 윤리학자들은 때때로 어떤 악의적인 동기를 가지고 있지 않은 태아는 주관적인 죄는 없지만 객관적인 죄가 있다고 말한다. 왜냐하면 태아는 산모의 생명을 위협하기 때문이다. 이러한 논증이 낙태를 정당화하는지의 여부는 독자의 판단에 맡긴다.

자연법 윤리학을 적용하기 위한 점검표

1. 그 행위가 인간의 경향성에 의해 구체화된 네 가지 근본적 가치들 중 어느 것과 일치하는지 또는 위반하는지의 여부를 결정하라.
2. 제한적인 상실의 원칙이 그 행위에 적용되는지를 결정하라.
3. 제한적인 이중 효과의 원칙이 그 행위에 적용되는지의 여부를 결정하라. 이 원칙이 적용되기 위해서는 다음의 세 가지 조건이 모두 충족되어야 한다.

   (1) 나쁜 결과를 산출하지 않고서는 좋은 결과를 성취할 수 없다

는 점에서 나쁜 결과는 불가피한 것이어야 한다.

(2) 나쁜 결과는 의도된 것이 아니어야 한다. 즉 나쁜 결과는 좋은 결과를 얻기 위한 직접적인 수단이 아니어야 한다.

(3) 그 행위를 수행하기 위해서는 비례적으로 심각한 이유가 있어야 한다.

4. 행위의 도덕성에 대한 궁극적인 결정을 하라.

(1) 만일 행위가 근본적 가치들과 일치한다면 또는 그 행위가 근본적 가치들과 일치하지 않지만 제한적 원칙들 중 한 원칙에 의해 극복된다면 그 행위는 도덕적으로 허용될 수 있다.

(2) 그 행위가 아닌 다른 대안적 행위들이 근본적 가치에 위배된다면 그 행위는 도덕적으로 의무인 행위이다.

(3) 그 행위가 근본적 가치에 위배되고 제한적 규칙들도 적용되지 않는다면 그 행위는 도덕적으로 허용될 수 없다.

내용 요약

자연법 윤리설의 기본적 입장은 인간은 우리의 근본적인 경향성과 성향들이 목표로 하고 있는 가치들을 촉진해야 한다는 것이다. 인간의 삶에 있어서 이러한 가치들의 실현은 인간의 본성을 충족시킬 것이다. 자연법 윤리학자들이 분석하였듯이 이러한 가치들은 생명과 출산이라는 생물학적 가치, 그리고 지식과 사회성이라는 인간 특유의 가치를 포함한다.

자연법 윤리학은 모든 근본적 가치들이 간접적으로도 침해될 수 없다고 규정하기 때문에 사람들이 행위의 목적과 상관 없이 그런 가치들 중의 하나를 위반할 수밖에 없다면 어떤 행위를 취해야 하는지에 관한 문제가 일어난다. 제한적인 상실의 원칙과 이중 효과의 원칙은 이런 문제를 해결하기 위해 고안되었다. 상실의 원칙에 따르면 죄없는 사람의 생명을 위협하는 사람은 자신의 생명권을 상실한다. 이중 효과의 원칙은 직접적인 행위와 간접적인 행위를 구별하여 근본적인 가치를 간접적으로만 위반하는 어떤 행위들을 도덕적으로 허용할 수 있는 것으로서 분류한다.

제3절 개인적인 자연법 윤리학과 사회적인 자연법 윤리학

(1) 자신에 대한 의무

자연법 윤리학에서 한 개인이 가지는 자신에 대한 1차적 의무는 자신의 삶 속에 네 가지 근본적 의무인 생명, 출산, 지식 그리고 사회성의 실현을 촉진하는 것이다. 자신에 대한 의무는 적극적인 차원과 소극적인 차원을 가진다. 개인은 자연법 윤리학에 의해서 구체화된 가치들을 촉진시켜야 할 적극적인 의무를 가지며 그러한 가치들을 직접 위반하지 말아야 한다는 소극적인 의무를 가진다.

소극적 의무는 적극적 의무보다 더 구속력을 가진다는 것을 명심해야 한다. 절대주의를 지향하는 자연법 윤리학의 성향 때문에 근본적 가치를 직접 위반하는 것은 결코 정당화될 수 없지만 항상 능동적으로 이러한 가치들을 촉진시킬 필요는 없다. 그러나 자연법 윤리학의 근본적 가치들을 촉진시켜야 하는 시기와 방법을 결정할 때에는 깊은 숙고가 요청된다. 예를 들면 신에게 귀의하기 위해서 결혼도 하지 않고 가정도 가지지 않을 것을 결정한 여자는 자연법 도덕 이론의 요구 사항을 위배한 것은 아니다. 그 여자는 자신의 출산 능력을 사용하지는 못하겠지만 그러한 능력을 직접 위반하는 것은 아니다. 일반적으로 적극적인 의무보다 소극적인 의무를 위반할 때를 결정하는 것이 더욱 쉽다. 그러므로 자연법 윤리학에서 가장 잘 알려진 도덕 판단들의 몇 가지가 소극적이라는 것은 놀라운 일이 아니다.

생명과 출산이라는 생물학적 가치로부터 생기는 자신에 대한 도덕적 의무는 지식과 사회성이라는 인간 특유의 가치로부터 생기는 도덕적 의무보다 더 많은 주목을 받는다. 이미 살펴보았듯이 자기 방어는 생명의 가치에 의해 정당화된 적극적인 의무이다. 생명의 가치 역시 자살하지 말 것을 요구한다. 왜냐하면 자살은 그러한 가치를 직접적으로 위반하기 때문이다. 그러므로 자살이 자연법 윤리학의 전통에서 비난을 받아온 것이다. 그러나 이중 효과의 원칙이 적용되면 자살로 보이는 몇몇 행위들은 비난받지 않을 수도 있다. 한 군인이 동료를 구하기 위해 수류탄 위로 자신의 몸을 던질 때 그는 동료의 생명을 직접 구하기 위해 행위하고 있다. 이런 경우에 그의 죽음은 비극이지만 의도되지 않은 결과이다. 그는 자신의 죽음을 당연히 예견했겠지만 그것을 직접 의도한 것은 아니다. 그리고 엄격히 말하자면 그의 죽음은 타인의 생명을 구한다는 좋은 결과에 대한 수단도 아니다. 게다가 비례의 원칙이 적용된다. 왜냐하면 그의 죽음은 타인의 생명을 구하기 때문이다.

출산의 가치는 아마도 가장 광범위하게 논의된 자연법 윤리설의 결론 즉 "인위적" 피임의 금지에 대한 문제를 묻게 될 것이다. 피임 기구의 사용은 자신에 대한 의무를 위반하는 것으로 생각될 수 있기 때문에 여기서 그와 관련시켜 논의해 볼 수 있다. 피임이 본래 부도덕하다는 것을 보여주기 위해서 피임이 실제로 출산의 가치를 직접 위반하는지를 지적할 필요가 있다. 우리는 신에 대한 지식과 같은 또 다른 가치를 추구하기 위해서 출산의 가치를 소홀히 하는 것이 허용될 수 있다는 것을 앞에서 보았다. 그러나 어떤 사람이 자신의 아내와 성관계를 가질 때 피임을 하려고 한다면 그는 직접 출산의 가치를 위반하고 있는 것이다. 그러므로 그 행위는 자연법 윤리학의 관점에서는 허용될 수 없다.

그리하여 이중 효과의 원칙에 호소함으로써 이러한 결론을 피하려는 시도들이 있었다. 예를 들어 부모들이 피임 기구를 사용할 때 그것의 직접적인 의도는 자식들을 더욱 효과적으로 교육시키기 위해 가족의 수를 제한함으로써 지식의 가치를 촉진시키는 것이라고 주장할 수 있다. 이러한 주장에 의하면 피임은 부차적인 결과로서 단지 간접적으로 의도된 것이다. 그러나 이러한 논증은 적절하지가 않다. 왜냐하면 이중 효과의 원칙 중 두번째 조건이 충족되지 않기 때문이다. 임신의 방지는 자식의 더 나은 교육을 위해 부모가 선택한 직접적인 수단이다. 그러므로 피임은 자연법 윤리학의 직접적인 위반으로 고려되어야 하며 그래서 또한 부도덕한 행위이다. 더욱더 명백한 것은 자연법 윤리학에 의하면 불임 수술도 도덕적으로 그르다는 것이다. 왜냐하면 정관 수술을 한 사람 역시 출산의 가치를 직접 위반하고 있기 때문이다.

만일 불임을 가져오는 어떤 행위가 그 자체로 합법적인 이유로 간주된다면 상황은 매우 다르다. 예를 들어 자궁암에 걸린 여자가 생명을 건지기 위해 자궁을 제거했다고 생각해 보자. 그 여자는 이제 임신할 수 없다. 그러나 불임이 그 여자의 생명을 구하려는 목적에 대한 필수적인 수단이 아니라 단지 의도되지 않은 불가피한 부차적 결과이기 때문에 그 여자의 행위는 여전히 도덕적으로 정당화될 수 있다. 게다가 생명은 근본적인 가치이기 때문에 그녀의 행위가 직접적으로 다른 기본적 가치에 위배되지 않는 한 그녀는 자신의 생명을 구하기 위해 할 수 있는 모든 것을 해야 한다. 그 결과로 생기는 불임을 그녀가 선호한다고 하더라도 그 수술은 여전히 도덕적으로 정당화된다. 그녀의 1차적 의도는 여전히 생명을 구하는 것이기 때문이다.

자연법 윤리학자들은 지식과 사회성이라는 가치로부터 생기는 자신에 대한 적극적인 의무와 소극적인 의무에 많은 관심을 가지지 않았지만 그러나 이러한 의무들은 구속력이 있어야 한다. 이러한 가치로부터 생기는 의무를 예를 들어 고찰하면 재미있을 것이다. 사람은 교육을 통해 지식 추구의 능력을 개발시켜야 하고 타인과의 관계를 위해 자신의 능력을 개발시켜야 할 의무가 있다는 것은 명백하다. 그러나 어떠한 종류의 행위들이 이러한 가치들에 대한 직접적인 위반으로 간주되어야 하는가? 만일 전도가 유망한 교육을 그만둔다면 또는 과학이나 철학에 관한 호기심을 억제한다면 우리는 지식의 가치를 직접 위반하는 것인가? 이러한 문제들은 독자들이 결정할 문제이다.

마지막으로 자신에 대한 의무를 생각할 때 쾌락 추구에 관하여 생각해 보는 것도 자연스럽다고 할 것이다. 많은 사람들은 쾌락을 추구하려는 자연적 경향성을 가지고 있는 것처럼 보인다. 그런데 왜 그러한 자연적 경향성은 근본적인 가치로 간주되지 않는가? 자연법 윤리학자들은 만일 우리가 우리의 동기를 자세하게 살펴본다면 우리는 그 자체를 위한(in and for itself) 쾌락을 추구하지 않는다는 것을 알게 될 것이라고 믿는다. 이러한 주장을 이해하기 위해서 다음과 같은 가능성을 고려해 보자. 어떤 사람이 자신이 바라는 모든 느낌을 만들어 내는 "경험

기계"(experience machine)와 연결되어 있다고 생각해 보자.[1] 그는 성적 쾌락, 식도락, 10마일을 달린 후에 느끼는 만족감 또는 다른 많은 즐거운 경험을 가질 수 있다. 그가 이러한 기계와 연결되어 그의 전생애를 보낼 수 있다고 상상해 보자. 그는 그렇게 할 것인가? 우리들은 대부분 그러한 기계와 짧은 기간만을 같이 지내려고 할 것이다. 왜냐하면 우리는 경험 이상의 것을 원하기 때문이다. 우리는 어떤 것을 **하기**를 원하고, 어떤 부류의 사람이 **되기**를 원하며, 구체적인 방식으로 타인들과 순수하게 상호 영향을 미치기를 원한다. 그 자체를 위한 쾌락은 본질적인 추구가 아니다. 여러분은 이러한 주장에 동의할 것인지 또한 명예와 권력과 부 역시 인간의 근본적인 추구가 아니라는 자연법 윤리학자의 주장을 받아들일 것인지의 여부를 고려해 보아야 할 것이다.

(2) 타인에 대한 의무

생물학적 가치와 인간 특유의 가치는 타인에 대한 많은 소극적 의무의 근거를 제공한다. 우리는 태아를 포함한 다른 사람을 직접 죽이지 말아야 할 의무 외에도 지식과 사회성이라는 가치를 직접 위반하는 행위를 하지 않아야 할 의무를 가진다. 예를 들면 고의적으로 아이들의 호기심을 억제하는 것은 지식의 가치를 위반하는 것이다. 거짓말 역시 진리를 알려는 타인들의 경향성을 해친다. 중상 모략과 같이 서로의 능력을 파괴하는 행위들은 사회성의 가치를 위반한다. 여기서 여러분들은 생물학적 가치와 인간 특유의 가치로부터 생기는 다른 많은 소극적 의무들을 생각할 수 있을 것이다.

타인을 도와야 할 의무의 범위에 대해서는 논쟁의 소지가 있다. 그러한 의무는 다른 기본적 가치를 직접 위반하지 않아야 한다는 요구 조건에 의해 분명히 제한된다. 자신의 몸이 여전히 건강한 상태에서는 어느 누구도 타인의 생명을 구하기 위해 자신의 심장을 기증하지는 않을 것이다. 그러나 다음의 경우를 생각해 보자.[2] 1956년 19세의 쌍둥이인

1) 이런 견해에 대한 수정된 해석은 R. Nozick, *Anarchy, State and Utopia* (New York: Basic Books, 1974), 42~45면 참조.

리온과 레너드는 보스톤에 있는 피터 벤트 브릭햄 병원에 입원했다. 리온이 살아날 수 있는 유일한 희망은 레너드로부터 신장을 이식받는 것이다. 1954년에 이 병원은 일란성 쌍둥이인 두 성인의 신장 이식 수술을 최초로 성공시킨 바 있다. 레너드가 자신의 신장 하나를 기증하는 것은 자연법 윤리학에 의해 도덕적으로 허용될 수 있는가?

형에게 신장 하나를 제공함에 있어서의 문제는 레너드가 자신의 생명의 가치를 직접 위반하면서 행위하고 있는지에 달려 있다. 신장 하나의 손실은 생명에 심각한 위협이 되지 않는다. 그러나 많은 자연법 윤리학자들은 그럼에도 이러한 기증은 허용될 수 없다고 주장한다. 자연법 윤리학자들은 일반적으로 이러한 행위는 타인을 도와야 할 의무의 범주를 벗어난 것이라고 가르쳐 왔기 때문이다. 그렇다면 자연법 윤리학에 따라서 선행의 한계에 관한 일반적인 지침을 세울 수 있는가?

(3) 사회 윤리

다음의 세 가지 원리들은 사회 윤리에 대한 자연법 윤리학의 접근방식을 규정한다. 자연법 사회 윤리의 첫번째 원리는 국가가 근본적으로 정당한 것인 한 국가는 내외의 적들로부터 자신을 지킬 권리를 가지고 있다는 것이다. 사회성은 자연스러운 인간의 경향성이며 인간은 결코 타인과의 관계를 제쳐두고 만족을 추구하지 않는다. 결과적으로 국가는 인간에게 자연적인 것일 뿐 폭군이 임의로 고안한 것이 아니라는 말이다. 따라서 전쟁이 사회 질서의 보존을 위해 필수적이라면 어떤 조건하에서는 정당화될 수 있다. 그러나 전쟁은 반드시 정당해야만 한다. 그리하여 자연법 윤리학자들은 전쟁의 합법적인 조건을 정의하기 위하여 "정당한 전쟁 이론"(just-war theory)을 전개시켰다. 첫째, 전쟁은 국가의 법적 권위에 의해 선포되어야 하며 사적인 개인에 의해 선포되어서는 안 된다. 둘째, 전쟁은 정당한 명분을 가져야 한다. 즉 시도되었건 실제로 수행되었건간에 상대 국가의 엄격한 권리의 위반이 제시되

2) P. Ramsey, *The Patient as Person*(New Haven and London: Yale Univ. Press, 1970), 165~197면 참조.

어야 한다. 정당한 명분이란 자국 국민의 생명을 위협하거나 영토나 자원 또는 재산의 탈취, 또는 국가의 권위를 약화시키는 것과 같은 국가의 명예에 대한 심각한 타격 등등을 말한다. 셋째, 명분은 정당해야 할 뿐만 아니라 전쟁을 선포한 통치자가 그 정당성을 알려야 한다. 통치자들은 전쟁을 시작할 때 올바른 의도를 가져야 하기 때문이다. 넷째, 전쟁을 수행할 때에도 올바른 수단을 사용해야 한다. 기본적 가치의 직접적인 위반을 통해 선을 추구하는 것은 도덕적으로 그르기 때문이다. 예를 들면 죄없는 사람을 죽이는 것은 피해야 한다.

자연법 사회 윤리의 두번째 원리는 자연법이란 항상 개별적인 국가의 법률보다 구속력이 더 강력하다는 것이다. 국가의 법률이 자연법 윤리학의 원리들을 심각하게 위반하지 않는 한 국민은 국가의 법률에 복종해야 할 의무를 가진다. 그럼에도 불구하고 국가가 범하는 도덕적 비행이 너무 크다면 그리고 혁명의 성공을 합리적으로 예견할 수 있다면 그런 혁명은 정당화될 수 있을 것이다. 자연법 윤리학자들은 흔히 국민들의 행위가 **객관적으로 옳은지**(자연법 윤리학에 따른 행위인지) 또는 **주관적으로 옳은지**(올바른 이유로 행위한 것인지)를 구별한다. 예를 들어 어떤 전쟁이 실제로 부당하다면 병역을 거부하는 양심적인 반대자의 행위는 객관적으로 옳을 수 있다. 그러나 그러한 병역의 기피가 도덕적 근거에 기인한 것이 아니라 죽음에 대한 공포에 근거하고 있다면 주관적으로는 옳지 못하다. 역으로 병역 기피자의 행위가 객관적으로는 옳지 않으나 주관적으로는 옳을 수도 있는데 그러한 경우는 전쟁이 정당함에도 불구하고 그 사람이 진정으로 전쟁이 정당하지 않다고 생각하여 병역을 거부할 때이다. 물론 어떤 사람은 전쟁이 정당하지 않을 때조차도 전쟁이 정당하다고 믿을지 모른다. 그러한 경우의 복무 행위도 객관적으로는 옳지 않으나 주관적으로는 옳다. 자연법 윤리학자들은 항상 인간의 의무는 자신의 양심을 따르는 것이라고 주장한다. 즉 인간의 행위는 항상 주관적으로 옳아야 하며 이와 동시에 인간은 자기 이익과 같은 요인들에 의해 타락하지 않도록 자신의 양심을 지켜야 할 의무를 가진다는 것이다.

자연법 사회 윤리의 세번째 원리는 국가란 공동의 선을 위해 조직되어야 한다는 것이다. 국가가 개인의 선을 위해 존재하는 것이지 개인들이 국가의 이익을 위해 존재하는 것은 아니다. 그러므로 공동의 선이란 단지 생명, 출산, 지식, 사회성이라는 네 가지 가치의 실현을 위한 필수적인 조건에 불과하다. 예를 들면 자연법 윤리학자들은 시민들이 품위 있고 풍요한 삶을 영위하기에 충분한 그리고 그들의 삶에서 자연법 윤리학의 도덕 가치들을 실현하기에 충분한 "정당한 몫"을 받아야 한다고 주장해 왔다. 사적인 사업을 위한 착취나 정부에 의한 착취는 옳지 않다. 많은 자연법 윤리학자들은 이러한 목적을 실현하기 위한 가장 적절한 수단으로서 사회주의 정책과 복지 국가 정책에 동감해 왔다. 그러므로 자연법 윤리학이 수정 자본주의와 양립 가능한지의 여부는 고려할 가치가 있는 문제이다.

국가가 자연법 윤리학에 의해 규정된 가치들을 실현할 수 있는 기회를 시민들에게 제공해야 한다면 국가는 자연법 윤리학의 가치를 시민들에게 강요해야 한다는 결론이 도출되는가? 헤링(B. Häring)과 같은 도덕적 신학자들은 그러한 결론을 다음과 같이 주장한다.

> 국가는 자연적 계시와 초자연적 계시에 관하여 명료한 입장을 가져야 한다. 교회는 참이든 거짓이든 좋든 그르든 모든 선택과 이론은 자유로운 표현과 언론을 통해 공개적으로 표현되고 변호될 동등한 권리를 가진다는 "자유주의" 국가의 원리를 계속 비난해 왔다. 신에 대한 모독을 떠나서 소위 "자유주의" 원칙들은 궁극적으로 국가를 파멸로 이끌 것이다. 진보는 말할 것도 없고 자신의 생존을 위해서 국가는 적어도 진리와 오류, 선과 악에 관련된 확실하고 논쟁의 여지가 없는 최소한의 원칙들을 가지고 있어야 한다. 그러한 원칙들을 무조건 가지고 있어야만 국가는 어떤 것도 금지하지 않는 무정부주의의 딜레마와 완전한 법적 실증주의에서의 임의적인 법률을 전적으로 피할 수 있다.
>
> 그러나 한 국가의 공적인 삶에서 나타나는 심각한 분열을 피하기 위해 국가가 국가의 보호를 삶의 기본적 태도를 나타내는 다수 집단의 보편적인 진리로 한정하는 것은 때때로 정당화될 수 있다. 그리고 단지 실제적인 관점으로부터 국가는 더 나아갈 수 있으며 모든 이론에 동일한 자유를 부여할 수도 있다. 그러나 이러한 상황은 결코 이상적이지 않다.[3)]

헤링의 진술은 도덕의 집행에 관해서 이기주의자의 자유주의적인 입장과는 완전히 다른 관점을 나타낸다. 자연법 윤리학의 법칙을 시행하는 국가의 의무에 대한 이러한 극단적인 입장의 근거는 무엇인가? 헤링에 따르면 자연법 윤리학에 반대되는 행위들은 신을 모독하는 것이며 결과적으로 국가를 파괴하는 것이다. 그러나 그는 또한 자연법 윤리학의 결론이 특정한 사람들에 의해서 받아들여지지 않는다는 것을 인정하며 그런 경우에는 일반적으로 받아들여진 도덕관이 비록 그러한 상황이 "결코 이상적이 아님"에도 불구하고 지배적일 수밖에 없다는 것을 인정한다. (여기에서 이상적인 것이란 자연법 윤리학으로부터 도출된 도덕적 가르침의 시행이다.)

헤링에 의하면 자연법 윤리학의 주장은 객관적으로 옳으며 계시의 문제라기보다는 이성의 문제이다. 그러한 결론은 이성의 능력을 사용하려고 하고 또 사용할 수 있는 모든 사람에게 유용하다. 따라서 국가에게 자연법 도덕 이론의 집행을 요구함에 있어서 헤링은 자신이 독특하게 가톨릭이나 심지어 개신교의 도덕적 견지를 시행할 것을 요구하고 있다고 생각지 않는다. 헤링은 다른 자연법 윤리학자와 같이 인간성과 일치하는 것만을 자신이 옹호하고 있다고 믿는다. 그리하여 자연법 윤리학의 관점에서 볼 때 국가는 인간의 참된 성향에 반대되는 행위를 옹호하거나 실천하는 것을 허용함으로써 자아 실현을 촉진시키는 것이 아니라 오히려 인간성의 왜곡을 초래한다는 것이다.

그럼에도 불구하고 헤링의 진술은 민주주의적 전통에서 자라온 대부분의 사람들에게 충격을 준다. 흥미 있는 문제는 자연법 윤리학자들이 개인의 자유를 더욱더 강력하게 지지하는 정치 철학의 문제를 해결할 수 있는지의 여부이다. 이러한 방향에서 이미 많은 세련된 시도가 있었다. 그리고 헤링 자신도 하나의 가능한 방법을 마련했다. 행위의 주관적 도덕성과 객관적 도덕성간의 차이를 상기해 보면 우리는 헤링의 관찰 배후에는 자연법 윤리학의 논증에 의해 진정으로 설득되지 않는 사람들이 있다는 사실을 알 수 있다. 그러므로 국가는 자연법 윤리를 조

3) B. Häring, *The Law of Christ*, trans. E.G. Kaiser (Paramus, N.J.: The Newman Press, 1966), 제3권, 120~121면.

심스럽게 집행해야 한다. 왜냐하면 개인들은 행위의 객관적 도덕성과 관계 없이 자신들의 생각에 따라 그른 것은 하지 않고 옳은 것을 하기 때문이다. 비록 자연법 윤리학자들이 헤링보다 더 많은 행동의 자유를 허락한다고 하더라도 그들은 여전히 부도덕한 가르침과 부도덕한 행위가 타인들에게 과도하게 영향을 미치지 않도록 국가가 통제해야 한다고 믿을지도 모른다. 어쨌든 공통된 선의 기준은 시민들에 대한 정부의 의무에 관해서 교훈적인 근거를 제공한다.

내용 요약

자신에 대한 의무를 지배하는 원칙은 개인은 자신의 삶 속에서 자연적 성향에 의해 구체화된 기본 가치들을 실현하도록 촉진해야 하며 그러한 가치의 실현을 직접 방해하는 행동은 하지 말아야 한다는 것이다. 전통적인 자연법 윤리학에서 논의된 자신에 대한 의무는 대부분 생명과 출산이라는 생물학적 가치와 관련된다. 지식과 사회성이라는 인간 특유의 가치로부터 어떤 적극적인 의무와 소극적인 의무가 도출되는지의 문제 또한 여러분 스스로에게 물어 보아도 재미있는 문제가 될 것이다.

타인에 대한 의무는 다른 사람을 직접 죽이지 않아야 할 의무와 지식의 가치를 위반하지 않아야 할 의무(예를 들면 거짓말) 또는 사회성의 가치를 위배하지 않아야 할 의무(예를 들면 중상 모략) 등등을 포함한다. 다른 많은 의무들이 네 가지 근본 가치들로부터 도출된다. 사람들이 타인에 대해 가지는 적극적인 의무의 범위는 자신에 대한 의무를 위반하지 않아야 한다는 의무에 의해 제한된다. 중요한 신체의 장기를 기증하는 문제는 타인에 대한 의무의 한계에 대해서 흥미 있는 실험적 사례를 제시한다.

다음의 세 가지 원칙은 사회 윤리에 대한 자연법 윤리학의 접근 방식을 규정한다. 첫째, 국가가 근본적으로 정당하다면 국가는 내외의 적들에 대해 자신을 방어할 권리를 가진다. 둘째, 자연법은 인간의 법률보다 우선한다. 그리고 시민 불복종이나 혁명에 참여하는 것도 때에 따라서는 정당화될 수 있다. 셋째, 국가는 공동의 선을 위해 조직되어야 한다. 즉 국가는 국민들의 삶 속에서 자연법 윤리학의 네 가지 가치의 실현을 촉진시키는 방식으로 조직되어야 한다는 것이다.

제 4 절 자연법 윤리학의 적용

우리는 이제 자연법 윤리학을 점검표에서 개괄된 방법론에 따라 도덕적 결정을 포함하는 몇 가지 사례에 적용시킬 수 있다.

(1) 사례 1: 안락사

이미 결혼하여 세 명의 자식을 둔 36세의 어떤 회계사가 치명적인 악성 종양에 걸린 것으로 진단을 받았다. 여러 가지 치료를 받았으나 그의 상태는 여전히 악화되었다. 그는 수술도 약물 치료도 소용이 없다는 것을 알고 있다. 그는 매일매일 극심한 통증을 이기기 위해 다량의 진정제를 복용했으나 고통으로부터 벗어날 수가 없었다. 치료비는 가족의 재정 상태를 급속도로 악화시켰다. 아내와 자식들은 불가피한 그의 죽음을 예상하여 그를 심적으로 포기하기 시작했다. 그는 스스로 삶을 단념하고 의사에게 자신의 고통과 가족의 고통 그리고 가족의 미래에 매우 중요한 재정의 출혈을 멈추기 위해서 죽는 방법을 문의하였다. 의사가 이러한 문의를 받아들이는 것은 도덕적으로 허용될 수 있는가?[4)]

1. 명백히 그의 생명을 끊기 위해 극약을 투여하는 것은 자연법 윤리학의 네 가지 근본 가치 중 생명의 가치에 위배되는 직접적인 행위이다.

2. 문제가 되는 것은 오직 두 가지 제한적 원칙 중의 하나가 적용되는지의 여부뿐이다. 회계사는 자신의 생명권을 상실할 만한 행위를 하지 않았다. 그러므로 상실의 원칙은 적용되지 않는다.

3. 이중 효과의 원칙은 의사가 환자의 고통을 덜어줄 수 있는 두 종

---

4) 이 사례는 립스컴(H.S. Lipscomb) 의사로부터 제공받았다.

류의 행위를 정당화하는 데 사용될지도 모른다. 첫째, 이중 효과의 원칙은 진통제가 환자의 생명을 단축시키는 간접적인 결과를 초래한다고 해도 그 약의 사용을 정당화시킬 수 있다. (a) 다른 어떠한 약도 그처럼 효과적으로 고통을 완화시킬 수 없다면 그러한 특정한 약의 사용은 불가피한 것으로 생각될 수 있다. (b) 진통제를 투여하는 직접적인 의도는 고통을 완화시키는 것이다. 생명을 단축시킬 수 있는 진통제의 사용은 생명의 단축이 고통을 없애기 위한 직접적인 수단이 아니기 때문에 의도되지 않은 것이다. (c) 생명을 단축시키는 행위가 고통을 완화시키려는 욕구에 의해 정당화되지 않는다고 몇몇 사람이 주장한다고 하더라도 대부분의 자연법 윤리학자들은 이러한 경우에 아마도 비례의 원칙을 사용할 것이다.

이중 효과의 원칙은 또한 회계사의 생명을 연장시킬 "과감한 수단"을 사용하지 않는 의사의 결정을 정당화할 수 있다. 자연법 윤리학자들은 생명을 보존하기 위한 "일상" 수단과 "비상" 수단을 구분한다. 켈리 신부는 다음과 같은 방식으로 두 가지 의미를 규정한다.

> 생명을 보존하기 위한 **일상** 수단이란 환자에게 나을 수 있다는 합리적인 희망을 제공하고 과다한 금전적 지출이나 고통 혹은 그 밖의 다른 어려움 없이 구할 수 있고 사용할 수 있는 약, 치료, 수술 등이다.…
> 생명을 보존하기 위한 **비상** 수단이란 과다한 금전적 지출이나 고통 혹은 그 밖의 다른 어려움을 수반하는 동시에 비록 그런 것들을 구해서 사용한다고 해도 병이 나을 수 있다는 합리적인 희망을 제공할 수 없는 약, 치료, 수술 등을 말한다.[5]

과감한 수단 또는 비상 수단을 사용하지 않는 것은 이중 효과의 세 가지 기준을 모두 만족시킨다. (a) 비상 수단을 사용하지 않는다면 생명의 단축은 불가피하다. (b) 생명의 단축은 일상 수단의 사용을 위한 직접적인 수단이 아니기 때문에 그리고 단순히 일상 수단의 사용이 가져

5) G. Kelly, *Medico-Moral Problems*(St. Louis, Mo.: The Catholic Hospital Association, 1958), 120면. P. Ramsey, *The Patient as Person*, 122면에서 인용했다.

오는 불행한 부차적 결과이기 때문에 그것은 의도되지 않은 것이다. (c) 비상 수단의 사용이 그의 건강을 회복시키는 것이 아니라 단지 죽음의 과정을 지연시키는 것에 지나지 않기 때문에 비례의 원칙도 만족된다. 그러므로 비상 수단을 사용하지 않는 것은 이중 효과의 원칙에 의해 정당화될 수 있다.

그러나 회계사의 요구는 여기서 서술된 두 가지 수단을 넘어선다. 그는 의사에게 자신의 생명을 끊을 수 있도록 적극 협력해 줄 것을 요구하고 있다. (a) 회계사의 고통을 제거시킨다는 좋은 결과는 나쁜 결과 즉 회계사의 죽음을 초래하지 않고서는 성취될 수 없다. 그래서 첫번째 기준은 만족된다. (b) 그러나 회계사의 죽음은 고통으로부터의 해방을 성취하는 직접적인 수단이다. 따라서 회계사의 죽음은 의도된 것이다. 두번째 기준은 만족되지 않는다. (c) 극약을 투여하기 위한 비례적으로 심각한 어떠한 이유도 존재하지 않는다. 왜냐하면 고통으로부터의 구원이 죄없는 사람을 직접 죽이는 것 즉 실질적인 살인 행위를 정당화시킬 수 없기 때문이다.

4. 회계사에게 극약을 투여하는 의사의 행위는 근본적 가치를 위반하므로 그리고 상실이나 이중 효과와 같은 제한 원칙이 적용되지 않기 때문에 도덕적으로 허용될 수 없다.

(2) 사례 2: 제2차 세계 대전에서의 무차별 폭격의 도덕성

제2차 세계 대전중에 독일과 연합군은 실제로 "무차별 폭격"을 민간인 거주 지역에 퍼부었다. 아마도 이에 대한 가장 유명한 두 가지 예는 독일이 런던을 폭격한 경우와 연합군이 독일 드레스덴을 폭격한 경우일 것이다. 두 경우 모두 재래식 폭탄이 사용되었다. 이제 범위를 드레스덴 폭격에 한정시켜 이러한 행위가 자연법 윤리학의 원칙에 의해 허용될 수 있는지를 살펴보자.

1. 첫번째 문제는 드레스덴에 대한 폭격이 생명의 가치를 위반했는지의 여부이다. 이에 대한 답변은 그 행위가 그러한 가치를 위반했으며, 그래서 그 행위는 두 가지 제한 원칙 중 하나가 적용되지 않는 한 도덕

적으로 허용되어서는 안 된다는 것이다.

2. 전시의 시민들을 죄가 있는 사람들로 간주한다면 상실의 원칙을 적용할 수 있다. 그에 대해 우리가 만일 정당한 전쟁 이론의 기준이 충족되었다고 생각한다면 즉 연합군이 정당한 전쟁을 치루고 있고 독일은 그렇지 않다고 생각한다면 독일인들은 모두 죄가 있는 것이기 때문에 이들을 공격하는 것은 도덕적으로 정당화된다. 그러나 대도시에 있는 대부분의 시민들은 전쟁 수행과 간접적으로 연관되어 있다. 많은 사람들은 전쟁의 이유에 대한 직접적인 지식을 가지고 있지 않으며 확실히 전쟁 발발에 어떤 역할도 하지 않았다. 그러므로 상실의 원칙은 폭격을 정당화시키지 못한다.

3. 어떤 사람들은 이중 효과의 원칙에 호소함으로써 폭격을 정당화시킬 수 있다고 주장한다. 이 논증에 따르면 의도된 폭격의 결과는 군수산업, 통신, 군 시설을 파괴하는 것인 반면에 시민의 생명을 다치게 한 폭격은 의도되지 않은 것이며 좋은 결과의 산출 수단도 아니다. 그러나 폭격의 조건을 조심스럽게 분석하면 이러한 논증은 유지될 수 없다. (a) 실제로 군대가 공격받을 때 때때로 시민들의 죽음이 불가피한 경우도 있지만 드레스덴에서의 시민 대량 학살은 피할 수 있는 경우였다. (b) 만일 연합군이 군수 공장들을 파괴하려는 직접적인 의도를 가지고 전략적 폭격을 했다면 그리고 의도하지 않았던 인명 살상이 불가피한 것이라면 이중 효과의 원칙 중 두번째 조건은 만족될 것이다. 그러나 이 경우에 수백 명의 시민들이 살상된 것은 폭격의 직접적인 결과이며 군 기록 문서의 증언에 의하면 공포심을 통해서 시민들의 사기를 꺾는 것이 폭격의 목적이었다. 사기 저하라는 목적은 시민을 살상하려는 직접적인 의도 없이는 불가능하다. 어떤 사람이 테러를 하려고 한다면 그러한 목적을 획득하려는 수단을 강구하지 않을 수 없다. 그러므로 이중 효과의 두번째 조건은 충족되지 못한다. (c) 우리는 무차별 폭격으로 전쟁이 단축될 것이라는 신념이 비례의 원칙을 만족시켜 준다는 주장에 대해서도 문제를 제기할 수 있다. 그러한 목적은 사변적이고 불투명하며 불확실했다. 반면에 나쁜 결과는 구체적이고 즉각적이며 광범위한 것이었다. 따라서 우리는 이중 효과의 원칙이 적용되지 않는다고 결론

내려야 한다.

4. 드레스덴에 대한 연합군의 공격이 무고한 인명의 살상을 포함하기 때문에 그리고 상실과 이중 효과라는 제한 원칙들이 적용되지 않기 때문에 우리는 그 행위가 자연법 윤리설에서는 도덕적으로 허용될 수 없는 행위라고 결론지어야 한다.

(3) 사례 3: 동성 연애의 도덕성

제임스는 5세 때부터 자신이 다른 사람들과 다르다는 것을 알았다. 심지어 그는 남자 선수들의 경기 관전을 즐겼고 자신보다 나이가 많은 동료 선수를 "사랑하는" 것 같았다. 고등학교 시절 그는 스포츠에 적극적이었고 남성에 대한 그의 유혹은 그의 동료들 중 몇몇에게 두드러져 보였다. 그는 몇 명의 여자를 친구로서 좋아했음에도 불구하고 성적으로는 전혀 관심이 없었다. 그리고 여자와의 성행위에 대한 생각은 항상 그에게 혐오감을 주었다. 대학 시절에는 다른 동성 연애자와 사귀기 시작했다. 그는 상담자에게 이러한 이야기를 했고 이제 자신이 동성 연애자라는 것을 가족을 포함한 다른 사람들에게 자인할 단계에 이르렀다고 생각한다. 그러나 그는 로마 가톨릭 교인이기 때문에 여전히 동성 연애의 도덕성에 관하여 의심을 한다. 자연법 윤리학에 따르면 동성 연애는 그릇된 것인가?

1. 동성 연애가 자연법 윤리학을 위반하는지의 여부에 대한 결정은 간단한 문제가 아니다. 동성 연애를 반대하는 전통적인 자연법 윤리학의 논증은 동성 연애가 성기의 악용과 오용을 포함한다는 관점에 근거해 있다. 성기는 출산을 위해 만들어진 것이기 때문에 이러한 "자연적 목적" 외에 다른 목적을 위해 사용하는 것은 부도덕하다. 이와 동일한 논증 형식에 의해 자위 행위 역시 부도덕하다는 결론이 나온다. 왜냐하면 자위 행위는 출산보다는 쾌락을 위해 성기를 사용하기 때문이다. 비슷한 논증에 의하면 변태적인 성행위는 부부간에도 부도덕하다. 또한 여자가 모유로 자식을 키우지 않는 것도 그릇된 것이다. 만일 여자의 유방이 젖을 주는 자연적 기능을 가지고 있음에도 불구하고 자식을 모

유로 키우려 하지 않는다면 부모는 이러한 자연적 기능을 직접 위반한 것이기 때문에 그릇된 행위를 하고 있다는 것이다. 이러한 소위 왜곡된 기능 논증(perverted-faculty argument)은 많은 불합리한 결론을 가져오기 때문에 점차 거부되고 있는 실정이다. 심지어 그러한 논증은 자연법 윤리학에 대한 토마스 아퀴나스의 기본적 이해와도 일치하지 않는 것처럼 보인다. 자연법 윤리학에 대한 우리의 해석에 의하면 동성 연애는 부도덕하기 때문에 그것은 근본적 가치에 반대되는 직접적인 행위에 포함되어야 한다.

물론 동성 연애자는 아기를 출산할 의도로 성행위를 하지는 않는다. 그들은 자신들의 성행위가 출산과 무관하다는 것을 알고 있다. 비수태기에 성행위를 하는 부부들 역시 임신할 수 없다는 것을 알고 있다. 그러나 그들의 행위는 자연법 윤리학에 의해서도 부도덕한 행위가 아니다. 그들 중 어느 누구도 출산 기능을 직접 위반하는 것이 아니기 때문이다. 이러한 논증은 자위 행위와 변태적인 성행위에도 동일하게 적용되며 이러한 행위들 또한 출산의 가치를 직접 위반하는 것은 아니다.

한편 일부 사람들은 동성 연애가 사회성의 가치를 위반하기 때문에 부도덕하다고 말할지도 모른다. 그러한 행위가 천한 것이거나 해로운 것이라면 혹은 그러한 행위가 속임수와 사기를 포함한다면 그러한 행위는 사랑의 가치와 우호적인 인간 관계를 위반하므로 그른 행위일 것이다. 그러나 이러한 성관계라면 설사 부부간에 일어난다고 하더라도 똑같이 그른 행위일 것이다. 따라서 우리는 동성 연애 행위가 단순히 동성 연애이기 때문에 그르다는 논증을 살펴보아야 한다.

비록 동성 연애가 피임 행위와 마찬가지로 출산의 가치를 직접 위반한다고 말하는 것이 잘못된 것임에도 불구하고 두 가지 경우 모두 출산의 가능성을 봉쇄한다는 점에서는 같다. 사실 배타적인 동성 연애는 부부간의 피임을 전제로 한 성행위 혹은 다른 형태의 비출산적 성행위보다 출산의 가능성을 결정적으로 봉쇄한다. 왜냐하면 동성 연애자의 비출산적 성행위는 생애 전체를 통해 지속되기 때문이다. 그러므로 동성 연애가 출산의 가치를 직접 위반하지 않는다고 하더라도 동성 연애는 반출산적이라고 말할 수 있다.

2. 동성 연애는 생명에 대한 직접적인 위협이 아니므로 상실의 원칙이 적용될 수는 없다.

3. 제임스는 동성 연애가 이중 효과의 원칙에 의해 정당화될 수 있다고 주장할지도 모른다. (a) 그로서는 자식을 낳아야 되는 성생활로서는 만족할 수 없기 때문에 불가피성의 기준이 충족된다고 믿을지도 모른다. (b) 그는 또한 자신의 직접적인 의도 역시 적합한 성관계를 촉진시키려고 하는 것일 뿐 출산의 가치에 대한 위반은 의도되지 않은 부차적 결과라고 말할 수 있다. 그가 비록 아기를 원한다고 하더라도 자식을 낳지 않는 것은 결국 만족된 성생활을 가지려는 그의 목적에 대한 직접적인 수단이 아니라는 것이다. (c) 그에게는 의미 있는 성관계의 가치가 아이를 낳지 않는 것보다 더욱 중요하기 때문에 비례의 원칙이 만족된다고 주장할 수 있다.

첫번째 논거는 만족스러운 성생활이 근본적 가치가 아니므로 미약한 논거이다. 그러나 두번째 기준은 이러한 논거와 더불어 주요한 문제를 제기한다. 자식이 없는 것이 제임스의 만족스러운 성생활이라는 목적에 대한 직접적인 수단이 아니라고 하더라도 비출산적인 성행위는 이러한 목적을 위한 수단의 일부이다. 이중 효과의 원칙이 적용될 수 있는지의 여부는 자식이 없는 것 또는 비출산적 성행위가 바람직하지 않은 결과인지의 여부에 달려 있다. 자식이 없는 것은 의도되지 않은 부차적 결과라고 논증할 수 있지만 비출산적 성행위는 원하는 목적을 성취하기 위한 수단이기 때문이다.

4. 우리는 동성 연애가 출산의 가치를 위반한다는 논거와 이중 효과의 원칙의 적용에 관한 문제를 살펴보았다. 그러나 모든 자연법 윤리학자들은 사실상 동성 연애를 도덕적으로 허용할 수 없다고 결론지었다. 여러분도 이러한 결론에 동의하는가?

(4) 사례 4: 갈릴레오에 대한 탄압

갈릴레오(G. Galileo, 1564~1642)는 근대 과학의 창시자라고 불린다. 처음에 그는 태양과 행성이 지구 주위를 회전한다는 프톨레마이오스의 이론을 받아들였다. 그러나 그는 망원경을 발명하고 목성의 위성을 발견함으로써 1610년에 코페르니쿠스적 체계를 지지한다고 공개적으로 발표했다. 1616년에 종교 재판소는 금서 목록에 코페르니쿠스의 저작을 삽입하고 그의 주장을 이단으로 선언하는 중대한 조치를 취했다. 1632년에 갈릴레오는 《세계의 두 가지 중심 체계에 관한 대화》(*Dialogue on the Two Principal Systems of the World*)라는 책을 출판했다. 그 책에서 그는 천문학에 관한 프톨레마이오스의 체계와 코페르니쿠스의 체계를 비교했다. 그는 자신이 단순히 두 체계간의 차이에 대한 "객관적인" 생각을 표현한다면 종교 재판소를 자극하지 않을 것이며 박해받지 않을 것이라고 생각했다.

그러나 코페르니쿠스의 체계와 갈릴레오의 입장이 일치한다는 것이 너무나 명백했으므로 종교 재판소는 그의 책을 금서로 규정했고 공판을 위해 그를 로마로 소환했다. 그는 고문의 위협을 받은 후에 굴복하여 1633년 6월 22일에 지구가 태양 주위를 회전한다는 이론을 포기했고 코페르니쿠스적 천문학의 연구를 그만둘 것을 선언했다. 갈릴레오는 실질적인 가택 연금 상태에서 몇 년을 더 살았지만 여전히 위대한 과학 서적을 펴낼 수 있었다. 그러나 갈릴레오에 대한 박해라는 비참한 역사는 과학의 진보를 방해했다. 갈릴레오에 대한 억압은 자연법 윤리설에 의해 정당화될 수 있는가?

1. 재판소의 법관들은 자신들이 성서와 일치하는 천문학적 체계를 변호했던 것이라고 주장함으로써 변함없이 자신들의 행위를 옹호할 것이다. 그들이 잘못된 견해를 변호했다는 것은 나중에 밝혀졌다. 이것은 지식의 가치에 대해서 자연법 윤리학자가 지지하고 있는 행위는 어떤 종류인가의 문제를 야기한다. 진리가 무엇인지를 확신할 수 없다면 알려고 하는 인간의 자연적 성향과 일치해서 행위하는 것은 탐구의 자유에 대한 지지를 의미한다. 재판소의 법관들은 이러한 점을 간과했다. 그들은 진리에 대한 자유로운 과학적 탐구를 억압하려고 했고 그럼으로써 지식의 가치를 위반했다.

2. 갈릴레오는 다른 사람의 생명을 위협하지 않았기 때문에 자신의 생명에 대한 권리를 상실할 아무 짓도 하지 않았다.

3. 재판소의 법관들은 명백히 자신들의 이해 관계와 일치하는 진리를 변호했었다고 주장할 것이며 진리에 대한 탄압은 자신들의 행위의 간접적인 결과이며 의도되지 않은 결과였다고 주장할 것이다. 그들의 행위가 이중 효과의 세 가지 기준을 만족시키는지의 여부를 살펴보자. (a) 재판소의 법관들은 아마도 그들이 알고 있는 진리를 변호할 어떠한 방법도 가지지 못했다는 점에서 즉 진리를 지지하기 위한 유일한 방법은 오류를 억압하는 것이라는 점에서 갈릴레오에 대한 박해는 불가피했다고 말할 것이다. 그러나 우리는 이러한 견해가 의심스럽다는 것을 이미 알고 있다. 왜냐하면 그 견해는 우리가 언제나 무엇이 진리인지를 알고 있다고 가정하기 때문이다. 게다가 재판소의 법관들이 진리에 대한 확실한 지식을 가지고 있다고 하더라도 사람들이 거짓이라고 믿고 있는(또는 알고 있는) 견해를 억압함으로써 최선의 진리 추구를 조장한다는 것은 그럴 듯하게 보이지 않는다. 그러므로 종교 재판소의 행위는 불가피성에 대한 테스트를 만족시키지 않는다고 결론지을 수 있다. (b) 갈릴레오에 대한 억압은 진리를 옹호하는 직접적인 수단이었기 때문에 (재판소의 법관이 그것을 이해했듯이) 의도성의 테스트도 만족시키지 못한다. (c) 재판소의 법관들은 아마도 자신들의 행위가 비례성의 테스트를 통과한다고 말할지도 모른다. 왜냐하면 갈릴레오에 대한 억압이라는 부정적인 결과는 진리가 옹호되었다는 사실보다 중요하지 않기 때문이다. 그러나 이러한 주장은 의심스럽다. 왜냐하면 견해에 대한 억압(설사 그 견해가 잘못된 것이라고 하더라도)이 진리를 옹호하는 최선의 방법은 아니기 때문이다. 게다가 비례성 테스트는 다른 테스트를 만족시킬 때만 의미가 있다.

4. 재판소 법관들의 행위는 반대할 권리를 억압함으로써 지식의 가치를 위반한 것이기 때문에 그리고 두 가지 제한 원칙들도 적용될 수 없기 때문에 도덕적으로 허용할 수 없는 행위라고 결론지어야 한다.

제5절 도덕 이론으로서의 자연법 윤리학에 대한 평가

이제 3장에서 내세웠던 네 가지 기준을 사용하여 자연법 윤리학을 평가하려고 한다. 필자는 주관적인 평가를 제시하고 이를 변호할 것이다.

〈자연법:이 이론은 기준들을 어느 정도 만족시키는가?〉

기 준	매우 만족		보통 만족		매우 불만족
1. 일관성		○			
2. 신빙성				○	
3. 유용성		○			
4. 정당성					○

(1) 기준 1:일관성

필자는 자연법 윤리학의 일관성에 관하여 "보통 만족"보다 조금더 좋은 점수를 주었다. 대부분의 경우에 자연법 윤리학은 내적인 일관성을 갖는다. 그러나 몇몇 이론가들은 직접적인 생명의 탈취를 정당화하기 위해 사용한 상실의 원칙에 문제가 있음을 발견했다. 전통적인 자연법 윤리학자들은 생명, 출산, 지식 그리고 사회성의 가치에 관하여 절대적인 입장을 취하며 그 가치들은 어떤 이유로도 직접 침해될 수 없다고 주장한다. 그러나 상실의 원칙은 생명의 직접적인 탈취를 허용하기 때문에 몇몇 자연법 윤리학자들조차 절대적인 생명 가치의 침해라고 본다. 전시의 살인과 자기 방어로 인한 살인은 이러한 행위의 직접적인 의도가 국가를 보호하거나 자신의 생명을 보호하는 것이라고 주장할 수 있기 때문에 이중 효과의 원칙에 의해 정당화될 수 있다. 그러나 이중 효과의 원칙이 사형을 정당화할 수는 없다. 왜냐하면 사형은 오직 생명의 직접적인 탈취로 간주될 수 있기 때문이다. 여기서 만약 사형에 의한 생명의 탈취가 정당화되려면 상실의 원칙을 요구하여야 한다. 사형은 전통적 자연법 윤리학자에 의해 도덕적으로 허용될 수 있는 것으로 간주되었기 때문에 사형에는 상실의 원칙과 같은 원칙이 적용되어 행해졌다. 상실의 원칙이 자연법 도덕 이론에 합법적인지 또는 자연법 윤리학 논증에서 상실의 원칙을 사용하는 것이 그 이론에 일관적인지의 여부를 고려하는 것도 흥미 있는 문제일 것이다.

(2) 기준 2: 신빙성

필자는 신빙성에 관하여 자연법 윤리학에 상대적으로 낮은 점수를 주었다. 이미 보았듯이 하나의 도덕 이론은 자연법 도덕 이론이 산출하는 도덕 판단과 우리가 이미 가지고 있는 도덕 판단에 관한 도덕적 신념을 비교함으로써 부분적으로 평가될 수 있다. 자연법 윤리학은 확실히 우리들 대부분이 받아들이기 어려운 몇 가지 도덕 판단들을 산출한다. 우리들의 도덕 판단이 잘못된 것일 수 있기 때문에 우리의 반론이 결정적인 것은 아니지만 이러한 비교는 매우 중요하다. 자연법 윤리학이 만들어 내는 불합리한 이러한 판단들은 두 가지 근본적인 범주로 구분된다.

첫째, 어떤 결정이 내려지는가에 관계 없이 인명을 잃게 되는 "생명 대 생명"의 상황에서 자연법 윤리학은 결코 무고한 사람을 직접 살해해서는 안 된다고 가르친다. 비록 그 결과가 더 큰 생명의 손실을 가져온다고 하더라도 말이다. 예를 들어 자연법 윤리학자의 주장에 의하면 한 개인을 구명 보트에서 밀어내는 행위와 모든 사람이 빠져죽게 내버려 두는 행위 중에서 하나만을 선택해야 할 때 우리는 두번째 행위를 선택해야 한다. 시민들을 폭격하여 전쟁을 단축시킴으로써 더 많은 생명을 구하는 행위와 시민들을 폭격하지 않음으로써 더 큰 생명의 손실을 가져오는 행위 중에서 하나만을 선택해야 할 때 우리는 또한 두번째 행위를 선택해야 한다. 마지막으로 낙태하지 않는다면 산모와 태아가 모두 죽게 된다고 하더라도 자연법 윤리학은 이중 효과의 원칙이 적용될 수 없다면 낙태는 부도덕하다고 가르친다. 이러한 결론은 많은 사람들에게 신빙성이 없는 것으로 보이며 심지어 냉혹한 것으로 보인다. 그러나 그러한 결론은 자연법 윤리학의 절대주의적 특성 즉 근본적인 가치는 어떠한 경우에서든 직접 침해되어서는 안 된다는 관점으로부터 나온다.

둘째, 자연법 윤리학은 종종 인간 특유의 가치보다 육체적 또는 생물학적 가치에 더 크거나 동등한 중요성을 부여함으로써 그러한 가치를 지나치게 강조한 것으로 보인다. 이러한 경향에 관하여 가장 광범위하게 알려진 예는 결혼에서 출산을 강조하는 경우이다. 전통적 자연법 윤리설에 의하면 결혼의 우선적인 기능은 출산이며 두번째 기능이 동반자적 정신이다. 즉 1차적 강조점은 인간과 동물이 공유하는 기능인 생물학적 재생산 기능에 있다는 것이다. 사랑의 능력이나 입장 표명의 능력과 같은 인간 특유의 성질에 대해서는 부차적인 지위가 주어진다. 이러한 관점은 우리가 옹호했던 자연법 윤리학의 형식과 일관되는 것이 아니다. 자연법 윤리학의 형식에 따르면 생물학적 가치와 인간 특유의 가치는 똑같이 중요하다. 그러나 피임은 출산의 가치에 대한 직접적인 위반이기 때문에 우리가 제시한 자연법 윤리학의 개념은 피임을 금지한다. 대부분의 사람들은 아마도 부부가 사랑의 관계를 더욱 원만하게 하기 위해서는 출산의 가치를 위반할 수도 있고 또한 이미 낳은 자식들을 더욱더 잘 보살피기 위해서도 출산의 가치를 위반할 수 있다고 생각할 것이다. 왜 출산이 결코 위반될 수 없는 가치이어야 하는가?

많은 현대 자연법 윤리학자들은 인간 특유의 가치가 생물학적 가치보다 우선되어야 한다는 것에 동의한다. 그들은 전통적인 자연법 윤리설을 지나치게 "물리주의적인 것"이라고 비판하거나 또는 인간의 행위를 육체적 또는 생물학적인 견지에서 이해하는 **물리주의**(physicalism)의 특성을 나타낸다고 비판한다.[6]

---

6) C.E. Curran, "Natural Law and Contemporary Moral Theology", in

또한 어떤 자연법 윤리학자들은 자연법 윤리설에 대한 해석이 생명이나 출산과 같은 육체적인 가치나 생물학적인 가치에 더 중점을 두거나 동등한 중요성을 부여한다고 해서 그 해석을 지나치게 물리주의적인 것으로 간주한다. 예를 들어 이들은 결혼에 있어서 사랑(사회성)과 자식의 적절한 양육(지식)이 더 많은 자식을 출산할 어떤 의무보다 우선된다고 주장할 수 있다. 마찬가지로 이들은 의미 있는 교제(사회성) 능력에서 볼 수 있는 삶의 성격에 관한 관심으로 인해 사례 1에서 제시된 것과 같은 상황—사례 1에서는 회계사가 악성 종양으로 죽어가고 있었다—에서의 안락사를 정당화할 수도 있을 것이다. 동일한 종류의 추론에 의해 불임 수술, 동성 연애, 자위 행위 그리고 다른 많은 행위들에 대한 전통적인 자연법 윤리학의 금지 조항 역시 역전될 수 있다. 이러한 재구성이 자연법 윤리학과 양립할 수 있는지의 여부를 결정하는 것은 독자에게 맡긴다.

(3) 기준 3: 유용성

나는 유용성에 관하여 자연법 윤리학에 "보통"보다 좀더 좋은 점수를 주었다. 사람들이 도덕적 문제에 관해 분명히 생각하게 하고 어려운 상황에서 결론에 도달하는 데 도움을 주기 위해 도덕 이론은 도덕적 논쟁을 해결하기 위한 명백하고 그럴 듯한 방법을 제공해야 한다. 자연법 윤리학은 이러한 점에서 어느 정도 성공적이었다. 자연법 윤리학자들은 일반적으로 중요한 대부분의 윤리적 문제에 동의한다. 그러나 종종 근본적 가치가 위반되었는지의 여부를 결정하기가 어려운 경우도 있다. 이것은 자연법 도덕 이론의 유용성을 손상시킨다. 기본적 가치는 결코 직접 위반되어서는 안 되지만 이중 효과의 원칙이 적용될 때는 간접적으로 위반될 수도 있다는 것을 상기해야 한다. 그러나 우리는 동성 연애의 도덕성의 경우처럼 하나의 근본적 가치를 직접적으로 위반하였는지 아니면 간접적으로 위반하였는지의 여부를 결정하기 어려운 경우가

Contemporary Problems in Moral Theology (Notre Dame, Ind.: Fides, 1970), 97~158면 참조.

있음을 알고 있다. 또한 우리는 비록 많은 철학자들이 동의하지 않는다고 하더라도 동성 연애와 그 외의 성적인 "일탈"(deviation)이 어떻게 해서 자연법에 대한 간접적인 위반으로 간주될 수 있는지를 살펴보았다.

(4) 기준 4: 정당성

필자는 정당성에 관하여 자연법 윤리학에 매우 낮은 점수를 주었다. 자연법 윤리학은 예수의 출현 이후 종교와 관련되어 있었기 때문에 우리는 자연법 윤리학자들이 신의 의지나 신의 계시에 호소함으로써 자연법 윤리학의 도덕 규준을 정당화하려고 했을 것이라고 가정할 수 있다. 그러나 유태교와 가톨릭의 전통은 인간들이 구체적인 종교적 계시를 받아들이든 그렇지 않든간에 자연적인 이성의 사용으로 인해 윤리적인 진리가 모든 인간에게 유용하다고 주장한다. 유태교에서 안식일을 지키는 것이나 기독교에서 성찬에 참여하는 것과 같은 종교적 명령은 오로지 계시로부터 도출된다. 그러나 그러한 특수한 명령을 제외하면 우리가 어떻게 살아야 하는지를 알기 위해서 계시가 반드시 필요한 것은 아니다. 신의 지혜가 윤리적 진리의 궁극적 근거일 수 있다고 해도 우리는 구체적인 종교적 근거와 관련시키지 않고서도 윤리적 진리를 알 수 있다.

그렇다면 모든 사람에게 동등하게 유효한 윤리적 진리에 대한 지식의 근거는 무엇인가? 그것이 바로 인간성 또는 더 구체적으로 인간의 자연적 경향성이라고 하는 이론에 대해 고찰했었다. 그러나 우리는 이러한 자연적 경향성이 어떻게 알려지는지 또는 그러한 경향성이 어떻게 윤리적 진리를 수립하는지를 설명하지는 못했다. 자연법 윤리학의 기초에 대한 한 가지 설명을 고려해 보자.[7]

우리는 윤리학과 필연적으로 관련되어 있지는 않지만 우리들의 사고에 깔려 있는 몇 가지 원칙 또는 규범을 고려함으로써 시작할 수 있다.

---

7) J. Finnis, *Natural Law and Natural Rights*(Oxford: Clarendon,1980), 59~75면 참조.

예를 들어 과학에서는 자연에 나타나는 모든 현상들의 이유가 무엇인지를 알지 못한다고 하더라도 그러한 현상들에는 적절한 이유가 있다고 생각한다. 또한 논리학에서는 자기 부정적 명제(self-refuting thesis)는 포기되어야 한다고 생각한다. 감각 지각(sense perception)에서는 우리가 환상을 경험하고 있다고 믿을 이유를 가지지 않는 한 우리들이 보고 있는 사물들은 실재하는 것이라고 생각한다. 하지만 그러한 원칙들은 입증될 수 없다. 왜냐하면 그러한 원칙들은 가능한 모든 증명에 전제되는 것이기 때문이다. 그러나 그러한 원칙들이 입증될 수 없다고 하더라도 그것들은 과학적 탐구를 해보았거나 실제로 살면서 경험해 본 사람들에게는 명백히 타당하다. 그러한 원칙들을 부정하는 것은 지식 추구의 자격을 스스로 포기하는 것이다. 이러한 의미에서 그러한 원칙들은 자명하다.

몇몇 자연법 윤리학자들은 확실한 윤리적 논제들이 우리의 행위에 동일한 방식으로 기초되어 있다고 주장한다. 특히 우리는 우리의 가치 있는 행위 안에 생명, 출산과 자녀 양육, 사회성 그리고 지식이라는 가치가 존재한다고 가정한다. 이러한 가치들의 자명성을 깨닫게 하는 방법 중의 하나는 이러한 가치들을 부정하는 사람은 자신을 스스로 부정하고 있다는 것을 발견하게 해주는 것이다. 우리는 이러한 주장을 지식이란 좋은 것이 아니라는 회의주의적 주장의 자기 부정(self refutation)을 보여줌으로써 설명할 수 있다. 어떤 자연법 윤리학자는 다음과 같은 방식으로 회의주의적 주장에 존재하고 있는 모순을 이야기한다.

> 합리적 논의에 대한 중대한 공헌을 의도하여 회의주의적 주장을 하는 사람도 암암리에 자신의 주장을 가치 있게 하고 또한 자신의 주장을 참된 주장으로 만들어 주는 명제를 옳다고 생각한다. 그렇다면 그는 진리란 추구할 가치가 있고 알 가치가 있는 좋은 것이라는 명제를 지지하고 있는 것이다. 그러나 그의 원래 주장의 의미는 엄밀히 말하면 진리란 추구하고 알 가치가 있는 좋은 것이 아니라는 것이었다. 따라서 그는 암암리에 모순적인 신념을 지지하고 있는 셈이다.[8)]

8) 같은 책, 74~75면.

몇몇 자연법 윤리학자들은 비록 그 논증들을 상세하게 풀어 설명하지는 못한다고 하더라도 다른 기본적 가치들에 관해서도 비슷하게 표현할 수 있다고 믿는다.

중요한 점은 자연법 윤리설의 이러한 해석에 따르면 우리가 어떤 것을 추구하려는 자연적 성향을 가지기 때문에 그것이 좋은 것은 아니라는 것이다. 오히려 우리는 그것이 좋기 때문에 그것을 추구하려는 자연적 성향을 가진다. 자연적인 성향은 우리가 추구하고자 하는 그러한 좋은 것들에 대한 척도(indicator)이다. 그러나 만일 우리의 인간성이나 일반적인 인간의 조건이 다르다면, 우리는 다른 선들을 추구할지도 모른다는 것 역시 사실이다.

지식이 하나의 선이라는 논증을 우리가 받아들인다고 하더라도 자연법 윤리학의 다른 세 가지 가치에 관한 유사한 논증들이 쉽게 납득되지는 않는다. 그리고 그 논증들은 이러한 가치들이 결코 위반될 수 없다는 것, 예를 들어 출산이라는 선이 이미 태어난 자녀의 더 나은 양육을 위해 위반될 수 없다는 것을 확립시키지 못한다. 달리 말하면 절대주의라는 말이 사용되는 다음 두 가지 의미에서도 자연법 윤리학자는 자신의 입장을 규정하는 절대주의를 고수하는 것이 어렵다는 것이다. 즉 그들은 자연적 성향들을 확인할 때에도 어려움에 부딪치고 이러한 성향들에 의해 구체화된 가치들이 객관적으로 타당하다는 것을 확립할 때에도 곤란을 겪을 수밖에 없다. 그들은 또한 자연법 윤리학의 가치들이 결코 위반될 수 없다는 것을 확신시켜 줄 때에도 어려움을 겪는다. 따라서 자연법 윤리학의 가치들이 모든 사람에게 명백하고 객관적으로 타당하다는 자연법 윤리학자의 주장은 입증되지 않았다.

내용 요약

일부의 자연법 윤리학자들은 사형과 같은 직접적인 생명의 탈취를 정당화하기 위해 상실의 원칙을 사용하는 전통적인 자연법 윤리설이 일관적이지 않다고 생각한다. 자연법 윤리설도 몇 가지 중요한 점에 있어서는 이미 가지고 있는 우리의 도덕적 신념과 일치하지 않는다. 첫째, 자연법 윤리설은 생명이란 결코 탈취될 수 없다고 주장하는데 이것은 우리가 이미 가지고 있는 도덕적 신념과 일치하지 않는다. 예를 들어 우리들은 대부분 산모와 태아 모두가 위태로울 때 낙태를 시켜야 한다는 것에 동의한다. 둘째, 자연법 윤리학은 또한 생물학적 가치가 인간 특유의 가치보다 더 중요하다거나 동등하다고 강조하기 때문에 사람들 대부분의 도덕적 신념과 불일치한다. 생물학적 기능 또는 물리학적 기능의 견지에서 인간의 행위를 이해하려는 이러한 경향을 **물리주의**라고 부른다.

자연법 윤리학의 유용성은 때때로 하나의 근본적 가치를 언제 직접 위반했는지를 결정하기 어렵다는 사실로 인해 한계를 가진다. 자연법 윤리학자들 역시 자신들의 근본적 가치를 정당화하는 데 어려움을 느낀다. 이들은 종종 자연법 도덕의 기본적 가치들을 모든 인간의 행위에 필수적으로 가정된 것이라고 논증함으로써 정당화하려고 한다. 그러나 이러한 논증은 완전히 수행되지 않았다. 더구나 이러한 논증은 기본적 가치들이 결코 위반될 수 없다는 것도 또한 보여주지 못한다.

6 공리주의 윤리학

1958년과 1959년 《뉴 잉글랜드 의학지》는 뉴욕 주에 있는 스테이튼 아일랜드의 지진아(遲進兒)를 위한 시설인 윌로우부룩 시립 특수 학교의 재학생과 신입생을 대상으로 시행된 일련의 실험 결과를 보고했다.[1] 이 실험은 간염에 대한 면역 실험으로서 감마 글로브린의 유용성 확증과 간염의 혈청 개발 그리고 간염에 관한 그 밖의 더 많은 것을 알기 위해 시도한 실험이었다. 이 특수 학교의 학생들은 이미 낮은 수준의 유행성 간염에 걸려 있었다. 연구자들은 아이들이 미성년자인 동시에 지진아였기 때문에 부모들의 동의를 얻었다. 아이들은 간염의 정도에 따라 다양한 간염 치료 주사와 다양한 강도의 감마 글로브린 접종을 받은 후에 실험 집단과 조절 집단으로 구분되었다. 일부의 감마 글로브린

1) R. Ward, S. Krugman, J.P. Giles, A.M. Jacobs, and O. Bodansky, "Infectious Hepatitis: Studies of Its Natural History and Prevention", in *New England Journal of Medicine* 258(1958. 2. 27), 제9호, 407~416면과 "Infectious Hepatitis: Detection of the Virus during the Incubation Period and Clinically Inapparent Infection", in *New England Journal of Medicine* 261(1959. 10. 8), 제15호, 729~734면 참조.

접종은 허용된 수준보다 낮은 강도였다. 병에 걸린 아이들은 평범한 징후(간의 팽창, 구토, 식욕 감퇴)를 겪었으나 모두 치료되었다.

이 실험이 보도된 후 얼마 되지 않아 격렬한 논쟁이 일어났다. 많은 사람들은 아이들을 도덕적으로 용납될 수 없는 방식으로 "사용했다"고 항의했다. 그러나 실험을 시행한 사람들은 아이들이 어떤 방식으로든 바이러스의 위험을 겪게 되었을 것이라는 점과 아이들 중 어느 누구도 죽지 않았다는 점 그리고 이러한 실험으로부터 가치 있는 의학적 지식을 획득할 수 있었다는 점 등을 지적했다. 전체적인 인간 복지의 견지에서 판단하건대 이 실험은 훌륭한 것으로 보인다.

이러한 논증이 호소력이 있다고 생각하는 사람들은 공리주의자이다. 어떤 행위의 도덕적 지위를 결정할 때 공리주의가 제기하는 기본적인 물음은 다음과 같다. "이러한 행위는 전체적으로 더 커다란 인간의 복지를 산출하는가?" 일부 공리주의자들은 동물의 복지도 포함시키지만 공리주의자에게 인간의 복지는 유일한 선이다. 어쨌든 공리주의자는 모든 사람의 복지를 동등하게 고려한다. 따라서 공리주의는 이기주의와 이타주의의 중간 방식이다. 이기주의자는 오직 자신의 행복에만 관심을 가지며 이타주의자는 타인의 행복에만 관심을 갖는다. 공리주의자에게 있어서 자신의 복지는 타인의 복지보다 더 중요하지도 덜 중요하지도 않다.

공리주의는 18세기 영국에 그 기원을 두며, 19세기 영국 특히 벤담(J. Bentham)과 밀(J. S. Mill)에 의해 꽃을 피웠다. 공리주의는 영국과 미국의 자유주의적 입법에 크게 영향을 미쳤으며 아마도 오늘날 대부분의 비기독교 휴머니스트의 기본적인 도덕 철학이라고 할 수 있을 것이다.

공리주의는 서구 문화에서 가장 강력하고 설득력 있는 도덕 철학들 중의 하나이다. 사실 안락사에 대한 논쟁과 같은 많은 도덕적 논쟁들은 공리주의와 전통적인 유태-기독교적 도덕 사이의 갈등으로 이해될 수 있다. 유태-기독교적 이론가들은 일반적으로 수동적 안락사(예를 들면 생명을 연장하는 데 필요한 약물 치료의 금지)가 때로는 허용된다고 하더라도 능동적인 안락사(예를 들면 극약의 투여)는 비난한다. 그들의 추론은 신이 인간의 생명을 창조했으며 신만이 인간의 생명을 직접 빼앗을 특권을 가진다는 신념에 근거한다. 그러나 만일 신의 존재를 믿지 않는 사람에게는 어떻게 되는가? 또한 인간의 생명이 오로지 무의식적인 힘의 산물이라고 믿는 사람들과 세상에서 유일한 가치의 근거는 인간의 현존이라고 믿는 사람들에게는 어떤가? 그렇다면 오직 유일한 선은 인간의 복지라고 결론짓는 것은 자연스러워 보인다. 만일 어떤 사람이 불치의 암에 걸려 죽어가고 있다고 하자. 자신과 자신을 사랑하는 사람들에게 오직 고통만을 주며 그러한 고통으로부터 벗어날 수 있는 식별 가능한 선이 하나도 없다면 그는 왜 자신의 생명을 끊어서는 안 되는가? 만일 이러한 행위가 전체적인 인간의 선이나 복지를 최대로 산출한다면 어떤 방법이 옳은 행위를 결정하는 데 더 좋은 방법이 되겠는가? 심지어 종교적 관점을 견지하는 사람들도 사랑의 신이 인간의 복지에 우선적으로 관심을 가지는지의 여부를 물을 수 있다. 일부의 기독교적 공리주의자들은 생명의 존엄성도 인간의 복지와 무관하다면 의미가 없다고 주장한다. 따라서 종교를 가지고 있는 사람과 종교와 무관한 사람 모두에게 있어서 공리주의는 매력 있는 도덕적 입장이다.

제 1 절 공리주의의 도덕 규준

윌로우부룩 시립 특수 학교의 경우와 안락사의 경우에서 우리는 공리주의자가 복지 또는 행복이 행위 결정의 좋은 기준이라고 설득력 있게 주장할 수 있다는 것을 보았다. 그러나 공리주의자들이 소위 **유용성**(utility)이라고 부르는 복지를 어떻게 정의할 것인가? 그리고 인간이 아닌 생물체의 복지에 관해서는 어떻게 되는가?

이러한 문제에 답하기 전에 그리고 공리주의의 규준을 정식화하기 전에 공리주의의 도덕적 사고에서 공통적으로 받아들여진 규칙 – "사람들은 각각 하나로 간주되며 어느 누구도 하나 이상으로 간주되지 않는다" – 을 언급할 필요가 있다. 따라서 도덕적으로 옳은 행위를 결정할 때 우리는 자신의 행위에 의해 영향받는 모든 사람들을 고려해야 한다.

그러나 사람들간의 유용성(복지)은 때때로 양립 불가능하기 때문에 우리가 할 수 있는 최선의 행위는 최대의 유용성을 찾는 일이다. 또한 많은(아마도 대다수의) 공리주의자들은 이제 개별적 행위들에 대한 평가는 이러한 행위에 깔려 있는 일반적 도덕 규칙들의 유용성에 근거해야 하며 행위 그 자체에 근거해서는 안 된다고 믿는다. 이러한 고려 사항 모두를 염두에 둔다면 다음과 같은 방식으로 공리주의의 도덕 규준을 정식화할 수 있다.

> MS : 최대의 유용성을 산출하거나 또는 적어도 다른 행위들(또는 규칙들)보다 많은 유용성을 산출하는 행위들(또는 규칙들)은 옳다.

이제 이러한 도덕 규준의 몇 가지 측면들을 더욱 자세하게 논의할 차례이다.

(1) 유용성에 대한 정의

유용성을 어떻게 정의할 것인가? 어떤 공리주의자는 유용성이 행복 또는 심지어 쾌락과 같은 뜻이라고 주장했다. 그러나 불행하게도 이러한 말은 사람마다 서로 다르게 정의된다. 그리고 만일 우리가 행복이나 쾌락의 개별적인 정의를 구체화한다면 자신의 가치를 타인에게 강요하는 것으로 보인다.

예를 들면 19세기의 유명한 공리주의자인 밀은 인간은 동물이 가지지 못한 능력을 가지고 있으며 우리가 그러한 능력을 인식할 때 어떤 것이든 그러한 능력을 포함해야만 행복으로 간주할 수 있다고 주장했다. 특히 우리는 "단순한 감각적 쾌락보다 지적 쾌락, 정서적 쾌락, 상상의 쾌락 그리고 도덕적 정서(sentiment)의 쾌락에 쾌락으로서의 더 높은 가치"[2]를 부여하지 않으면 안 된다. 밀에 의하면 우리는 이러한 쾌락들이 식욕과 성적 쾌락보다 더 높은 가치를 가진다는 것을 확증할 수 있다. 예를 들면 이러한 두 종류의 쾌락 모두를 경험한 사람에게 어

---

2) J. S. Mill, *Utilitarianism*(New York: Liberal Arts Press, 1957), 10면.

떤 종류의 쾌락을 더 좋아하는지를 물어봄으로써 확증할 수 있다. 당신은 모든 육체적 욕구를 충족했지만 친밀한 인간적 관계나 지적 또는 예술적 관심도 없고 또한 쾌락 이외의 어떠한 목적도 가지지 못한 사람과 입장을 바꾸기를 진실로 원하는가? 우리들은 대부분 밀의 주장과 같이 만족하는 돼지보다 불만족스러운 소크라테스가 되는 것이 더 좋다고 결론지을 것이다.

그러나 지적 쾌락과 성적 쾌락 모두를 경험해 보지 못한 사람들까지도 항상 후자보다 전자를 선택한다고 할 수는 없다. 소설가 로렌스(D. H. Lawrence)에 의하면 우리는 성적 행위를 통해 다른 사람과 가장 의미 있게 연관되며 사태의 본성과 가장 깊은 교제 관계를 맺는다. 그래서 밀 스스로도 인정했듯이 우리가 말할 수 있는 최선의 것은 다양한 종류의 쾌락을 경험한 대다수의 사람들은 항상 지적인 쾌락, 정서적인 쾌락, 상상의 쾌락을 좋아한다는 것이다. 그러나 그렇다고 하더라도 다수가 옳다는 것을 입증했는가? 공리주의자는 실제로 임의성을 개입시키지 않고서는 유용성을 "더 높은" 쾌락이라는 용어로 정의할 수 없는 것으로 보인다.

유용성을 한 개인이 가지는 선호(preference)나 욕구(desire)의 만족으로 정의하는 것이 더 좋을 수도 있다. 그러나 이러한 정의는 너무 광범위하고 관대한 정의이다. 살인광 잭슨은 살인을 함으로써 자신의 선호를 만족시킨다. 공리주의자는 자신의 선호가 생명을 보존하려는 희생자의 욕구와 상충한다고 하더라도 자신의 선호의 만족을 촉진시켜야 하는가?

이미 보았듯이 공리주의자에게 있어서 선호의 만족 역시 어떤 의미에서는 하나의 "선"으로 고려되어야 한다. 그러나 그것이 공리주의자가 의도하는 선일 필요는 없다. 공리주의자의 목적은 선호의 최대 만족이다. 일부의 욕구는 예를 들어 암 치료 전문가가 되려는 욕구는 적어도 잠재적으로 타인의 욕구의 만족에 즉 암에 걸린 사람들의 욕구의 만족에 기여한다. 우리가 가지는 대부분의 욕구는 타인의 욕구 만족과 관련시켜 볼 때 상대적으로 중립적이다. 따라서 방과 후에 아이스크림을 사먹으려는 욕구는 집으로 돌아가려는 다른 사람들의 욕구에 기여하지도 방해하지도 않는다. 그러나 살인광 잭슨의 욕구와 같은 타인의 욕구는 역시 자신의 욕구를 만족시키려는 타인들의 능력을 감소시킨다. 이러한 선호나 욕구의 범주는 만족에 대한 요구에 따라 다음과 같이 분류될 수 있는데 가장 높은 요구를 가지는 선호로 시작한다.

1. 타인들의 선호 만족에 기여하는 선호 만족
2. 타인들의 선호 만족에 중립적인 선호 만족
3. 타인들의 선호 만족을 감소시키는 선호 만족

선호 만족의 범주들을 하나의 등급 체계로 정리할 때 공리주의자가 욕구 만족의 최대량을 성취하기를 원한다면 우리는 위의 1, 2의 범주로 선호 만족을 의도해야 한다는 것을 알 수 있다. 유용성을 정의하는 문제에 대한 이러한 해결에 난점들이 있음에도 불구하고 이것은 첫번째 시도에 포함된 임의성의 문제를 피할 수 있다. 그래서 필자는 유용성을 선호 만족 또는 욕구 만족의 최대량으로 정의할 것이다.

(2) 유용성의 양과 배분

도덕 규준에 의해 일어나는 두번째 문제는 유용성의 양과 관계가 있다. 유용성의 양은 유용성의 **총량**이나 유용성의 최대 **분배**와 관련된다. 다음 표에 나타난 상황을 고려해 보자.

행위	관련된 사람의 수	개인당 유용성의 단위	유용성의 총량
행위 1	2	100	200
행위 2	50	2	100

행위 1은 오직 두 사람에게 영향을 주지만 두 사람에게 각각 유용성의 단위 100을 부여하며 다른 사람에게는 아무런 영향도 미치지 않는다.

그러나 유용성의 총량이 200이라는 것을 주목하자. 행위 1의 대안은 50명에게 영향을 주지만 그들 각각에게 오직 2라는 단위의 유용성을 제공한다. 유용성의 최대량을 산출하고 있는 행위는 광범위한 분배를 산출하지 못한다. 그리고 가장 광범위한 분배를 산출하는 행위는 최대량을 산출하지 못한다. 어떠한 행위를 해야 하는가? 이 문제를 공리주의와 연관시켜 해결하는 유일한 방법은 유용성의 최대량을 산출하는 행위를 수행하는 것이다. 만일 그 이외의 다른 것을 선택한다면 우리는 기본적인 공리주의의 도덕 규준에 유용성의 분배와 관련되어야 하는 다른 도덕 규준을 덧붙이고 있는 것이다. 이러한 부가 사항은 공리주의의 입장에 심각한 비일관성을 가져오게 하므로 대부분의 공리주의자들은 그러한 것을 피해야 한다고 주장한다. 그럼에도 불구하고 유용성의 분배를 직접 고려하지 않는다면 정의(justice)에 대한 통상적인 기준과 공리주의는 양립 가능한가라는 의문이 제기된다. 나중에 이 문제에 대해 다시 언급할 것이다.

(3) 동물의 지위

이 절의 세번째 문제와 마지막 문제는 선호를 가진 존재의 유형과 관련된다. 만일 공리주의가 선호의 만족을 그 자체로 유일한 선으로 여긴다면 왜 인간의 선호만이 고려되어야 하는가? 다른 동물들은 선호 또는 적어도 욕망이나 욕구를 가지지 못하는가? 밀은 행복은 인간뿐만 아니라 "사물들의 본성이 인정되는 한 감각적인 피조물 전부에게"[3] 보장되어야 한다고 말했다. 이것은 인간이 아닌 다른 동물의 행복도 인정한 것이다. 선호 만족이라는 개념을 사용해도 이 점은 동일하다.

동물에 대한 고려를 가장 설득력 있게 그리고 감동적으로 옹호한 사람은 현대 공리주의의 창시자인 벤담이다. 영국인의 일부를 이루는 흑인 노예들을 마치 오늘날 우리가 동물을 다루는 방식으로 취급했을 때 벤담은 다음과 같이 서술했다.

3) 같은 책, 16면.

> 인간을 제외한 동물들이 폭군이 아니고서는 결코 빼앗아 갈 수 없는 권리를 획득할 날이 올지도 모른다. 프랑스 사람들은 피부가 검다는 것이 한 인간에게 고통을 주고도 보상 없이 방치해도 좋은 이유가 되지 않는다는 것을 이미 발견했다. 다리의 수, 피부의 털, 꼬리뼈의 생김새가 감각적인 존재를 동일한 운명에 처하게 할 만한 충분한 이유가 아니라는 사실을 언젠가는 깨닫게 될 것이다. 그 외에 무엇이 뛰어넘을 수 없는 경계선이 되겠는가? 이성의 능력인가? 또는 대화의 능력인가? 그러나 충분히 성장한 말이나 개는 갓난 아기와는 비교할 수 없을 정도로 합리적이고 말이 더 잘 통한다. 그렇지 않다고 하더라도 무엇이 더 필요한가? 문제는 그들이 사유할 수 있는지 또는 말할 수 있는지가 아니라 그들이 고통을 느낄 수 있는가 하는 것이다.[4]

여기서 벤담은 고통을 느끼는 능력과 쾌락을 느끼는 능력을 한 존재가 공리주의적 관점으로부터 고려될 수 있는지에 대한 자격 조건으로 삼는다. 고통과 쾌락을 느끼는 능력은 언어 구사 능력 또는 더 고차원적인 수학 풀이 능력과 같은 특성이 아니며 이러한 능력은 윤리적 고려사항에 관한 어떤 주장을 하기 위한 전제 조건이다. 돌멩이는 엄밀히 말하면 고통과 쾌락을 느낄 수 없기 때문에 그러한 주장을 하지 못한다. 동물들은 고통과 쾌락을 느낄 수 있기 때문에 그러한 주장을 할 수 있다. 그러므로 공리주의 계산법에서 인간만을 고려해야 한다는 당위성은 없다.

동물의 권리를 옹호하는 공리주의자인 싱어는 인간 중심의 윤리학을 “종족 차별주의”(speciesism)[5]라고 칭했다. 백인들이 흑인의 이해 관계를 백인의 이해 관계와 동일한 것으로 간주하지 않았던 것과 마찬가지로 종족 차별주의자들은 동물들을 고려의 대상으로 보지 않는다. 인간들은 동물보다 뛰어난 자의식과 미래를 예상하는 능력을 가지고 있기 때문에 동물보다 더 심한 고통을 느낄 수 있다. 그러므로 인간의 이해 관계는 흔히 동물의 이해 관계보다 더 중요하게 취급된다. 그럼에도 불

4) J. Bentham, *Introduction to the Principles of Morals and Legislation*, 17장, 1절, 각주. 이것은 P. Singer, *Practical Ethics*(Cambridge Mass.: Cambridge Univ. Press, 1979), 49~50면에서 인용했다.

5) P. Singer, *Practical Ethics*, 3장.

구하고 동물의 권리를 옹호하는 사람들의 주장에 따르면 동물의 고통도 동등하게 계산되어야 한다. 따라서 공리주의적 계산에서도 행위 또는 규칙의 도덕성을 고려할 때에는 동물의 고통 또는 쾌락 역시 동일한 정도이거나 동일한 강도인 한 인간의 고통 또는 쾌락과 동등하게 계산되어야 한다. 이러한 입장은 육식, 동물 실험, 모피 코트, 사냥과 서커스, 동물원 그리고 애완용 동물 사업을 위해 동물을 잡는 문제 등등에 관해서도 상당한 함축성을 가진다.

제 2 절 행위 공리주의와 규칙 공리주의

공리주의 이론에서 가장 빈번하게 논의되는 문제들 중의 하나는 행위 공리주의와 규칙 공리주의간의 차이이다. 공리주의에 대한 이러한 두 가지 해석을 적용할 때 그 차이를 이해하기가 쉽지 않기 때문에 한 가지 예를 가지고 시작해 보기로 하겠다.

체육과 4학년인 철수는 자신이 철학 과목에서 10점이 미달되어 학점을 받지 못한다는 것을 알게 되었다. 학점을 얻지 못하면 졸업을 할 수도 없고 그에게 보장된 코치직도 맡을 수 없다. 그는 교수를 찾아가서 다음과 같이 하소연했다.

> 만일 교수님께서 저에게 10점을 더 주신다고 하더라도 저는 아무에게도 그 말을 하지 않을 것입니다. 점수를 더 주었다는 사실이 교수님과 저 모두를 다치게 하리라는 것을 알고 있기 때문입니다. 저는 결혼도 했고 사내 아이도 하나 있습니다. 저는 곧 학교를 졸업하게 되며 제가 몸담게 될 직장은 다른 도시에 있습니다. 제가 졸업을 하지 못하게 되면 예정된 직장을 잃게 되고 저의 가족과 저는 상당한 어려움을 겪게 될 것입니다. 사실 저는 중퇴를 해야 할지도 모릅니다. 왜냐하면 돈이 없기 때문입니다. 저는 가능한 한 최선을 다해 공부를 했습니다. 그러나 저는 철학이 이해하기 힘들다는 것을 알았습니다. 그리고 저는 일주일에 40시간을 일했습니다. 그 때문에 이번 학기는 저에게 매우 힘들었습니다.

당신이 교수이고 철수의 이야기가 사실이라는 것을 알고 있다고 생각해 보자. 당신의 관심은 단순히 자신의 이익 보호가 아니라 관련된 모든 사람들 전체의 최대 유용성(greatest total utility)을 산출하는 행위를 하는 데 있다.

당신의 행위는 당신이 행위 공리주의자인지 규칙 공리주의자인지의 여부에 달려 있다.

> **행위 공리주의**(act utilitarianism)는 어떤 행위의 도덕성을 그 행위 자체가 최대의 유용성 또는 적어도 다른 행위보다 많은 유용성을 산출하는지의 여부에 의해 판단한다.
> **규칙 공리주의**(rule utilitarianism)는 어떤 행위의 도덕성을 그 행위에 전제된 도덕 규칙이 일반적으로 도출된다면, 그 규칙이 최대의 유용성 또는 적어도 다른 규칙보다 많은 유용성을 산출하는지의 여부에 따라 판단한다.

공리주의에 대한 이러한 두 가지 해석은 제시된 사례와 같은 구체적인 경우에 어떠한 결론을 가져오는가? 행위 공리주의를 적용한다면 교수는 두 가지 대안 중에서 어떤 행위가 그러한 구체적 상황에서 더 많은 유용성을 산출하는지를 결정함으로써 철수에게 10점을 더 줄 것인지 주지 않을 것인지를 결정한다. 그러한 결정을 하려면 그 교수는 관련된 모든 사람들이 두 가지 대안에 의해서 어떤 영향을 받는지를 고려해야 한다.

우리는 다음과 같이 논증할 수 있다. 즉 행위 공리주의에 따르면 교수는 철수에게 10점을 더 주어야 한다. 그 학생이 비밀을 지킬 것이라고 가정한다면 교수는 아마도 꺼림칙한 죄의식을 제외하고는 어떠한 부정적인 결과도 겪지 않을 것이다. 만일 교수가 확고한 행위 공리주의자라면 어떠한 양심의 가책도 느끼지 않을 것이다. 왜냐하면 그 자신의 도덕 규준에 의해서 그의 행위를 정당화할 수 있기 때문이다. 그 행위에 직접 관련된 사람들은 철수와 그의 가족들 그리고 같은 과 학생들이다. 만일 철수가 10점을 더 받는다면 철수의 욕구는 만족될 것이다. 그는 졸업하게 되고 약속된 직장도 얻게 된다. 그는 안정된 소득으로 아버지 또는 남편으로서의 역할을 제대로 할 수 있고 가족들은 그 혜택을 받을 수 있게 된다. 그는 점수를 정상적으로 받지 못했다는 것 때문에 긍지를 잃을 수도 있다. 그러나 이러한 손실은 훌륭한 직장을 얻게 되고 자신의 가족을 보살필 수 있다는 사실에 의해 상쇄된다. 그는 또한 그 상황하에서 그가 할 수 있는 최선을 다했다는 것을 기억함으로써 자신의 행위를 정당화할 수 있다. 다른 학생들의 이익은 심각한 정도로 나쁜 영향을 받지 않을 것이다. 교수가 다른 학생들에게 영향을 줄 정도의 높은 점수를 주지 않을 것이라고 생각한다면 과에서의 그들의 성적 순위는 영향을 받지 않을 것이다. 그래서 교수는 철수의 요구를 거절하는 것보다 철수에게 10점을 더 줌으로써 전체의 최대 유용성이 산출된다고 결론내릴 것이다.

규칙 공리주의는 다른 결론에 이른다. 그 차이를 알기 위해서 위의 사례에 포함된 두 가지 대안적 규칙들의 유용성을 비교해야 한다. 그 교수가 철수에게 10점을 더 준다면 그 교수의 행위가 근거하고 있는 규칙은 다음과 같이 정식화될 수 있다.

> 교수들은 학생들의 성적이 아니라, 학생들의 요구에 따라 점수를 부여해야 한다.

만일 교수가 10점을 더 주지 않는다면 이 행위가 근거한 규칙은 다음과 같이 정식화될 수 있다.

> 교수들은 학생들의 요구가 아니라 성적에 따라 점수를 부여해야 한다.

규칙 공리주의자는 "두 가지 일반적 규칙 중의 어느 것이 최대 유용성을 산출할 것인가?"라고 묻는다. 그는 두 가지 구체적 행위들의 유용성을 비교하는 것이 아니라 서로 다른 두 가지 규칙의 유용성을 비교한다. 교수들이 일반적으로 학생들의 요구에 따라서 점수를 매기는 것과 성적에 따라 점수를 매기는 것 중 어느 것이 더 많은 유용성을 산출하는가?

우선 성적보다 학생들의 요구에 따라 점수를 매기는 일반적 규칙의 결과를 살펴보자. 만일 이러한 규칙이 광범위하게 적용된다면 점수라는 것은 상대적으로 무의미해진다. 다른 교수들과 회사의 경영자들은 학생들의 참된 학문적 성과를 알아 보기 위해서 그들의 성적표를 참조할 수 없게 될 것이다. 그들은 다음과 같은 의문을 제기하는 데 많은 시간을 소비하게 될 것이다. "우리는 교수님이 맡은 과목에서 철수가 A학점을 받았다는 것을 알고 있습니다. 그러나 정말 철수가 A학점을 받을 자격이 있습니까?" 성적표는 이제 더 이상 신빙성을 가지지 못할 것이다. 이러한 사실은 학업에 최선을 다하고자 하는 학생들의 동기를 감소시키게 되며 학생들은 자신들의 학문적 성취에 대해 더욱더 쉽게 그들의 부모와 선생님과 친구들과 미래의 고용자들을 속일 수 있다.

교수들이 성적에 근거하여 점수를 매긴다면 적어도 위와 같은 난점은 없어진다. 성적에 의해 점수를 결정하는 현재의 체계가 결점이 없는 것은 아니지만 학생들의 요구에 의해 점수를 결정하는 체계보다는 더 많은 유용성을 산출한다. 그래서 만일 두번째 규칙이 공리주의 도덕 규준에 의해 보다더 정당화된다면 이 규칙은 철수에게도 적용되어야 한다. 철수의 점수는 그의 요구보다 성적에 의해 판단되어야 하며 그의 요구는 거부되어야 한다.

이러한 사례가 제시하는 것처럼 규칙 공리주의는 행위 공리주의와 다르며 보다 그럴 듯한 결론을 가져온다. 또한 규칙 공리주의는 도덕이란 규칙을 따르는 문제이어야 한다는 우리들의 신념의 진가를 올바르게 나타낸다. 즉 규칙 공리주의는 도덕적으로 받아들일 수 있는 행위란 우리가 다른 사람들이 행한 행위를 자발적으로 따르게 되는 행위라는 광범위한 신념과도 일치한다. 이런 이유로 해서 많은 철학자들이 특히 제2차 세계 대전 이후로 행위 공리주의보다 규칙 공리주의를 선호하게 되었던 것이다. 이러한 전통에 따라 우리도 "공리주의"를 "규칙 공리주의"라는 의미로 사용할 것이다. 문제가 될 때에는 행위 공리주의라고 따로 명시할 것이다.

행위 공리주의는 규칙 공리주의의 중요한 보조 역할을 한다. 예를 들어 행위 공리주의는 한 규칙과 다른 규칙의 가장 합리적인 대안이 동일한 양의 유용성을 산출한다고 추정될 때 사용할 수 있다. 그러한 경우에 규칙 공리주의는 결정에 도움을 주는 어떠한 근거도 제공하지 못한다. 만일 두 대안의 기초가 되는 규칙의 유용성을 평가한다고 해도 두 대안 중 어느 대안이 옳은지를 결정할 수 없다면 두 행위 자체의 유용성을 직접 살펴야 한다. 만일 어느 것도 감지할 수 있을 정도의 더 큰 유용성을 가지지 않는다면 공리주의적 도덕 규준에 의해서는 옳고 그름이 결정될 수 없다. 몇몇 도덕적 문제들은 공리주의자에게 둘 이상의 대안들이 동등하게 허용될 수 있음을 보여줄 수 있다.

공리주의자에게는 유용성을 제외한 그 어떤 것도 그 자체로 선한 것은 없으며 비유용성을 제외한 그 어떤 것도 그 자체로 나쁜 것은 없다. 구체적인 행위들과 일반적 규칙들은 결과에 의해 평가되어야 한다. 살인, 강간, 사기, 절도는 어떤 경우이든 그 자체로 그른 것이 아니라 단지 대안적 행위들 이상의 유용성을 산출하지 못하기 때문에 그른 것이다. 만일 두 가지 또는 그 이상의 행위와 규칙들이 동일한 유용성을 가진다면 이들은 동등한 도덕적 가치를 가진다.

제3절 규칙 공리주의의 적용에 필요한 다른 고려 사항들

공리주의의 기본 이념은 단순하다. 즉 규칙과 행위는 유용성을 촉진하면 옳고, 비유용성을 촉진하면 그르다는 것이다. 우리는 이미 이러한 단순한 이념의 적용에 함축된 몇 가지 의미를 살펴보았다. 공리주의를 적용하기 시작할 때 우리가 직면하게 될 두 가지 부가적 문제는 (1) 공리주의자가 가장 바람직하다고 인정한 규칙들을 다른 사람들이 준수할 것인지의 여부와 (2) 구체적인 행위에 전제된 규칙을 정식화해 나가는 방법이다.

(1) 다른 사람들도 규칙을 준수할 것인가?

더 높은 점수를 요구하는 학생의 예에서 교수들은 현실적으로 우리가 정식화한 두 가지 규칙들 중 하나를 따르게 되리라고 예상할 수 있다. 이러한 우리의 가정은 매우 타당한 것으로 보인다. 대학 교수들은 아마도 두 가지 규칙들 중 하나를 채택할 것이다. 그러나 어떤 경우에는 합리적으로 상상할 수 있는 상황임에도 불구하고 최대 유용성을 산출하는 규칙이 일반적으로 채택되지 않을 수도 있다. 그렇다고 해도 규칙 공리주의자는 여전히 이상적인 규칙을 준수해야 할 도덕적 의무가 있는가?

우선 요점을 설명하기 위하여 사소한 예를 고려하고 그 다음에 이러한 문제가 얼마나 중요한 것인지를 보여주는 좀더 진지한 예를 고려해 보자. 당신이 강의실로 걸어가고 있는데 지름길은 사람들이 자주 다녀 길처럼 되어 버린 잔디밭을 가로지르는 길이다. 옆에 세워진 표시판에는 "잔디밭에 들어가지 마시오"라고 씌어 있으나 사람들은 대부분 그 표시판을 무시한다. 당신 역시 그 표시판을 무시해야 하는가? 규칙 공리주의의 견지에 따르면 "모든 사람은 잔디밭을 건너 다니지 말고 옆길로 걸어가야 한다"라는 규칙이 "사람들은 원하는 곳이면 어느 곳이나 걸어가도 좋다"라는 규칙보다 더 많은 유용성을 산출할 것이다. 모든 사람이 첫번째 규칙을 따른다면 우리는 단지 사소한 불편을 겪으면 되지만 캠퍼스는 외관이 더욱 산뜻해지고 정원사들은 보수를 되풀이하는 수고도 덜고 경비도 절감하게 된다. 그러나 당신은 이러한 첫번째 규칙을 따르는 사람이 거의 없다고 믿을 좋은 이유를 가지고 있다. 게다가 행위 공리주의의 관점에 따르면 당신은 다른 모든 사람들과 같이 잔디밭을 건너 다녀야 한다. 당신도 사소한 불편을 피하려 할 것이고 다른 학생들도 보다 손쉬운 길을 택할 것이기 때문에 잔디밭의 다른 부분 역시 지금보다 더 나빠지지는 않을 것이다. 많은 공리주의자는 다음과 같이 말한다. "잔디밭에 들어가지 마시오"라는 규칙을 모두 지킨다면 실제로 더 큰 유용성이 산출됨에도 불구하고 당신은 그 규칙을 모든 사람이 지킬 것이라고 믿을 만한 이유가 있어야 비로소 그 표시판의 경고문을 준수할 의무를 가진다.

더 심각한 예를 고려해 보자. 당신이 다국적 기업의 외국 지사 책임자라고 생각해 보자. 공장은 남아프리카에 있으며 그곳은 여전히 인종 차별이 광범위하게 행해지고 있다. 당신은 근로자를 위해 인종이나 민족에 상관 없이 주택을 제공하려고 한다. 그러나 당신은 그러한 계획이 자신의 사업에 심각한 문제를 야기한다는 것을 알고 있다. 공장은 문을 닫게 될지도 모르며 근로자들은 직장을 잃게 될지도 모른다. 당신은 어떤 사람이 경영 방침을 채택하든 "인종이나 민족과 관계 없이 근로자를 위하여 주택을 제공해야 한다"라는 규칙이 차별 정책을 준수하는 대안적 규칙보다 결국에는 더 큰 유용성을 산출하리라고 확신한다. 그러나 마찬가지로 당신은 이러한 이상적인 규칙을 자유롭게 채택하는 회사가 거의 없다고 확신한다. 그래서 "인종 차별적인 주택 보급 방침만이 인정되는 곳에서는 그러한 실천적인 경영 방침을 채택해야 한다"라는 규칙이 채택될 가능성이 더 많기 때문에 이 규칙이 현실적으로 더 많은 유용성을 산출할 수 있는 규칙이 된다. 그러나 당신은 전통적인 인종 정책을 따름에 있어서 당신이 시행하고자 하는 계획을 심사 숙고해야 한다. 만일 당신이 시행하고자 하는 계획이 타인들로 하여금 자신들의 관행을 재고하게 할 것이라고 생각한다면 당신은 전과 같은 관행을 타파해야 할 것이다.

그러한 환경에서의 일반적 지침은 다음과 같다. 당신이 만약 이상적인 공리주의의 규칙이 일반적으로 지켜지지도 않고, 이상적이지 못한 규칙을 일반적으로 더 많이 채택하기 때문에 그렇게 하는 것이 더 많은 유용성을 산출할 것이라고 믿을 만한 이유를 가지고 있다면 당신은 이상적이지 못한 규칙을 따라야 한다.

(2) 규칙은 어떻게 정식화되어야 하는가?

지금까지 우리는 규칙 공리주의를 마치 오직 하나의 규칙과 하나의 명백한 대안만이 행위의 과정에 전제될 수 있는 것처럼 논의했다. 그러나 많은 행위들은 하나 이상의 규칙에 의해 서술될 수 있다. 이와 연관해서 (1) 공리주의적 관점과 관련된 행위의 모든 특징들을 묘사하는 규칙, (2) 도덕과 무관한 특징들을 묘사하지 않는 규칙, (3) 가능한 한 일반적인 규칙을 사용하는 것이 중요하다. 이 세 가지 지침을 각각 고려해 보자.

첫째, 규칙은 공리주의적 관점과 관련된 행위의 모든 특징들을 묘사해야 한다. 당신이 차를 몰고 고속 도로를 달리고 있는데 잘 익은 사과로 가득 찬 과수원이 보였다고 생각해 보자. 당신은 배가 고픈 상태이고 차를 세워 사과를 몇 개 따먹는 것이 도덕적으로 받아들일 수 있는지를 생각한다. 이 행위에 전제된 규칙은 다음과 같이 서술될 수 있다.

배가 고프면 사과를 따먹어도 괜찮다.

그러나 이 규칙은 그런 상황을 적절하게 서술하지 못하며 따라서 이러한 규칙에 근거해서 도덕적 결정을 내리는 것은 적절하지 못하다. 이 규칙의 가장 명백한 결함은 도덕적으로 관련된 최소한의 사실들을 언급하지 않고 있다는 점이다. 즉 사과의 소유자는 누구이며 그 사과를 소유자의 허락 없이도 따먹을 수 있는지에 대해서 언급하지 않고 있다. 이러한 사실은 일반적인 규칙의 채택에 의해 산출될 유용성과 관련되기 때문에 이러한 사실이 포함되는 규칙을 재서술해야 한다.

사람들은 배가 고플 때 자신들의 소유가 아닌 사과를 따먹어도 괜찮다.

이 규칙은 위와 같은 상황에 대해 좀더 적절한 서술이며 첫번째 규칙보다 훨씬 훌륭하다. 공리주의자는 이러한 규칙을 더 적절하게 받아들일 수 있는 것으로 인정할 것이다.

그러나 이러한 규칙도 당신이 사과를 따먹게 된 상황을 완전하게 서술하고 있지 못하다. 당신에게 심각한 탈수 현상이 나타났고 사과가 유일한 수분의 공급원이라고 생각해 보자. 당신은 이러한 기본 욕구를 고려해서 규칙을 정식화할 수 있다.

사과가 심각한 탈수증을 피하기 위한 유일한 수단일 경우에 사람들은 자신의 소유가 아닌 사과를 따먹어도 괜찮다.

이 규칙은 몇몇 사람들에게만 적용될 것이다. 그리고 이 규칙의 일반적 채택은 아마도 대안적 규칙 즉 이러한 극단적 상황하에서조차 사과를 따먹지 말 것을 요구하는 규칙보다 더 많은 유용성을 산출할 것이다.

둘째, 규칙은 도덕과 무관한 특징들을 서술해서는 안 된다. 만일 당신의 이름이 홍길동이며 대학 생활 1년을 마치고 고향으로 차를 몰고 가고 있다면 당신은 다음과 같이 자신의 행위에 근거한 도덕 규칙을 정식화할지도 모른다.

> 홍길동이라는 이름을 가지고 대학 생활 1년을 마치고 고향으로 돌아가는 사람은 사과가 심각한 탈수증을 없애기 위한 유일한 수단일 경우 누구나 자신의 소유가 아닌 사과를 따먹어도 괜찮다.

이 규칙은 도덕과 무관한 특징들을 포함하고 있다. 이 규칙은 1장에서 논의된 기준을 위반하고 있다. 즉 도덕적 진술은 개인과 무관한 성격을 가져야 한다는 기준을 위반한 것이다. 따라서 이름, 날짜, 위치는 도덕 규칙에 포함되어서는 안 된다.

셋째, 규칙은 가능한 한 일반적이어야 한다. 예를 들어 당신이 공리주의자라면 가급적 많은 유형의 행위를 포함하는 규칙이 더욱 좋은 규칙이라고 결론지을 수 있다. 규칙을 사과를 따먹는 데까지로 제한하거나 탈수증의 해소까지로 한정짓기보다는 다음과 같이 말하는 것이 더 좋을 것이다.

> 모든 사람은 심각한 해를 피하는 데 필요하다면 사소한 절도쯤은 해도 괜찮다.

우리가 평가하고 있는 규칙들은 한 사회 내에서 채택될 수 있는 규칙들이라고 가정해야 된다는 것을 기억하자. 이 규칙은 사과를 따먹는 구체적인 경우에 한정된 규칙이라기보다는 한 사회의 도덕 규범의 일부가 될 수 있는 규칙일 것이다.

일부의 공리주의자는 유용성의 규준이 구체적인 규칙 즉 특정한 시기에서의 규칙이 아니라 규칙들 전체 또는 모든 도덕 규범에 적용되어야 한다고 주장한다. 즉 도덕 규범에 대해, 사회 안의 사람들 대부분이 일반적으로 채택한 도덕 규범이 대안적 도덕 규범의 일반적 채택보다 더 많은 유용성을 산출하는지의 여부를 따져보아야 한다는 것이다. 우리가 이러한 규칙 공리주의적 해석을 사용하지 않는 이유는 그것의 적용이 어렵기 때문이었다. 전체 도덕 체계의 유용성을 평가하는 것은 쉬운 일이 아니며 구체적인 도덕 문제라는 우리의 고려 대상으로부터도 멀리 벗어난 일이다. 게다가 지금까지 우리가 하고 있었던 것처럼 많은 규칙들을 테스트함으로써 도덕 규범 내에 있는 구체적인 규칙들을 수정하는 것이 여전히 가능하다. 그러므로 구체적인 규칙을 테스트하는 우리의 방법은 규칙 공리주의에 대한 더욱 정교한 해석의 일부라고 할 수 있다.

아래의 두 점검표는 규칙 공리주의와 행위 공리주의를 망라하고 있다. 첫번째 점검표는 많은 사람들에 의해 지지를 받고 있는 규칙 공리주의를 대상으로 하고 있다. 그러나 두 가지 규칙이 동등한 유용성을 산출하는 상황에서는 행위 공리주의에 호소해야 한다. 물론 동일한 문제에 관하여 행위 공리주의와 규칙 공리주의에 의해 도달된 서로 다른 결론을 인식하는 것이 중요한 경우도 있다. 그러므로 행위 공리주의를 적용하기 위한 점검표도 첨가했다.

규칙 공리주의를 적용하기 위한 점검표

1. 당신이 평가하고 있는 행위에 전제되어 있는 규칙을 서술하라. 그 규칙은 적극적 유용성 또는 소극적 유용성을 산출하는 상황의 여러 특징들을 서술하기에 족할 만큼 구체적이어야 한다. 그러나 현실적으로 어떤 사회도 채택할 수 없을 정도로 너무 상세하다거나 실천할 수 없는 것이어서는 안 된다.
2. 가장 합리적인 대안적 규칙이나 규칙들을 서술하고 위에서 서술된 주의 사항들을 명심하라.
3. 그 규칙들에 의해 영향을 받게 될 사람들 또는 동물들을 결정하고 그들이 어떤 영향을 받을지를 결정하라.

4. 최대 유용성을 산출하는 규칙이 실제로 준수될 수 있다고 가정하고서 그 규칙을 확인하라.
   (1) 어떤 규칙이 최대 유용성을 산출하고 그 대안적 규칙은 최소 유용성을 산출한다면 그 규칙은 도덕적으로 의무인 규칙이다.
   (2) 전체적으로 더 적은 유용성을 산출하는 규칙들은 도덕적으로 허용될 수 없다.
   (3) 두 규칙이 동등한 유용성을 산출한다면 또는 어떤 이유에서도 하나의 규칙이 정식화될 수 없다면 그 문제를 해결하기 위해 행위 공리주의에 의존하는 것이 허용될 수 있다.
5. 의무이거나 허용할 수 있는 규칙을 구체적인 행위에 적용할 때 만일 어떠한 규칙도 정당화되지 않는다면 행위 공리주의로 나아가라.

행위 공리주의를 적용하기 위한 점검표

1. 그 행위와 그 행위에 대한 가장 합리적인 대안들을 서술하라.
2. 어떤 사람과 어떤 동물이 그 행위에 의해 영향을 받는지 그리고 그들이 어떤 영향을 받는지를 결정하라.
3. 유용성의 최대 총량을 산출하는 행위가 현실적으로 준수될 수 있다고 가정한 후에 그 행위를 확인하라.
   (1) 최대 유용성을 산출하는 행위는 도덕적으로 의무인 행위이다.
   (2) 전체적으로 더 적은 유용성을 산출하는 행위들은 도덕적으로 허용될 수 없다.
   (3) 둘 혹은 그 이상의 행위가 동등한 유용성을 산출한다면 그 행위들은 도덕적으로 동등하게 허용될 수 있다.

내용 요약

공리주의는 현대 사회에서 매우 영향력 있는 도덕 철학이다. 가장 광범위하게 받아들여진 유형의 공리주의들 중의 하나는 **유용성**을 최대의 선호 만족으로 정의하는 공리주의이다. 가장 일반적인 공리주의 형식은 유용성(즉 선호를 가진 사람이 만족하는 유용성)의 분배를 무시하고 단순히 최대 유용성 또는 최대 선호 만족을 목적으로 하는 형식의 공리주의이다. 일반적인 공리주의는 인간의 선호뿐 아니라 동물의 선호 특히 고통을 피하려는 모든 동물들의 자연적 경향성을 고려해야 한다. 그러나 인간은 보다 큰 자의식을 가지고 있으며 미래를 예견할 수 있는 능력을 가지고 있기 때문에 보다 큰 고통과 쾌락을 느끼는 능력을 가지고 있다. 이러한 능력으로 인해 인간의 선호를 특별히 고려하는 것이 정당화된다.

행위 공리주의는 구체적인 행위에 의해 산출되는 유용성에 주목한다. 반면에 규칙 공리주의는 어떤 행위에 전제된 규칙을 일반적으로 받아들임으로써 산출되는 유용성에 초점을 맞춘다. 이러한 두 유형의 공리주의는 때때로 어려운 도덕적 결론으로 나아가기도 하지만 많은 공리주의자들은 규칙 공리주의를 더욱 세련된 해석의 공리주의 이론으로 생각한다. 그러나 (규칙) 공리주의적 관점에서도 두 가지 규칙을 동등하게 받아들일 수 있는 경우에는 행위 공리주의가 해야 할 바를 결정하는 데 유용하게 사용된다.

규칙 공리주의를 적용할 때, 최대 유용성을 산출하는 규칙이 다른 사람들도 (현실적으로) 지킬 만한 규칙인지를 스스로에게 묻는 것이 중요하다. 만일 다른 사람들이 그 규칙을 지키지 않을 것 같다면 최선의 절차는 일반적으로 채택될 가능성이 있는 규칙을 채택하는 것이다. 규칙은 공리주의적 관점과 관련된 행위의 모든 특징들을 서술해야 하며 도덕과 무관한 특징들을 포함시켜서는 안 된다. 그리고 가능한 한 일반적이어야 한다.

제4절 공리주의의 개인 윤리와 사회 윤리

지금까지 공리주의를 적용하는 경우에 우리는 공리주의의 도덕 규준을 언급함으로써 도덕적 문제를 해결했다. 즉 우리는 어떤 행위에 전제된 규칙을 분석했고 또한 그 행위를 유용성의 규준에 의해 테스트했다.

그러나 공리주의가 함축하는 바가 무엇인지를 즉 공리주의의 도덕 규준이 지지하는 개인 윤리와 사회 윤리가 어떤 종류인지를 일반적으로 알고 있는 것도 분석에 도움이 될 것이다. 이 절에서는 이러한 문제를 명백히 하고자 한다.

그럼에도 불구하고 우리는 우선 주의해야 할 사항을 언급해야 한다. 이기주의와 마찬가지로 공리주의도 결과에 의해 행위의 도덕성을 판단한다. 이러한 두 가지 도덕 이론에서 행위의 결과에 대한 지식(규칙 공리주의에서는 규칙의 결과에 대한 지식)은 매우 중요하다. 이기주의자는 자기 이익과 가장 양립 가능한 결과를 산출하는 경제 체제의 형식이 무엇인지를 알아야만 비로소 이기주의에 의해 정당화되는 경제 체제의 형식을 알 수 있다. 마찬가지로 공리주의자는 행위의 여러 특성들과 유형들 또는 사회 체제의 여러 형식들이 산출하는 결과가 무엇인지를 알아야만 그리고 어떤 결과가 가장 유용한지를 알아야만 공리주의적 도덕 규준에 의해 정당화되는 것들이 무엇인지를 알 수 있다.

따라서 공리주의 이론의 일반적 함축에 대한 어떠한 논의든 확실한 사실적 가정을 전제해야 한다. 만일 이러한 가정에 문제가 있다면 그 가정으로부터 이끌어 낸 함축 역시 문제가 있는 것이다. 그러므로 우리가 다음의 논의에 등장하는 사실적 가정들을 확인하고 그 가정에 동의하는지의 여부를 결정하는 것은 중요하다.

(1) 자신에 대한 의무

공리주의의 개인 윤리에서 한 개인의 행위는 일반적으로 최대 유용성을 가져오는 규칙들에 의해 좌우되어야 한다. 그러나 이러한 진술은 나에게 부적당한 또는 내가 싫어하는 것을 내가 하고 있다고 해도 그 행위가 타인의 복지에 대해 최대한의 공헌이 된다는 것을 의미하지는 않는다. 만일 내가 기술자나 정원사 또는 의사나 배관공이 됨으로써 최대 만족을 얻는다면 이 직업은 아마도 내가 종사해야 할 직업일 것이다. 자아 실현이 비록 나의 행위의 궁극적인 정당화가 되지 못한다고 하더라도 공리주의 윤리학에서는 합법적인 위치를 차지하고 있다. 이러한 방식으로 나는 나의 이해 관계를 만족시킬 뿐 아니라 타인의 이해 관계를 만족시키는 데에도 매우 효과적으로 기여할 수 있다. 물론 내가 가진 최고의 재능이 은행 강도 짓이라면 이러한 재능은 실현시켜서는 안 된다. 왜냐하면 그 행위는 일반적 복지에 공헌하지 않기 때문이다. 그럼에도 불구하고 공리주의는 우리 모두가 자기 이익에 대한 여러 고려 사항들에 의해 강력한 자극을 받는다는 심리적 이기주의의 견해를 분명히 염두에 두어야 한다. 공리주의자들은 대부분 공리주의적 목적을 위해 이러한 동기를 사용하는 것이 가능하다고 주장할 수 있다.

자신의 의무에 대한 몇 가지 중요한 영역에서 공리주의는 전통적인 유태-기독교적 도덕과 다른 결론으로 나아간다. 우리는 앞에서 자연법 윤리학이 자살과 안락사에 대해 인간 생명의 존엄성을 위반한다는 이유로 비난하는 것을 보았다. 이러한 문제를 간단하게 살펴보더라도 공리주의는 자연법 윤리학자들과 전혀 다른 입장에 서 있다는 것을 알 수 있다. 우리는 살고자 하는 욕구를 살인을 반대하는 이유로 간주해야 하는 것과 마찬가지로 죽고자 하는 욕구를 살인을 찬성하는 이유로 간주해야 한다. 사람들은 삶과 마찬가지로 죽음을 선호할 수 있다.

심지어 공리주의는 "소극적" 안락사와 마찬가지로 "적극적" 안락사를 정당화시킬 수 있다. 유태-기독교적 전통은 행위(acts)와 무위(無爲, omission)간의 차이를 매우 강조해 왔다. 그러나 공리주의자는 행위의 도덕성을 행위의 결과들 특히 선호의 만족에 영향을 주는 결과들에 의해 판단한다. 만일 하나는 행위이고 다른 하나는 행위하지 않는 무위라고 해도 공리주의적 관점으로부터는 서로 다른 도덕적 평가를 받지 않는다. 말기 암 환자가 생명을 유지하기 위해 약물 치료를 받고 있다고 생각해 보자. 그 환자는 의사에게 자신의 생명을 끊을 수 있도록 도와줄 것을 요구한다. 이러한 경우에 대한 어떤 해석에 따르면 의사는 죽음을 가져오는 약물을 투여해야 하고 또 다른 해석에 따르면 생명을 유지하기 위한 약물 치료를 중단해야 한다. 두 경우가 똑같이 신속하고 고통 없이 환자를 죽게 한다면 공리주의자는 두 행위를 같은 방식으로 평가한다. 이러한 상황에서 의사는 아마도 생명을 유지하기 위한 약물 치료를 중단할 것이다. 그러나 만일 극약 투여가 더 빠르고 덜 고통스럽게 죽게 한다면 공리주의자는 이러한 "적극적인" 방법이 도덕적으로 더욱 바람직하다고 생각한다. 어쨌든 적극적 행위와 소극적 행위간의 차이는 중요한 요소가 되지 못한다.

우리는 아마도 공리주의자가 전통적인 유태-기독교적 신념 특히 자연법 윤리학자의 신념과는 다른 결론에 도달할 자신에 대한 의무라는 범주 안에서 다른 문제들을 생각할 수 있을 것이다. 예를 들어 공리주의자는 불임 수술, 자위 행위 또는 중요한 신체 장기의 기증(예를 들어 간이나 심장 등의 기증)에 대한 도덕성에 관하여 어떻게 말할 수 있는가? 이러한 문제에 대한 공리주의적 접근 방법에 비추어 보면 이미 일상적인 도덕이 변화를 겪고 있다는 사실을 통해 공리주의의 영향의 정도를 짐작할 수 있다.

(2) 타인에 대한 의무

공리주의는 다른 사람들과 관련된 일반적인 도덕 규칙들을 쉽게 정당화시킬 수 있다. 살인, 절도, 사기 등을 금지하는 조항은 그러한 행위들이 광범위하게 실천된다면 일반적 복지를 저해한다는 사실로부터 도출된다. 공리주의적 관점에서 고려해야 할 더욱 흥미 있는 경우는 낙태라는 논쟁의 여지가 많은 문제이다.[6] 공리주의에 따르면 인간이 단순히 정신을 소유하고 있기 때문에 특별히 고려할 가치가 있는 것은 아니다. 오히려 한 존재의 가치는 합리성, 자의식, 고통과 쾌락을 경험할 수 있는 능력과 같은 이해 관계나 선호를 가지고 있는가의 여부에 의해 고려되어야 한다. 살인은 살아가고 있는 존재의 삶이라는 이해 관계와 상충될 때 그르며 한 존재의 이해 관계는 그 존재가 이러한 특성을 소유하고 있는 정도에 의존할 수 있다. 막 수정된 난자는 고통을 느끼지 못하며 어떤 것도 인식할 수 없다. 그러므로 공리주의적 계산법에 따르면 고려할 가치가 있는 이해 관계를 가질 수 없다. 태아는 성장에 따라 고통을 느끼는 능력과 의식의 경험 정도가 발달한다. 그러나 같은 기간이

---

6) P. Singer, *Practical Ethics*, 6 장 참조.

라면 송아지, 새끼 돼지, 병아리는 태아보다 이해 관계가 더 발달한다. 공리주의의 도덕 규준에 의하면 우리는 자의식과 고통을 느끼는 능력에 있어서 비슷한 수준에 있는 동물의 생명보다 더 큰 가치를 태아의 생명에 부여해서는 안 된다.

우리는 공리주의적 관점으로부터 낙태의 도덕성에 관해서 어떠한 구체적 결론에 도달하는가? 싱어는 18주가 되지 않은 태아는 신경 체계가 충분히 발달하지 못했기 때문에 어떠한 것도 느낄 수 없다고 하였다. 그래서 그러한 태아들은 보호받을 이해 관계를 가진다고 말할 수 없다는 것이다. 싱어에 의하면 18주가 되지 않은 태아의 임신 중절에 대해서는 어떤 도덕적 문제도 제기되어서는 안 된다. 반면에 18주에서 출생 사이의 낙태 즉 태아가 확실히 느끼고 의식할 수 있는 능력을 가진 경우의 낙태는 가볍게 다루어서는 안 된다. 그러나 여기에서도 산모의 심각한 이해 관계는 보통의 경우에 태아의 미발달된 이해 관계보다 우선되어야 할 것이다.

이와 동일한 논증이 갓 태어난 아기에게도 적용된다. 태어난 지 1주일된 아기는 이성적인 존재도 아니며 자의식적인 존재도 아니다. 사실 우리가 전개한 기준에 의하면 갓 태어난 아기의 생명은 성장한 돼지, 개, 원숭이의 생명보다 가치가 덜하다. 그리고 갓 태어난 아기를 죽이는 것이 정상적인 도덕성을 가진 사람을 죽이는 것과 동일하다고 할 수 없다. 다시 이러한 견해는 유태-기독교적 도덕과 명백하게 대조된다. 그러나 공리주의자들은 우리가 우리의 견해를 공리주의자들이 더욱 그럴 듯하다고 생각하는 수준 즉 공리주의적 규준에 맞도록 수정해야 한다고 주장한다.

(3) 사회 윤리

공리주의의 사회 윤리를 지배하는 원리는 사회 정책에 의해 영향받는 모든 사람의 선호에 대한 최대 만족을 성취하기 위하여 모든 사람의 선호를 동등하게 고려해야 한다는 것이다. 이러한 지침에 함축되어 있는 세 가지 의미는 매우 흥미가 있다.

첫째, 대부분의 공리주의자는 민주 정부를 공리주의의 이상을 성취하는 수단으로서 주장해 왔다. 최대 다수의 선호를 만족시키는 최선의 방법은 각 개인이 투표를 통해서 정부에 대한 통제력을 행사하는 것이다. 민주주의 역시 능동성과 책임성의 고양을 권장한다. 국민들이 간접적인 방법으로나마 정부의 정책 결정에 책임을 질 때 비로소 국민들은 비민주적 정치 형태에 의해 길들여진 유순하고 수동적인 성격이 아니라 자아 실현을 더욱 앞당기는 자기 결정의 능력을 고양시킬 수 있을 것이다.

둘째, 공리주의자는 최대한의 개인의 자유 특히 사상의 자유를 옹호한다. 밀은 자신의 중요한 저서인 《자유론》(*On Liberty*)에서 사람들이 민주 정부를 수립했을 때 개인의 자유를 위한 전쟁에서도 승리한 것이라고 보았다. 그러나 밀은 다수는 의견이 다른 소수의 권리—특히 소수의 생각이 매우 대중적이지 않을 때—를 여전히 제한할 수 있다고 주장한다. 그러면서도 밀은 의견이 다른 소수의 권리를 공리주의적 근거에서 변호할 수 있다고 생각한다. 그리하여 밀은 우선 개인들이 자신들의 이념과 믿음을 추구하도록 허용하는 것이 진리의 발견을 가져올 것이라고 주장한다. 이른바 "사상의 자유 시장"(free marketplace of ideas)에서 최선의 사상은 다른 사상들과의 경쟁에서 살아 남을 것이다. 예를 들어 학문은 지적 자유를 요구하기 때문에 사상은 진리를 발견하기 위해 열린 상태에서 비판되고 또한 진보할 것이다. 정치와 같은 다른 영역들에서도 동일한 자유가 요구된다. 사회를 선도하는 최선의 방법은 오직 사상을 발전시킬 자유와 사상의 결점을 비판하는 자유를 시민에게 허락함으로써만 발견될 수 있다. 밀에 의하면 진리의 발견은 유용성을 가져온다. 밀은 이러한 주장을 더 이상 확장시키지 않았지만 우리는 그의 논증을 행위의 결과에 대한 지식이 공리주의적 이상에 대한 더욱 효과적인 근거를 마련한 것이라고 생각한다. 그래서 공리주의자는 개인의 자유를 옹호한다. 왜냐하면 개인의 자유는 진리의 발견을 가져오며 진리의 발견은 인간의 선호에 대한 최대 만족을 촉진시키기 때문이다.

셋째, 20세기 공리주의자는 종종 광범위한 복지 정책을 주장하며 적어도 부의 부분적 재분배를 주장한다. 민주주의와 개인적인 의견 상충의 자유는 최대의 선호 만족을 보장하기엔 충분하지 않다. 기회 균등은 사람이 태어난 가정 환경과 사회 환경의 영향을 고려하지 않는다. 더욱 중요한 것은 기회 균등은 천부적 자질의 중요성도 무시한다는 점이다. 우리는 조기 교육이 정서 안정과 깊은 관계가 있으며 자신의 목적을 성취하기 위해 개개인 스스로가 얼마나 많은 노력을 기울여야 하는지를 알고 있다. 또한 우리는 IQ, 신체적 건강, 스태미너 그리고 그 밖의 많은 특성들이 무엇보다 유전적이라는 것을 알고 있다. 그러므로 기회 균등이 실현되더라도 더 유복하며 더 좋은 사회적 배경이 있고 더욱 훌륭한 유전적 자질을 가진 사람들은 자신들의 이해 관계를 만족시킬 더 나은 입장에 있다고 할 수 있다. 이들은 더욱 흥미 있고 더욱 수지맞는 사업을 해볼 수 있고 더 많은 사회적 특권을 성취할 수 있으며 그렇지 않다고 해도 더욱 안락하고 가치 있는 삶을 향유할 수 있다. 이러한 상태는 아마도 이해 관계에 대한 최대 다수의 최대 만족을 산출하지 못할 것이다.

싱어를 포함한 일부의 공리주의자들은 만일 사회가 마르크스주의자의 "각자는 자신의 능력에 따라 일하고 또한 자신의 욕구에 따라 분배받는다"[7] 라는 유명한 슬로건을 채택한다면 공리주의의 이상을 더 완전하게 실현할 수 있다고 제안한다. 그러나 싱어와 대부분의 다른 공리주의자들도 이러한 이상을 완전하게 실현시키는 데에는 현실적인 어려움이 있다는 것을 알고 있다. 이러한 상황에서는 사실상 이상적인 공리주의적 규칙이 최대 유용성을 산출하지 못할 것이다. 왜냐하면 이러한 규칙은 사람들의 자연적인 이기심 때문에 일반적으로 채택될 기회가 거의 없기 때문이다. 만일 우리가 청소원보다 컴퓨터 프로그래밍에 종사하는 사람에게 더 많은 수입을 보장해 주지 않는다면 컴퓨터 프로그래밍에 필요한 고도의 교육을 받으려고 하는 사람은 거의 없을 것이다. 그리고 가장 재질 있는 사람들의 재능을 완전하게 활용하지 못한다는 것은 더욱 적은 양의 선호 만족을 결과하지 않는가? 사회의 진보는 대부분 재능 있는 구성원들에 의해 이루어진다. 만일 그들의 재능을 활용하게 하는 자극 요인이 없다면 우리 모두의 상태는 더욱 나빠질 것이라

7) 같은 책, 36면.

고 주장할 수 있다. 이러한 여러 고려 사항들은 사회 정책도 개개인의 욕구에 따라 보상하기보다는 그들의 고유한 능력을 활용하는 정도에 따라 보상해야 함을 공리주의자들에게 확신시켜 주었다. 그러므로 우리는 일정한 한계 내에서 더 많은 재능을 가진 사회 구성원들에 대해 그들의 특수한 성취에 따라 보상해야 한다. 그럼에도 불구하고 많은 공리주의자들은 복지 국가에서 시도하고 있는 것과 같이 모든 시민들에게 기본적인 필수품을 제공하는 것도 여전히 자신들의 이론이 요구하는 것이라고 느끼고 있다.

제5절 공리주의 윤리학의 적용

이제 우리는 점검표에서 전개된 방법론을 사용하여 도덕적 결정을 요구하는 몇 가지 문제들에 공리주의를 적용할 수 있다.

(1) 사례 1: 법 윤리의 규칙

1973년 7월 뉴욕의 시라큐즈 대학에서 공학을 전공한 38세의 개로우는 네 사람을 닥치는 대로 죽였다.[8] 이 네 명은 아디론대크라는 산에서 캠핑중이었다. 8월초에 주(州) 경찰은 그를 추적하여 체포했고 쉐넥타디 출신의 한 학생의 살인 혐의로 기소했다. 체포 당시 다른 세 사람들의 죽음과 개로우가 관련되어 있다는 증거는 없었다. 사실 그들 중 두 사람은 사망 사실이 알려지지도 않았다. 한 사람은 젊은 일리노이 출신의 여자였고 다른 한 사람은 가출자 명단에 올라 있는 시라큐즈 고등학교의 여학생이었다. 마지막 희생자는 일리노이 여자의 친구로 개로우가 잡히기 전인 7월 20일에 발견되었다. 법정은 시라큐즈의 두 변호사인 벨지와 아르마니를 개로우의 변호를 위해 선임했다.

몇 주일 후 개로우는 두 변호사와 논의중에 그들에게 광산 갱도에서 한 여자를 성폭행한 후에 죽였다고 진술했다. 두 변호사는 광산 갱도에

8) 뉴욕 타임즈 1974년 6월 20일자를 포함해서 몇몇 신문에 보도되었다.

서 일리노이 여자의 시체를 찾아냈다. 그러나 이러한 사실을 경찰에 알리지 않았다. 시체는 결국 두 달 후에 갱도에서 장난하던 두 아이에 의해 발견되었다. 9월에 두 변호사는 개로우의 진술에 의해서 두번째 시체를 발견했다. 이것도 공표하지 않았다. 소녀의 시체는 12월 한 학생에 의해 발견되었다.

일리노이 여자의 아버지는 두 변호사가 아디론대크 산에서 숙영자를 죽인 혐의로 기소된 사람을 변호하고 있다는 것을 들었다. 그의 딸의 친구 역시 그곳에서 죽은 채로 발견되었다는 것을 알고 변호사에게 따지기 위해 시라큐즈로 갔다. 그 아버지는 두 변호사가 자기 딸에 관해 어떤 정보를 가지고 있는지를 물었다. 그러나 그들은 그를 도울 수 있는 정보를 가지고 있지 않다고 말했다. 두 변호사는 다음 해 6월까지 침묵으로 일관했다. 그 후 개로우가 정신 이상자임을 보여주기 위해 개로우에게 다른 세 명의 살인에 그 자신이 연루되었다는 것을 증언하게 했다. 다음날 기자 회견에서 두 변호사는 처음으로 사건의 진행을 개괄적으로 설명했다.

많은 사람들은 이러한 사실에 대해 분노했다. 그러나 변호사들은 그 같이 어려운 상황에서 행한 자신들의 직업적 의무관은 존경받을 만한 것이라고 믿었다. "우리 모두는 부모들의 심정이 어떠한지를 잘 알고 있기 때문에 시체의 소재를 그들에게 알려주고 싶었다. 그러나 그것은 특권을 가진 의사 전달이기 때문에 우리는 우리만이 알고 있는 정보를 누설할 수 없었다"고 벨지는 말했다.

그들이 정보를 누설하지 않았던 것은 "변호사는 소송 의뢰인의 비밀을 보호해야 한다"는 법률적 규범에 근거한 것이다. 기밀 누설에 대한 변호사와 소송 의뢰인간의 "특권"은 법률상 가장 오래되고 가장 엄격한 것 중의 하나이다. 만일 피고가 자신의 죄 또는 어떤 범죄에의 연루를 자백할 의무가 없다면, 그의 변호인이 그러한 의무를 가진다는 주장도 아무 의미가 없다. 그렇지 않다면 논증은 계속 되는데 피고인은 변호사에게 기껏해야 불충분한 사실만을 말할 것이며 변호사 역시 소송 의뢰인을 효과적으로 변호할 수 없을 것이다. 이러한 논증은 설득력이 없어 보인다. 적어도 시라큐즈 사람들에게는 확실히 그렇다. 변호사는 일리노이 여자의 사체 소재를 그 여자의 아버지에게 말해야 하는가? 공리주의적 관점에서는 어떤 것이 옳은가?

1. 이 경우는 한 행위에 전제된 규칙을 정식화하기가 어렵다는 것을 보여준다. 몇 가지 규칙들이 변호사의 행위에 전제된 것으로 보이며 이들 각각의 규칙들은 매우 중요해서 행위에 관해 서로 다른 방향을 제시하고 있다. 예를 들면 변호사의 행위가 기초하고 있는 규칙은 변호사와 소송 의뢰인간의 신뢰에 바탕을 둔 정보를 변호사가 결코 누설하지 않아야 한다는 전제하에서 서술될 수 있다. 이러한 규칙은 대부분의 법률적 윤리 규범보다 강력하지만 소송 의뢰인이 명백히 범죄를 의도할 때는 기밀의 폭로를 허용한다. 게다가 범죄는 타인들의 이해 관계에 대한 심각한 위반이며 범죄의 방지는 적극적인 윤리적 가치를 가지기 때문에 공리주의 이론에서도 이러한 예외는 강력한 지지를 받는다.

공리주의자들은 변호사와 소송 의뢰인간의 신뢰성 규칙에 대해서 적어도 하나의 다른 예외를 만들 수 있을 것이다. 앞서 제시한 사례 즉 한 소년이 운전사의 과실로 인해 교통 사고를 당한 사례를 다시 생각해 보자. 운전사의 변호사는 자신의 주치의에게 그 소년을 살펴보도록 하였고 그 의사는 명백히 교통 사고로 인해 생긴 병을 발견했다. 그러나 소년의 주치의는 이를 발견하지 못했다. 이 병은 수술하지 않으면 생명이 위험한 병이다. 그러나 만일 소년이 이 병을 알고 있다면 더 많은 보상을 요구할 것이다. 생명의 손실은 더 많은 보상을 하는 것보다 더욱 심각한 선호의 위반이다. 그래서 공리주의의 규칙은 변호사에게 정보를 밝힐 것을 요구한다. 그러나 이러한 정보는 변호사의 신뢰성과 긴밀하게 연관된 개념인 소송 의뢰인의 "비밀"에 포함된다. 그러므로 우리는 첫번째 규칙을 다음과 같이 정식화할 수 있을 것이다.

> 변호사와 소송 의뢰인간의 신뢰 관계에서 얻어진 정보가 범죄를 방지하거나 생명을 구하는 데 필요한 것이 아니라면, 변호사는 그 정보를 결코 누설해서는 안 된다.

우리는 이러한 규칙이 공리주의자가 만들려고 하는 예외 규정들의 전부라고 확신할 수 없으나 합리적으로 받아들일 수 있는 규칙이라고 생각할 수 있다.

2. 대안적 규칙도 정식화하기가 쉽지 않다. 우리는 여자의 시체가 있는 곳을 그 여자의 아버지에게 알려주는 것이 정당화되는 규칙을 원한다. 그러나 신뢰성의 파괴도 원하지 않는다. 왜냐하면 신뢰성에 대한 공리주의적 가치는 확실히 훌륭한 논거를 가지기 때문이다. 만일 변호사들이 소송 의뢰인의 비밀을 일반적으로 누설하는 것으로 알려진다면 소송 의뢰인에게 기여하는 그들의 능력은 손상될 것이 뻔하다. 그렇게 되면 소송 의뢰인은 변호사에게 자신에게 불리한 정보를 말하기를 주저할 것이기 때문이다. 어떤 정보에 대해 중요한 이해 관계를 가지는 제삼자가 요구하는 정보가 변호사의 고객에게 불리하게 사용되지도 않고 동시에 범죄를 예방하거나 생명을 구하는 데 필요한 경우가 아니라면 변호사는 기밀을 유지해야 한다고 생각해 보자. 그러나 이와 같은 규칙은 변호사로 하여금 교통 사고를 당한 소년의 병에 관한 정보를 함구하도록 할 것이다. 왜냐하면 그 정보는 확실히 그의 고객에게 불리하게 사용될 것이기 때문이다. 그러므로 '고객에게 불리하게 사용되지 않는다면'이라는 조건이 범죄와 생명의 손실과 연관된 예외 규정에 종속된다는 것을 명백히 하려면 우리는 다음과 같은 대안적 규칙을 정식화해야 할 것이다.

> 변호사들은 통상 소송 의뢰인과의 신뢰 관계에서 획득된 정보를 누설해서는 안 된다. 그러나 그 정보가 범죄를 막거나 생명을 구하는 데 필요하다거나 또는 타인의 이해 관계에 필수적일 때에는 비록 그와 같은 정보 누설이 변호사의 소송 의뢰인에게 불리하게 작용한다고 하더라도 정보를 누설해야 한다.

이 규칙은 우리의 논의에서 드러난 다른 문제들을 피하게 하지만 살해당한 여자의 아버지가 요구한 정보를 알려주어야 할 의무가 변호사들에게 있다는 것을 의미한다.

3. 두 규칙에 의해 영향을 받는 사람들은 변호사, 소송 의뢰인, 제삼자(예를 들면 일리노이 여자의 아버지) 그리고 일반 대중들이다. 변호

사들은 아마도 첫번째 규칙이 자신들에게 유리하다고 생각할 것이다. 많은 경우에 변호사들은 중요한 기밀 정보를 폭로함으로써 사람들을 도와 주기를 원할지도 모르지만 아마도 그렇게 하지 않는 경우가 더 많을 것이다. 일반적으로 신뢰성의 규칙은 변호사들을 자신들의 불리한 결정으로부터 보호해 주기 때문이다. 즉 그들은 단지 직업적 행위와 관련된 규칙들만을 염두에 두면 된다는 것이다. 첫번째 규칙은 또한 변호사의 명성을 보호해 주며 소송 의뢰인으로부터 필요한 정보를 얻을 수 있도록 해준다. 소송 의뢰인에게도 첫번째 규칙의 일반적 채택이 더 많은 이득을 가져다 준다. 왜냐하면 소송 의뢰인은 자신들의 변호사에게 제공한 불리한 정보가 타인들에게 누설되지 않을 것이라고 더욱 확신할 수 있기 때문이다.

일반 대중과 제삼자에 대한 이해 관계는 더욱 계산하기 힘들다. 그들은 일리노이 여자의 아버지처럼 자신들의 이해 관계에 관한 중요한 정보를 들을 수 없다. 그러나 다른 한편으로 변호사를 필요로 하는—실제로 모든 사람을 포함한다—사람들은 누구나 변호사들이 가장 극단적인 상황을 제외하고는 기밀 정보를 누설하지 않아야 마음을 놓을 것이다. 그러므로 일반 대중들과 제삼자 역시 두번째 규칙에서만큼 첫번째 규칙으로부터도 비슷한 정도의 이익을 얻게 된다.

4. 지금까지 대안들의 결과를 정확하게 평가해 왔다고 생각한다면 우리는 다음과 같이 결론을 내릴 수 있다. 즉 변호사와 고객간의 기밀적 관계에서 얻어진 정보가 범죄를 막거나 생명을 구하는 데 필수적인 것이 아니라면 그 정보를 변호사들이 누설하지 말아야 한다는 첫번째 규칙이 최대 유용성을 산출한다는 것이다. 이때 변호사들은 이 규칙을 따르는 것이 도덕적 의무일 수밖에 없다.

5. 이 규칙을 앞의 사례에 적용시킨다면 두 변호사가 일리노이 여자의 아버지에게 정보를 누설하지 않은 것은, 공리주의적 관점에서는 옳은 행위라고 결론지을 수 있다.

(2) 사례 2: 고래 사냥의 도덕성

고래는 포유 동물이다. 새끼 고래는 어미 고래에게 양육되고 보살핌을 받는다. 어미 고래와 새끼 고래간의 이러한 관계는 젖먹는(授乳) 기간을 넘어서 지속된다. 고통의 지각과 관련된 그들의 신경 조직과 뇌의 일부는 본질적으로 인간과 유사하다. 일부 전문가들은 고래를 죽이는 데 5분밖에 걸리지 않는다고 말하지만 또 다른 전문가들은 흔히 더 많은 시간이 걸린다고 말한다. 고래는 사회적 동물이며 집단 속에 살면서 개별적으로 각각의 다른 고래들과 관계를 맺는다. 어떤 종류의 고래는 일부일처제를 지키기 때문에 가족 중의 하나가 작살에 맞아 인간에게 잡혀가면 나머지 가족들은 그 고래가 돌아올 때까지 며칠 또는 몇 주일을 바다에서 기다린다고 한다. 이와 같은 고래의 세련된 정서적 삶은 여러 가지 과학적인 증거로도 확실히 입증된다.

다른 한편으로 일본과 소련(두 국가는 주요 포경 국가이다) 그리고 고래잡이가 허용된 다른 국가들의 고래잡이 어부들은 자신들의 생계를 고래잡이에 의존한다. 고래를 이용한 제품들은 인간에게 상당히 유용하다. 고래의 기름은 비누와 마가린을 만드는 데 사용되고 고래 고기는 식용과 가축 사료로 소비된다. 또한 고래는 다양한 상품 특히 화장품에 사용된다.

여기서 제기되는 공리주의에 관한 문제는 다음과 같다. 고래의 멸종을 막기 위해 고래 사냥을 조절할 수 있다고 해도 상업적 근거에서 고래를 죽이는 것은 도덕적으로 그른가?

1. 상업적 근거에서 고래 사냥을 허용할 때 전제된 규칙은 다음과 같이 서술할 수 있다.

멸종의 위협이 없는 한 상업적 용도의 고래 사냥은 허용되어야 한다.

2. 상업적인 고래 사냥을 금지할 때 전제된 규칙은 다음과 같이 서술할 수 있다.

멸종의 위협 여부와 관계 없이 상업적 용도의 고래 사냥은 금지되어야 한다.

3. 영향받는 세 집단은 고래와 관련된 산업에 종사하는 사람들, 고래를 이용한 제품을 사용하는 사람들 그리고 고래들이다. 만일 두번째 규칙을 일반적으로 따른다면 고래와 관련된 산업에 종사하는 사람들은 직업을 잃게 될 것이다. 일본과 소련 같은 나라에서는 이러한 실업으로 인해 한동안 엄청난 어려움을 겪게 될지도 모른다. 그러나 그 나라의 정부는 이러한 노동자들을 쉽게 재고용할 수 있으므로 실업이 오래 지속되지는 않을 것이다. 고래를 원료로 한 제품을 사용하는 사람들은 대체 상품을 사용할 수 있기 때문에 심각한 손실을 입지 않을 것이다. 대체 상품의 가격이 상승한다고 하더라도 그로 인한 금전적 손실은 고래의 죽음에 비해 상대적으로 사소할 것이다. 고래는 물론 첫번째 규칙을 따른다면 더 심각한 해를 입는다. 인간이 고래보다 수적으로 더 많다고 하더라도 이러한 두 규칙에 의해 영향받는 인간만을 고려할 수는 없다. 게다가 살아 남은 고래도 작살을 맞은 고래와 이별의 고통을 겪게 된다.

4. 규칙 공리주의의 분석에 의하면 두번째 규칙이 최대의 유용성을 산출하기 때문에 도덕적인 의무라고 결론지을 수 있다. 우리는 그러한 규칙을 현실적으로 따를 수 없다고 생각할 이유가 없다. 왜냐하면 이미 많은 국가가 심각한 역효과 없이 고래 사냥을 중단했기 때문이다.

5. 이러한 경우 규칙은 구체적인 상황에 적용되는 것이 아니라 일반적인 관행에 적용되어야 한다. 규칙 그 자체가 지시하는 것처럼 멸종의 위험이 없다고 해도 상업적 용도로 고래를 죽여서는 안 된다고 결론지어야 한다.

(3) 사례 3: 역차별

백인 남자인 베키는 1973년과 1974년에 데이비스에 있는 캘리포니아 대학교의 의대에 지원했다.[9] 베키의 지원서는 두 해 모두 일반 전형에 의해 심사를 받았고, 그는 면접을 보았다. 1973년에는 웨스트 박사가 면접을 보았는데 웨스트 박사는 베키를 "의대에 매우 바람직한 지원자"로 기록했다. 500점 만점에 468이라는 높은 종합 평가에도 불구하고 베키는 떨어졌다. 그가 지원했을 때는 연말이었고 그의 지원이 완결된 후에도 470점 이하를 받은 어떠한 지원자도 일반 전형으로 붙은 사람은 없었다. 1973년도에 입학이 거부된 후 베키는 입학 사정 위원장이며 학장인 로우리 박사에게 서신을 띄웠다. 그는 그 편지에서 인종적이고 민족적인 할당 제도로 시행되는 특별 전형 제도를 비판했다.

베키의 입학이 거부되었을 때 경제적으로 또는 교육적으로 불이익을 받는 학생들을 위한 특별 전형의 네 자리가 채워지지 않았다. 총 100명의 신입생 중에 16명이 특별 전형을 치루는 학생들에게 할당된 몫이었다. 특별 전형으로 입학한 학생들은 정상적으로 입학한 학생들에게 적용된 평점 2.5 이상이라는 요건을 충족시키지 않아도 되었다. 그리고 그들에 대한 일반 평가에도 서로 다른 기준들이 사용되었다.

1974년도의 베키의 지원은 그 해 초반에 결정되었다. 그의 종합 점수는 600점 만점에 549점이었다. 그는 또 떨어졌다. 전년도와 마찬가지로 그 해에도 특별 전형으로 더 낮은 평균 점수와 더 낮은 의대 입학시험 점수 그리고 명백히 더 낮은 종합 평가 점수를 받은 지원자들이 입학했다. 두번째 낙방 후에 베키는 캘리포니아 상급 법원에 제소했다. 결국 이 소송은 미국 대법원까지 올라갔고 1978년 6월 28일에 판결이 나왔다. 판사들은 이 소송의 원리적인 문제에 관하여 4:4로 나누어졌다. 즉 파웰 판사가 속한 집단은 입학을 허용하는 쪽이었고 또 다른 집단은 불허하는 입장이었다. 법원은 한편으로는 베키를 떨어지게 만든 특별 전형이 비합법적이라는 것을 인정해서 베키의 입학을 명령했다. 그러나 다른 한편으로는 좋은 입학 제도는 인종 문제를 입학 과정의 한 요소로 고려할 수 있다는 것도 인정했다.

공리주의적 관점에 의하면 데이비스에 있는 캘리포니아 대학교의 입학 정책은 허용될 수 있는가? 도덕적인 의무인가? 또는 도덕적으로 허

9) J. Sterba, *Morality in Practice* (Belmont, Calif.: Wadsworth, 1984), 229~238면.

용될 수 없는가?

1. 데이비스에 있는 캘리포니아 대학교가 불이익을 받아온 학생들을 위하여 16자리를 남겨 두었을 때 적용된 규칙의 형식은 논의의 여지가 있다. 왜냐하면 할당(quota)의 개념은 법적 · 도덕적 문제를 야기하기 때문이다. 그러나 우리는 그 규칙을 다음과 같이 정식화해야 할 것이다.

> 의대는 불이익을 받아온 학생들의 입학을 위하여 약간의 자리(20% 보다 적은 자리)를 남겨 둘 수 있다.

2. 대안적 규칙은 다음과 같다.

> 의대는 불이익을 받아온 학생들의 입학을 위하여 약간의 자리(20% 보다 적은 자리)조차 남겨 두어서는 안 된다.

3. 위의 규칙과 대안적 규칙에 의해 영향받는 네 집단은 특별 전형의 지원자인 불이익을 받아온 학생들, 일반 전형으로 지원하는 학생들, 그리고 미국 내의 소수 인종 즉 흑인, 남미인, 동양인, 토착 인디언 등으로 구성된 소수 인종들과 일반 사람들이다.

불이익을 받아온 학생들은 첫번째 규칙이 적용될 때 가장 많은 혜택을 받는다. 첫번째 규칙은 그들에게 의대에 입학할 수 있는 많은 기회를 부여한다. 입학 기준이 더 낮을 뿐 아니라 이들은 100자리 중의 한 자리를 놓고 경쟁하는 반면에 일반 전형의 학생들은 84자리 중의 한 자리를 놓고 경쟁한다. 첫번째 규칙은 특별 전형에 의해 입학한 학생들의 이해 관계에 몇 가지 부정적인 영향 또한 끼친다. 왜냐하면 동료 학생들은 그들을 정상적인 경쟁을 거쳐 입학하지 않은 열등한 학생으로 간주하기 때문이다. 또한 나중에 그 학생들의 환자들은 그들을 다소 불신하게 된다.

일반 학생들은 이해 관계에서 더 직접적인 피해를 입는다. 왜냐하면 그들은 의대에 입학할 기회가 더 적기 때문이다. 그들은 또한 자신들의 입학이 허가될 것인지의 여부를 예견하기 어렵다는 것을 발견한다. 왜냐하면 성적보다 다른 요인들이 고려되기 때문이다. 이러한 불확실성은 그들의 삶을 설계하려는 능력에 영향을 줄 수 있다. 그러나 일반 학생들도 어쩌면 부분적으로 불이익을 받아온 학생들로 구성된 더욱 다양한 인종의 학생들로부터 약간의 혜택을 받게 될 것이다.

소수 인종들은 불이익을 받아온 학생들이 자신들의 공동체에서 봉사하기로 결정한다면 혜택을 받을 것이다. 그러나 이러한 결과는 보장된 것이 아니다. 소수 인종 사회에 봉사할 의사를 공급하는 더 효과적인 수단은 사회적 또는 민족적 배경과 관계 없이 그러한 일을 우선적으로 하고자 하는 학생들을 선발하는 것이다. 만일 불이익을 받아온 학생들이 자신들의 사회에 봉사하려고 한다면 소수 인종 사회의 젊은이들은 그러한 의사들이 보여주는 역할 모델을 본받게 될 것이다.

첫번째 규칙이나 두번째 규칙에 의해 영향을 받는 일반 대중의 이익은 결정하기가 어렵다. 만일 과거의 차별로 인한 결과들이 크게 감소되고 있다는 것을 소수 인종들이 확신하게 된다면 그로부터 사회적 불안이 감소되고 따라서 일반 대중은 사회의 안정으로부터 오는 혜택을 받게 될지도 모른다. 그러나 차별이 크게 감소되고 있다는 소수 인종들의 감정은 많은 지원자들이 불공정하게 취급되고 있다는 일반 대중들의 감정과 상쇄될 것이다.

4. 우리에게는 다양한 이해 관계의 득실을 합산해야 한다는 극단적인 어려움이 있고, 어떤 규칙이 최대 유용성을 산출하는지에 관한 결론에 도달해야 한다는 극단적인 어려움이 있다. 그러나 과거에 있었던 차별의 영향이 역차별 정책에 의해 더욱 신속히 제거될 수 있다면 이것은 첫번째 규칙이 공리주의적 관점에서 볼 때 더 낫다고 할 수 있는 좋은 사례가 될 것이다. 역차별의 나쁜 영향들은 단지 일시적인 것이며 차별을 배제하는 좋은 영향들은 영원하다. 공리주의적 계산을 할 때에는 정의(justice)에 대한 추상적인 고려는 전혀 할 수 없다는 것을 명심해야 한다. 공리주의자에게 있어서 정의는 공정하다고 또는 불공정하다고 인식된 정책들이 개인의 이해 관계에 영향을 미치는 한에서만 중요하다.

5. 첫번째 규칙이 더 큰 유용성을 산출한다고 생각되므로 첫번째 규

칙이 베키의 경우에 적용되어야 할 것이다. 그래서 공리주의의 관점에 따라 특별 전형의 입학 제도는 의무라고 말할 수 있다.

제 6 절 도덕 이론으로서의 공리주의에 대한 평가

이제 공리주의를 네 가지 기준에 따라 평가할 차례이다. 모든 도덕 이론은 약점을 가지고 있다는 사실을 기억해야 한다. 완전한 도덕 이론은 존재하지 않는다. 완전한 도덕 이론이 존재하지 않는다는 사실은 하나의 도덕 철학이 아니라 몇 가지 유력한 도덕 철학이 발달된 주요한 이유이다. 다음의 평가는 다른 이론들과 마찬가지로 비록 많은 도덕 철학자의 견해를 반영하고 있다고 해도 필자 개인의 평가일 뿐이다.

〈공리주의 : 이 이론은 기준들을 얼마나 만족시키는가?〉

기 준	매우 만족		보통 만족		매우 불만족
1. 일관성	○				
2. 신빙성			○		
3. 유용성		○			
4. 정당성			○		

(1) 기준 1 : 일관성

필자는 일관성에 관해서 공리주의에 높은 점수를 주었다. 필자가 서술한 공리주의의 형식은 명백히 비일관성을 가지지 않는다. 만일 공리주의자가 어떤 이해 관계를 다른 이해 관계보다 본래적으로 더 좋은 것으로 주장하지 않고, 옳은 행위들을 다만 최대 유용성 또는 이해 관계의 최대 만족을 산출하는 행위들로 규정하고자 한다면 일관적이지 않다고 비난할 수 없다. 비일관성이라는 경향은 공리주의의 도덕 규준이 우리들의 일상적인 도덕적 이념과 상충하는 행위들이라는 결론을 초래할 때 발생하기 때문이다.

(2) 기준 2: 신빙성

필자는 신빙성에 관해서 공리주의에 "보통"이라는 점수를 주었다. 공리주의의 주요한 문제들 중 하나는, 공리주의가 우리들의 일상적인 도덕 신념과 일치하지 않는 도덕 판단을 초래하는 것으로 보인다는 점이다. 우리는 이러한 불일치가 발생한 몇 가지 도덕적 문제를 살펴보았다. 이러한 반직관적인 결론이 초래되는 또 다른 영역은 의무 이상의 행위 즉 "의무의 요청을 넘어선" 행위이다. 우리는 일상적으로 의무인 행위와 의무 이상의 행위를 구별한다. 그러나 이러한 차이는 공리주의의 관점에서는 구별하기 어렵다. 왜냐하면 대안적 행위보다 더 많은 유용성을 산출하는 행위가 의무이기 때문이다. 일상적으로 의무 이상인 행위들은 흔히 어떠한 대안보다 더 많은 유용성을 산출하기 때문에 공리주의는 그러한 행위를 의무인 행위로만 재분류하게 된다.

다음의 예를 고려해 보자.[10] 당신의 어리석은 이웃이 당신이 생각하기에 확실히 그와 그의 가족을 불행에 처하게 할 위험한 투자를 하기 위해서 그의 모든 재산을 털어 넣으려 한다고 당신에게 이야기했다고 생각해 보자. 당신이 보기에 충분한 시간과 노력을 쏟는다면 그가 투자하지 못하게 설득할 수 있겠지만 어떠한 사람도 그렇게 하기가 쉽지 않다. 당신이 그에게서 예견하는 불행은 당신이 그를 설득하는 과정에서 겪게 되는 불편과 곤란보다 더 크다. 이제 공리주의자는 다음과 같이

10) 이러한 예와 의무 이상의 행위 그리고 정의에 대한 문제와 공리주의의 논의에 관해서는 A. Donagan, "Is There a Credible Utilitarianism?", in *Contemporary Utilitarianism*, ed. M.D. Bayles (New York: Doubleday, 1968), 194~198면 참조.

주장할 것이다. 즉 만일 우리가 "이웃이 제시하는 일련의 행위가 그 이웃을 불행하게 만든다고 믿을 적절한 이유를 아는 모든 사람은 커다란 불편과 곤란함 없이 그 이웃을 설득할 수 있다면 그 이웃을 설득해야 할 의무를 가진다"라는 규칙을 전체적으로 받아들인다면 더 큰 선호 만족이 결과될 수 있다. 그러나 당신은 그러한 규칙이 도덕적으로 따라야 할 의무라고 생각하는가? 문제는 단순히 당신이 그에게 당신의 의견을 표현해야 하는지의 여부가 아니다. 당신은 확실히 그렇게 해야 한다는 것이다. 그러나 그의 마음을 바꾸기 위해 오랜 기간을 소비하는 것이 당신의 의무인가? 규칙 공리주의자는 이 물음에 긍정적으로 답변해야만 하나 우리들은 대부분 그렇지 않다고 할 것이다.

우리의 도덕적 직관은 재판의 경우에도 공리주의와 상충하는 것으로 보일 수 있다. 예수가 죽었을 때 유태교 최고의 성직자인 캐파스는 예수가 십자가에 못박혀 죽은 것이 비록 불공정하긴 하지만 더 커다란 재앙 즉 유태 당국에 대한 반란이나 유태인에 대한 로마의 박해 등과 같은 더 커다란 재앙을 예방하기 위한 것이라는 주장으로 그의 죽음을 정당화시켰다. "판사들은 법률을 어김으로써 국가와 세계의 재난을 피할 수 있을 때 말고는 법률을 어겨서는 안 된다"라는 규칙을 고려해 보자. 규칙 공리주의자는 그러한 규칙이 재판관을 불신하게 함으로써 대중의 삶에 더 큰 해를 입힐 것이라는 이유로 반대할지도 모르겠지만 사실은 반대하지 못한다. 국가 비상시에는 법률이 아주 엄격하게 적용되지 않을 수도 있다는 사실을 많은 사람들도 인정할 것이기 때문이다. 결국 규칙 공리주의자들은 오심(誤審)도 도덕적으로 정당화될 수 있음을 인정할 수밖에 없다.

이러한 반론에 직면해서 공리주의는 두 가지 선택을 할 수 있다. 하나는 일상적인 신념들은 공리주의 이론과 상충하기 때문에 부당하다고 거부하는 것이고, 다른 하나는 공리주의의 도덕 이론이 실제로 일상적인 신념과 상충하지 않는다고 주장하는 것이다. 만일 공리주의자가 공리주의 이론으로 의무 이상의 행위를 옹호하고자 한다면 공리주의자의 논증은 다음과 같은 사실을 포함해야 한다. 즉 의무 이상의 행위를 수행하는 사람들을 칭찬하는 것은 유용성과 일치하지만 의무 이상의 행위를 수행하지 못한 사람들을 비난하는 것은 유용성과 일치하지 않는다는 점을 포함해야 한다. 의무인 행위와 의무 이상의 행위간의 차이는 용감하고 자기 희생적인 행위를 수행하는 사람들의 능력 차이에 기인할 수 있다. 도덕의 이해 관계는 능력을 훨씬 벗어난 일의 수행을 요구함으로써 만족되는 것이 아니다. 왜냐하면 이러한 과중한 부담은 일반적으로 도덕의 경멸을 가져올 수 있기 때문이다. 게다가 모험적인 행위를 시도하는 사람들은 실패하기 쉬우며 따라서 부정적인 유용성을 창조하고 있는 것이다. 다른 한편으로 의무 이상의 행위가 수행될 때 이러한 행위는 칭찬받아야 한다. 왜냐하면 이러한 행위는 타인의 복지에 기여하고 있기 때문이다. 이러한 응답이 적절한지의 여부는 독자의 판단에 맡긴다.

정의(正義)의 문제는 더욱 조심스럽게 다루어야 한다. 공리주의자는 확실히 일반적으로 정의를 요구하는 규칙들이 더 큰 유용성을 가진다고 주장할 수 있다. 그러한 규칙들은 사법 체계를 믿을 수 있게 해주며 시민들의 안전과 복지라는 의미에서 신뢰감을 준다. 그러나 두 규칙이 심각하게 상충된다면 다른 접근이 요구된다. 예를 들어 공리주의자는 "정의를 공정하게 집행하라"라는 규칙과 "국가를 재앙으로부터 구하는데 필수적인 것을 하라"라는 규칙 사이에는 상충이 존재한다고 주장할지도 모른다. 그러한 경우에 공리주의자는 다음과 같이 주장할 것이다. 즉 예수의 경우에, 바로 그 상황에서 최대 이익의 만족을 가져오는 행위를 하는 것은 정당화될 수 있기 때문에 대중을 위한 한 사람의 죽음은 정당화된다는 의미에서 캐파스의 말이 옳다는 것이다. 달리 말하면 두 규칙이 유용성에 의해 정당화될 때 두 규칙간의 상충을 해결하기 위해서는 행위 공리주의에 호소해야 한다는 말이다. 앞서와 마찬가지로 이러한 답변이 적절한지의 여부는 독자가 결정할 문제이다.

(3) 기준 3: 유용성

필자는 공리주의의 유용성(usefulness)*에 대해서는 "보통"보다 약간

* 우리는 'utility'와 'usefulness'를 모두 유용성이라고 번역했다. 다른 곳에

높은 점수를 주었다. 하나의 도덕 이론은 어떠한 도덕 규칙을 받아들여야 하는지에 관한 논쟁을 포함해서 많은 도덕적 논쟁을 해결하기 위해 분명하고 실현 가능한 방법을 제공해야 한다. 공리주의자는 유용성(utility)에 관한 규칙들의 결과를 결정함으로써 도덕 규칙을 결정한다. 그러나 우리는 단일한 행위의 결과 그리고 더 나아가 일반적 규칙의 결과를 전부 알 수 있는가? 공리주의자가 혼전 성관계의 도덕성을 어떻게 분석하는지 살펴보자. 공리주의자는 미혼모의 증가, 성병 감염율의 증가, 증가되는 심리적 혼란, 결혼의 안정성에 대한 장기적 영향과 같이 혼전 성관계가 광범위하게 행해짐으로써 나타날 수 있는 부정적인 결과의 범위에 필요한 최선의 과학적 자료를 사용할 것이다. 또한 공리주의자는 성적 충동이 특히 강한 해에 성의 향유 증가와 성적 욕구 불만의 감소와 같은 관행을 광범위하게 받아들임으로써 발생한 이익을 공리주의적 관점에서 조사해야 한다. 또한 사람들이 성에 대해 건전하고 더 관대한 태도를 가질 가능성과 결혼한 후 성에 대한 적응이 더 좋아질 가능성도 고려해야 한다.

우리는 이러한 결과들 특히 성적 적응에 대한 영향과 결혼의 안정성과 같은 장기적인 결과를 어떻게 적절히 결정할 수 있는가? 이러한 영향을 알지 못한다면 공리주의자는 공리주의적 관점에서 혼전 성관계의 도덕성에 대해 판단할 수 없다. 공리주의자는 현재의 관행이 계속되기를 권장하거나 결과가 좋은지 나쁜지를 완전히 알지 못하는 상태에서 새로운 방향의 실험을 권장해야 한다. 어떠한 대안도 전체적으로 볼 때는 공리주의적 관점에서 만족되지 않는다. 여러분도 공리주의적 견지에서 많은 관행을 평가할 때는 이와 같은 문제에 부딪치게 될 것이다.

결과의 문제를 다룸에 있어서 일부 공리주의자는 소위 "호수 파문의 가정"(ripples-in-the pond postulate)을 생각해야 한다는 것을 인정한다. 즉 공리주의자는 행위의 중요한 결과가 행위 그 자체의 시간과 장소로부터 상대적으로 가장 가까운 곳에서 일어난다는 것을 인정해야

서는 그와 같은 번역이 필자의 의도를 무리없이 전달한다고 생각하지만 여기서는 이 두 용어가 혼동될 수 있기 때문에 영어 원어를 넣어 구분했다 —옮긴이 주.

한다는 것이다. 그래서 호수에 조약돌을 던짐으로써 일어나는 물결은 낙하 지점과 가까운 곳일수록 더욱 강한 것처럼 행위의 결과는 행위와 상대적으로 가까운 곳을 가장 중요한 것으로 생각해야 한다. 그러나 만일 대기에 약간의 오염 물질을 방출하는 행위와 같이 당시에는 미미한 영향을 미치지만 나중에는 갑자기 대파국을 가져올 수 있는 경우도 과연 그러한가? 혼전 성관계의 광범위한 관행이 가져올 부정적인 결과가 당분간은 거의 없을지도 모르지만 몇 세대가 지나간 뒤에는 심각한 사회적 결과가 나타날지도 모른다. 우리가 "호수 파문의 가정"이 타당하다고 믿을 이유는 무엇인가? 비록 그 가정이 타당하다고 하더라도 행위나 규칙의 가까운 결과조차 계산할 수 있겠는가?

공리주의자의 답변은 우리는 적어도 많은 행위의 일반적 결과에 관한 합리적인 견해를 가질 수 있다는 것이다. 만일 우리가 어떠한 견해도 가질 수 없다면 전통적인 규칙을 견지해야 할 것이다. 유용성(utility)이라는 규준은 적어도 일부 도덕 규칙들의 평가 방법을 제공한다. 공리주의자는 우리가 만일 기존의 규칙을 채택함으로써 생기는 결과를 알지 못한다면 그 규칙의 도덕성을 언급하지 말아야 한다라고 주장할 수도 있다. 게다가 결과를 인식하는 문제는 공리주의 윤리학에 사회학과 물리학의 중요성을 재차 강조하는 꼴이다. 결과를 알지 못한다는 것은, 공리주의자가 주장하듯이 공리주의 이론의 약점이라기보다는 인간이 가지는 조건의 문제 즉 인간이 가지는 인식의 한계이다. 여러분들은 이러한 답변이 적절하다고 생각하는가?

(4) 기준 4: 정당성

필자는 정당성이라는 기준에 관하여 공리주의에 "보통"이라는 점수를 주었다. 어떤 도덕 철학이 받아들여지기 위해서는 도덕 규준을 받아들일 이유가 제시되어야 한다. 우리는 도덕 규준을 더 높은 도덕 규준으로부터 도출할 수 없기 때문에 또한 도덕 규준을 사실적 관찰로부터 직접적이고 결정적인 방식으로 도출할 수 없기 때문에 엄밀한 증명이 불가능하다는 것을 이미 살펴보았다. 그러면 어떠한 종류의 정당성이

유용성의 원리에 제공될 수 있는가? 밀은 그의 저서 《공리주의》의 4장에 나오는 유명한 구절에서 독자들에게 공리주의 이론을 받아들일 것을 확신시키는 몇 가지 고려 사항을 제시한다. 밀은 어떤 대상이 보일 수 있다는 것의 유일한 증명은 그 대상을 사람이 직접 보는 것이듯이 바람직한 어떤 것(anything is desirable)이라는 사실의 유일한 증명은 사람들이 그것을 실제로 바란다는(actually desire it) 것이라고 주장하여 가시성(visibility)과 바람직함(desirability)간의 유사성을 이끌어냄으로써 출발한다. 그 다음에 그는 사람들이 실제로 행복을 바라며 그래서 행복은 바람직한 것이거나 좋은 것이어야 한다고 지적한다. 각자의 행복은 각자에게 좋은 것이기 때문에 일반적인 행복은 사람들 전체에 좋다는 것이다.

만일 밀이 그의 논증으로써 공리주의 도덕 규준에 대한 증명을 의도했다면 그는 확실히 실수를 범한 것이다. 어떤 것이 사람들에 의해 욕구된다는 의미에서 "바람직하다"고 말하는 것은 그것이 욕구되어야 한다는 의미에서 "바람직하다"라고 말하는 것과는 전적으로 다른 의미를 가진다. 사람들은 확실히 자신들이 욕구해서는 안 되는 것을 욕구하기도 한다. 밀의 논증을 하나의 증명으로 받아들일 때 생기는 또 다른 문제는 각자의 행복은 각자에게 좋은 것이라는 사실이 일반적 행복을 촉진하는 것이 도덕적 의무라는 결론을 가져오지 않는다는 것이다. 사람들은 다수의 복지보다는 오히려 자기 자신의 행복 추구에 만족할지도 모른다. 그러나 이러한 비판은 오직 밀이 하나의 엄격한 증명을 세우려고 시도했을 때에만 적용되거니와 그의 저서는 도덕 규준이란 증명 불가능하다는 것을 밀이 인식했음을 보여준다.

밀의 생각에 따르면 우리가 할 수 있는 최선은 그 도덕 규준이 그럴듯한 것이며 합리적인 사람에게 권장할 만한 것임을 보여주는 것이다. 이러한 방식으로 해석한다면 밀의 논증은 다음과 같이 서술된다. 사람들은 자신들의 행복을 욕구한다. 이러한 욕구는 행복을 올바른 도덕 목표라고 하기보다는 행복에 근거한 도덕이 확고하게 인간성에 근거하고 있다는 것을 보여준다. 그래서 그러한 도덕은 적어도 도덕 규준의 후보가 될 수 있다. 이제 이러한 관찰을 도덕적 인간은 단순히 자기 자신보다도 오히려 타인에 대한 어떤 의무를 가진다는 신념과 결합시킨다면, 우리는 타인의 행복(혹은 이해 관계의 만족)이 합법적인 도덕 목표라고 결론지을 증거를 가지게 된다. 밀은 또한 유용성의 원리에 대한 신빙성에 관해 다음과 같은 사실 즉 우리가 주장하는 도덕적 신념은 대부분 유용성의 원리에 의해 정당화될 수 있다는 사실로부터 진일보한 증거를 도출할 수 있다고 믿었다.

이러한 견해가 논의의 여지가 있고 확실하게 증명되지 않은 주장을 포함하고 있음에도 불구하고 유용성의 규준에 신빙성을 부여한다. 만일 우리가 도덕의 체계는 인간의 선과 관련되어야 한다고 믿는다면 우리는 어떤 도덕 규준을 본질적으로 더 그럴 듯한 도덕 규준으로 제시할 수 있는가?

내용 요약

공리주의자는 규칙을 그 규칙의 결과에 의해 판단하기 때문에 공리주의의 도덕 규준으로부터 도출된 어떠한 규칙도 그 규칙을 지킴으로써 나타나는 결과들을 가정해야 한다. 만일 이러한 가정이 받아들여지지 않는다면 다른 규칙들이 정당화될 것이다. 공리주의의 개인 윤리는 항상 일반적인 복지에 기여하는 가장 효과적인 방법이 자기 자신의 능력을 개발시키는 것이라는 원리에 의해 결정되어야 한다. 공리주의가 개인 윤리의 일부 영역에서는 전통적인 도덕관과 일치하는 반면에 자살이나 안락사와 같은 문제에서는 전통적인 금지 사항을 옹호하지 않는다. 공리주의는 또한 타인에 대한 많은 공통적인 의무들 예를 들면 살인, 절도, 사기를 해서는 안 된다는 의무들을 정당화할 수 있지만 낙태의 금지를 옹호하지는 않는다.

사회 윤리의 영역에서 공리주의는 민주주의와 개인의 자유를 정당화하려는 전통적인 옹호자들에 의해 받아들여졌다. 최근의 공리주의 지지자들은, 종종 시민들의 재정적 지원과 관계 없이 국가가 모든 시민들의 필수품을 제공하려고 시도한다면 더 큰 유용성을 산출할 것이라고 주장해 왔다. 그러나 더욱 재능 있는 사회 구성원들의 사회에 대한 최대한의 기여를 유도하기 위해서는 여전히 그들에게 특별한 보상이 주어져야 한다.

공리주의는 내적인 일관성을 가지는 도덕 철학이다. 그러나 특히 의무 이상의 행위와 정의와 관련해서는 몇 가지 반직관적인 도덕 판단을 초래한다. 도덕 문제를 해결할 수 있는 공리주의자의 능력의 한계는 일반적으로 선택된 많은 도덕 규칙들의 완전한 결과를 알지 못한다는 데 기인한다. 밀의 공리주의에 대한 "증명"은 증명으로서는 실패이지만 공리주의가 그럴 듯한 도덕 철학이라고 믿을 만한 이유를 부여했다.

7 인간 존중의 윤리학

존슨은 대기업의 인사과에 고용된 심리학자이다. 어느 날 그의 상관이 그에게 다음과 같은 제안을 했다. "존슨 씨, 회사 측은 우리 종업원 몇 사람이 내년이나 내후년에 노조를 구성할 가능성에 대해서 걱정하고 있습니다. 우리는 항상 종업원과 좋은 관계를 가지고 있는데 노조의 구성이 그러한 관계를 변하게 할 것이라고 믿고 있습니다. 나는 당신이 노조에 동조하는 종업원들의 정도를 측정할 수 있는 테스트를 고안해 주기를 원합니다. 그러나 테스트의 목적은 숨겨야 합니다. 이 테스트를 회사의 새로운 고용 기회를 위한 테스트로 여기게 해주십시오. 당신은 우리를 위해 이 일을 할 수 있겠습니까?"[1]

존슨은 이러한 제안이 인사과에 근무하고 있는 심리학자로서의 자신의 가치를 상관에게 심어줄 좋은 기회라는 것을 알고 있다. 그러나 그는 이러한 지시를 윤리적으로 선택할 수 있는지에 대해서는 의문을 가지고 있다. 그는 어떻게 해야 하는가? 어떤 사람이 자신으로부터 정보

1) 이 사례는 미국 심리학회의 *Casebook on Ethical Standards of Psychologists* (Washington, D.C.: American Pschological Association, 1967), 1면에 근거했다.

를 캐기 위해 사기를 치고 있다는 것을 그가 알게 된다면 그는 어떻게 생각할까? 그는 "이용당했다"고 느끼겠는가? 아니면 어느 정도 인간으로서의 고유한 존엄성을 무시당했다고 생각하겠는가?

우리들은 대부분 이러한 문제가 도덕의 본성 가운데 놓여 있는 근본적인 문제라고 생각한다. 이러한 문제들은 확실히 유태-기독교적 전통의 중심에 있는 문제였다. 《탈무드》에 따르면, 그 전반적인 법칙은 "당신이 당하기 싫어하는 것을 다른 사람들에게 하지 말라"[2]라는 진술로 요약될 수 있다. 그리고 마태 복음 7장 21절에서 예수는 전체적인 법칙과 예언들을 다음과 같은 말로 요약할 수 있다고 말한다. "무엇이든지 남에게 대접을 받고자 하는 대로 너희도 남을 대접하라." 그와 같은 동일한 도덕 규칙에 복종해야 한다는 생각이 우리(서양 사람들)의 도덕적 사고에 깊이 스며들어 있다.

때때로 우리는 사물과 사람간의 차이를 구별함으로써 지금의 주제와 밀접하게 관련된 도덕적 통찰력을 다음과 같이 표현한다. 즉 인간들은 단순히 사물로 취급되어서는 안 되며 또한 도덕적 존재로서의 그들의 위치를 무시해서도 안 된다. 예를 들어 노예 제도는 사람들이 자신들을 위해 세워 놓은 목적과 관계 없이 인간을 상품으로 취급하기 때문에 그르다. 노예 제도하에서 노예 소유자는 인간을 기계처럼 부릴 수도 있으며 그를 사고 팔 수도 있다. 이처럼 노예 제도는 노예의 인간성에 대해 적절한 존엄성을 부여하지 않으며 또한 확실히 그것은 우리 자신들이 필요로 하는 조건도 아니다.

우리는 이러한 윤리적 전통을 **인간 존중의 윤리학**이라고 부를 것이다. 이러한 전통의 주요 논지는, 모든 인간의 인간성은 똑같이 존엄하다는 것이다. 자연법 윤리학과 마찬가지로 인간 존중의 윤리학은 유태-기독교적 전통의 본질을 비종교적 어휘로 정식화하고자 한 시도이다.

인간 존중의 윤리학은 독일 계몽주의의 위대한 사상가이며 가장 중요한 근대 도덕 철학자의 한 사람인 칸트(I. Kant, 1724~1804)와 밀접

2) Rabbi Dr. I. Epstein, ed., *The Babylonian Talmud*(London: The Soncino Press, 1948~1952), 31면. A. Donagan, *The Theory of Morality*(Chicago: Univ. of Chicago Press, 1977), 57면에서 재인용했다.

하게 관련되어 있다. 칸트의 용어는 너무나 이해하기 어렵고 그의 논증은 너무나 모호하기 때문에 여기서는 그의 도덕 철학이 가지고 있는 정확한 입장을 제시할 수 없다. 이 책에서는 그의 철학을 일반적인 지침으로서만 사용할 것이다. 칸트와 친숙한 독자들은 이 장의 많은 부분에서 그의 영향력을 인식할 것이다. 그러나 이 장에서는 칸트의 도덕 철학에 대해 논의하는 것이 아니라 인간 존중의 윤리학에 대해 논의하고 있음을 명심해야 한다.

칸트가 사용한 두 가지 도덕 규준에 대한 우리의 해석이 칸트의 해석과 종종 다르다고 하더라도 여기서는 논의의 근거로서 칸트가 사용한 두 가지 도덕 규준의 정식을 사용할 것이다. 칸트는 두 가지 규준이 동등하며 옳은 것 또는 그른 것과 관련하여 항상 동일한 결론을 가져온다고 믿었다. 우리는 이러한 주장에 대해 의심할 만한 이유들을 가지고 있다. 그래서 어떤 행위가 인간 존중의 윤리학에 의해 도덕적으로 허용되기 위해서는 도덕 규준의 두 가지 해석을 통과해야 한다는 것을 상세히 설명하고자 한다.

우리가 먼저 살펴보아야 할 도덕 규준의 첫번째 해석은 보편화 원리(universalization principle)이다. 이 해석의 적절한 응용을 위하여 우리는 자멸 테스트(self-defeating test)라고 부르는 하나의 테스트에 관해 논의해 볼 것이다. 도덕 규준의 두번째 해석은 수단과 목적의 원리(means-ends principle)이다. 우리는 두번째 해석의 적절한 응용을 위해 두 가지 테스트 즉 소극적 테스트와 적극적 테스트를 고려할 것이다. 이러한 원리들과 테스트들을 차례차례 고찰해 보기로 하자.

제1절 도덕 규준의 한 가지 해석으로서의 보편화 원리

모든 인간에게는 동등한 존엄성이 부여되어야 한다는 생각이 보편화 원리의 근거이다. 이러한 원리는 인간 존중의 윤리학의 한 가지 도덕 규준으로서 다음과 같이 정식화될 수 있다.

MS 1 : 어떤 행위에 전제된 도덕 규칙을 모든 사람이 받아들이는 데 동의할 수 있다면 그 행위는 옳다.

규칙 공리주의와 마찬가지로 이 규준은 개인의 행위라기보다는 규칙들의 분석에 근거한다. 만일 우리가 단지 행위만을 살펴본다면 우리의 행위가 타인들이 준수하는 행위와 동일한지를 어떻게 결정할 수 있는가? 만일 우리의 행위에 근거되어 있는 도덕 규칙을 타인들이 채택한다면 우리도 다른 사람들이 수행하는 것을 기꺼이 받아들일 것인가를 생각해 보자. 이러한 생각은 도덕적 선택을 포함한 모든 행위가 실제로는 하나의 도덕 규칙을 전제하고 있다는 것을 가정한다.[3)]

보편화 원리를 적용하기 위해서 우리는 먼저 평가될 행위에 전제된 도덕 규칙을 결정해야 한다. 예를 들어 돈을 갚겠다고 허위로 약속하고서 돈을 빌릴 수 있다는 가능성에 대해 생각해 보자. 이러한 행위에 전제된 규칙은 다음과 같다.

모든 사람은 돈을 갚겠다고 거짓으로 약속하고 돈을 빌려도 괜찮다.

우리가 그 다음으로 할 일은 타인들이 보편화된 규칙을 따른다면 우리도 그것에 동의할 수 있는지의 여부를 결정하는 일이다. 그러기 위하여 자멸 테스트를 적용해 보자.

(1) 자멸 테스트

자멸 테스트에 의해 제기되는 문제는 다음과 같다.

나는 내가 사용하는 규칙에 따라 행위하는 나 자신의 능력을 손상시키지 않고서도 그 규칙에 따라 행위하는 타인들의 행위에 대해서도 똑같이 동의할 수 있는가?

3) 규칙들에 대한 필자의 생각은 몇 가지 방식에서 칸트의 "준칙"(準則)에 대한 논의와 같다. 그러나 여기서는 칸트의 입장을 제시하고 있는 것이 아니다.

내가 사용하는 규칙에 따라 행위하는 타인들의 행위에 대해 내가 모순 없이(consistently) 동의할 수 있는지의 여부를 결정하기 위해, 우리는 모든 사람이 이 규칙을 사용하는 데 필요한 조건들과 모든 사람이 동시에 그렇게 행위할 때 정상적으로 나타나게 될 결과들을 실제 상황에 비추어 상상해 보아야 한다.[4] 우리의 현행 규칙의 경우에 문제가 되고 있는 그 행위를 모든 사람이 수행한다고 가정했을 때 예견할 수 있는 결과는 어떤 사람도 약속을 근거로 돈을 빌려 주지는 않을 것이라는 점이다. 왜냐하면 그러한 약속이 거짓이라고 생각할 것이기 때문이다. 이러한 결과는 돈을 갚겠다고 (거짓) 약속을 하면서 돈을 빌릴 수 있다는 나의 능력에 손상을 입힌다. 우리는 사람이 경험을 통해 아무것도 배우지 못한다고 가정했을 경우에만 타인들도 우리가 채택한 동일한 규칙에 따라 살아갈 것이라고 모순 없이 주장할 수 있다. 따라서 그 규칙은 자멸적이다.

자멸 테스트는 나와 타인이 동시에 그 규칙을 준수한다면 어떤 결과가 일어나는지에 대해 우리가 의문을 던진다는 사실을 가정하고 있음을 명심해야 한다. 명백히 만일 지금 내가 부정직한 방침을 채택하지만 타인들은 지금부터 1년 동안 그 방침을 채택하지 않는다면 나는 당분간은 많은 거짓 약속을 벌받지 않고도 해 나갈 수 있다. 이 경우 내가 그 방침을 채택할 때 동시에 타인들도 그 방침을 채택한다면 경우가 다를 것이며, 그 방침은 자멸적인 것이 될 것이다.

거짓 약속의 도덕성에 관한 이러한 결론은 놀라운 것이 아니다. 왜냐하면 자멸 테스트가 거짓 약속을 부도덕한 것으로 배제할 수 없다면 그 테스트의 효과는 약화될 것이기 때문이다. 그럼에도 불구하고 다른 예들은 많은 문제를 야기시킬 수 있다. 농업과 같은 직업에서 보편화 원

---

4) O. Nell, *Acting on Principle: An Essay in Kantian Ethics*(New York: Columbia Univ. Press, 1975), 63~81면 참조. 자멸 테스트에 대한 필자의 해석은 넬의 책과 중요한 차이가 있지만 어쨌든 많은 영향을 받았다. 이러한 동일한 예를 사용한 칸트의 설명은 넬이나 필자의 의도보다 칸트 자신의 의도에 더 가까울 것이다. R.P. Wolff, *The Autonomy of Reason: A Commentary on Kant's Groundwork of Metaphysic of Morals*(New York: Harper & Row, 1973), 165~169면 참조.

리는 종종 곤란에 빠진다. 왜냐하면 아무도 곡물을 경작하지 않는 것이 바람직하지 않은 것처럼 모든 사람이 곡물을 경작하는 것도 바람직한 것은 아니기 때문이다. 다음과 같이 짧기는 하지만 받아들일 수 있는 규칙을 고려해 보자.

모든 사람은 곡물을 경작해야 한다.

나는 나 자신의 규칙을 파괴할 것이라는 두려움 없이 나와 그 밖의 모든 사람들은 곡물을 경작해야 한다고 모순 없이 확실하게 주장할 수 있다. 이러한 사태는 한때 거의 보편적이었다. 그리고 세계의 일부에서는 지금도 여전히 지배적인 규칙이다. 그러나 이제 대안적 규칙을 고려해 보자.

모든 사람은 곡물을 경작해서는 안 된다.

나는 나와 그 밖의 모든 사람들이 곡물을 경작하지 말아야 한다고 모순 없이 주장할 수 있다. 이 규칙은 사람들을 굶어 죽게 만들 것이다. 그러나 굶어 죽어가는 사람들은 잘 먹으려고 하는 것과 마찬가지로 먹는 것을 거부할 수도 있다. 그래서 이 규칙은 자멸적인 것은 아니다.

그 규칙과 대안 모두가 보편적으로 준수될 수 있는데, 그렇다면 우리는 곡물 경작의 도덕성에 관하여 무엇을 말할 수 있는가? 어떤 학자는 다음과 같이 제안한다. 즉 어떤 규칙과 그 규칙의 대안 모두가 모순 없이 보편적으로 받아들여질 수 있다면 그 규칙이나 그 대안적 규칙과 일치하는 행위들은 둘 다 도덕적으로 허용할 수 있는 행위들로 분류된다는 것이다. 다시 말하면 그 행위들은 요구되지도 금지되지도 않는다는 것이다. 이러한 경우에 곡물을 경작할 것(또는 곡물을 경작하지 말 것)을 요구하지도 않으며, 곡물을 경작할 것(또는 곡물을 경작하지 말 것)을 금지하지도 않는다. 이러한 해결은 그러한 문제에 관하여 우리의 의도를 반영하며 보편화 원리와도 일반적으로 일치한다.[5]

---

5) O. Nell, *Acting on Principle*, 79면 참조.

또 다른 흥미 있는 경우는 어떤 규칙과 그 대안 모두가 보편화될 수 없는 경우이다. 다음의 규칙을 고려해 보자.

> 모든 사람은 구두를 사야 하지만 팔아서는 안 된다.

여기서 우리는 명백히 이 규칙을 보편적으로 받아들이는 데 대해 동의할 수 없다. 왜냐하면 모든 구매는 동시에 판매를 요구하기 때문이다. 그러나 우리가 다음과 같은 대안적 규칙을 고려할 때도 유사한 결론이 도출된다.

> 어떠한 사람도 구두를 사서는 안 된다. 그러나 모든 사람은 구두를 팔아야 한다.

어떤 규칙과 그 대안적 규칙 모두가 이와 같이 자멸적인 경우 또는 이와 유사한 경우에, 그 규칙이나 그 대안적 규칙과 일치하는 행위들은 둘 다 도덕적으로 허용될 수 없는 행위들로 분류될 것이다.

시 당국에 복종할 의무를 가지는지의 여부와 관련된 마지막 예를 들어보자. 우선 다음의 규칙을 고려해 보자.

> 모든 사람은 시 당국에 복종해야 한다.

우리가 이 규칙의 보편적 채택에 대해 모순 없이 그리고 동시에 동의할 수 있다는 것은 명백해 보인다. 별 문제 없이 우리는 법과 당국에 대한 일반적 지식과 존엄과 같은, 목적을 수행하는 데 필요한 조건들을 받아들일 수 있다. 우리는 또한 안전하고 평화스럽고 질서 정연한 사회와 같은, 그 규칙을 성공적으로 수행함으로써 예견될 수 있는 결과들을 받아들일 수 있다. 이러한 규칙은 자멸적이지 않다. 한편 다음의 대안적 규칙을 고려해 보자.

> 어떤 사람도 시 당국에 복종해서는 안 된다.

우리는 이 규칙에 대해 모순 없이 그리고 동시에 동의할 수는 없다. 왜냐하면 그 결과들은 총체적인 혼돈 상태, 즉 합리적인 어떠한 목표도 안전하고 성공적으로 추구할 수 없는 혼돈 상태가 될 것이기 때문이다. 좁은 의미에서는 이러한 혼돈 상태 속에서 시 당국에 계속 복종하지 않는 것이 가능할지도 모르지만 그럼에도 불구하고 이러한 불복종에 의해 한 개인이 마음 속에 가지고 있는 목적(즉 법을 준수하는 동료보다 더 나은 것을 얻는다는 목적)은 명백히 손상될 것이다. 그래서 이 규칙은 자멸적이다.

이러한 예는 어떤 규칙을 일반적으로 받아들임으로써 초래되는 모든 결과를 고려하는 것이 얼마나 중요한지를 보여준다. 또한 이러한 예는 어떤 규칙을 모순 없이 그리고 동시에 받아들일 수 있는지의 여부를 결정하는 완전한 방법이 없다는 것을 보여준다. 보편화 원리를 적용하는 것은 상상력을 요구하며 때로는 논의의 여지가 있을 수 있다. 그러나 여러분들은 대안적 행위들의 결과를 결과의 유용성이나 인류 전체의 복지에 대한 공헌이라는 견지에서 고려하고 있는 것이 아님을 기억해야 한다. 오히려 여러분들은 어떤 방침의 일반적인 채택이 그 방침에 대한 여러분들의 채택 가능성을 손상시키는지의 여부를 묻고 있는 것이다.

(2) 도덕 규칙의 정식화

여러분들은 이제 자멸 테스트를 적용하는 문제에 대해서는 관심을 가지게 되었을 것이다. 우리는 보편화 원리를 가지고 행위를 직접 테스트하는 것이 아니라 행위를 묘사하고 있는 구체적인 규칙을 테스트하고 있다는 것을 명심해야 한다. 우리는 주어진 행위를 서술하는 데에는 하나 이상의 규칙이 사용될 수 있다는 것과 어떤 행위의 기초가 되는 구체적인 규칙은 그 행위를 평가할 때 엄청난 차이를 초래할 수 있다는 것을 알고 있다.

어떤 사람이 전공 시험을 치뤄야 하는데 아르바이트 때문에 충분히 공부하지 못했다고 생각해 보자. 그는 시험에서 부정 행위를 하기로 결심하고 시험에 제출되리라고 확신하는 문제의 답을 적어서 교실에 가지고 들어가려고 했다. 그는 다음과 같이 하나의 규칙을 정식화함으로써 자신의 행위를 정당화하려고 한다.

> 모든 사람은 정말로 어쩔 수 없는 조건들 때문에 충분히 공부할 시간이 없었다면, 그리고 그 시험이 각자의 학문적 경력에 중요하다면 시험에서 부정 행위를 해도 좋다.

그는 이러한 규칙이 보편화될 수 있다고 주장할지도 모른다. 부정 행위는 한정되어 있고 광범위하게 시행되지 않기 때문에 성적의 순서를 뒤바꾸지 않을 수도 있다. 그러나 여러분들은 그 규칙이 불법이라고 결론지을 것이며 적어도 도덕적으로 문제가 있는 규칙이라고 말할 것이다.

서로 다른 규칙들이 동일한 행위를 서술할 수 있기 때문에 그리고 우리가 선택하는 규칙은 행위를 평가하는 데 매우 중요하기 때문에 우리는 그 규칙의 정식화에는 어떤 지침이 부여될 수 있는지를 물을 수 있다. 우리는 단지 규칙들이 너무 구체적이어서도 안 되고 너무 광범위해서도 안 된다고만 말할 수 있다.

어떤 규칙이 구체적인 장소, 시간 또는 사람들에 대한 언급을 포함한다면 그 규칙은 구체적이다. 시험에서의 부정 행위를 정당화시키는 규칙을 정식화할 때, 하나의 상황에만 적용되는 다음과 같은 규칙을 만드는 것이 가능하다.

> 만일 나의 이름이 홍길동이며 내가 1992년 12월 17일 모 대학교에서 화학 시험을 치루고 있다면, 그리고 내가 21세이며 의대에 편입하고자 한다면 나는 시험에서 부정 행위를 해도 좋다.

이 규칙은 보편적인 것이 아니다. 왜냐하면 이 규칙은 한 상황에서 한 사람에게만 적용될 수 있기 때문이다. 그러한 규칙은 보편화의 목적을 파괴한다.

어떠한 예외도 허용하지 않는 규칙은 너무나 광범위한 규칙이다. 우리들 중에 "결코 거짓말하지 말라"고 말하는 규칙의 결과를 받아들이려고 하는 사람은 거의 없다. 명백하게 정신 이상자인 사람이 손에 피 묻은 칼을 들고 방에 들어와서 어떤 사람의 거처를 물어본다면 우리는 오히려 그 사람에게 거짓말하는 것이 도덕적으로 정당화될 수 있다고 생각할 것이다. 우리가 "거짓말하는 것이 무고한 생명을 구하는 데 필수적일 때는 거짓말을 할 수 있다"와 같은 어떤 일정한 상황에서 거짓말을 허용하는 규칙의 결과를 받아들이는 것은 충분히 가능하다. 다른 말로 하면 하나의 규칙은 도덕적으로 관련된 사실들을 충분히 설명할 정도로 구체적이어야 한다는 말이다.

이러한 일반적인 지침을 무시한다면 오직 한 사람만이 자신의 행위나 타인의 행위를 매우 적절하게 서술하는 것처럼 보이는 규칙을 정식화할 수 있을 뿐이다. 우리는 타인의 동기와 환경보다 자신의 삶의 동기와 환경에 관해서 더 많이 알고 있기 때문에 타인의 행위보다 자신의 행위를 더욱 나은 입장에서 묘사하고 정식화시킬 수 있다. 그래서 우리는 타인의 행위를 평가할 때 항상 조심스러워야 한다.

제2절 도덕 규준의 한 가지 해석으로서의 수단과 목적의 원리

화이트맨이라고 불리는 가상의 인물은 고루한 생각을 가진 인종 차별주의자이다. 그는 모든 흑인이 노예이어야 한다고 믿는다. 심지어 그는 자신이 "흑인의 피"를 가지고 있다는 것이 발견된다면 그 자신 역시 기꺼이 노예가 되겠다고 자처한다. 우리들은 대부분 그의 견해를 부도덕의 전형이라고 생각하기 때문에 그의 입장이 보편화 원리의 테스트를 통과한다는 것을 알게 되면 매우 당혹스러워 할 것이다. 그의 관점은 자멸적이지 않다. 왜냐하면 모든 사람이 이러한 입장을 지지하고 그 입장에 따라 행위한다고 해도 그것이 그로 하여금 그 자신의 견해를 주장하지 못하도록 하지는 않기 때문이다.

그와 같이 명백히 부도덕한 행위가 보편화 원리라는 테스트를 통과할 수 있다는 사실은 이 원리가 도덕에 대한 완전한 지침으로서 부적절하다는 것을 말해 준다. 테스트를 적용할 때 그것이 유용함에도 불구하고 행동이 자멸적인 경우는 극히 드물다. 보편화 원리는 모든 인간의 평등을 강조한다. 모든 인간의 평등은 인간 존중의 윤리학에서 중요한 부분이며 도덕적으로 받아들일 수 있는 규칙을 위한 최소한의 조건을 제공한다. 그러나 이 조건은 이러한 예가 보여주듯이, 도덕적으로 받아들일 수 있는 규칙의 충분 조건은 아니다. 이러한 이유 때문에 인간 존중의 윤리학의 도덕 규준에 대한 또 다른 해석 즉 **수단과 목적의 원리**를 고려해야 한다. 이 원리는 다음과 같이 서술될 수 있다.

> MS 2 : 자신뿐 아니라 다른 모든 사람을 단순한 수단으로서가 아니라 목적으로 대하는 행위들은 옳다.

하나의 수단이 아니라 하나의 목적으로서 사람을 대한다는 것은 무엇을 의미하는가? 이 문제에 대해 답변하기 위해서는 사물과 사람의 중요한 차이를 설명해야 한다. 인간 또는 도덕적 행위자는 자신의 목적을 정식화하고 수행할 능력을 가지는 반면에 사물은 외부로부터 결정된 목적을 가진다. 예를 들면 커피잔과 마찬가지로 연필깎는 기계는 특수한 기능을 수행하도록 만들어졌다. 다른 한편으로 인간은 자신의 목적을 결정할 수 있다. 이와 같이 자신의 목적을 결정하는 인간 또는 도덕적 행위자의 능력은 수단과 목적의 원리의 근거이다. "한 인간을 목적으로 대하는 것"은 도덕적 행위자로서 효과적으로 기능하는 데 필수적인 조건과 관련됨을 의미한다.

그러나 한 사람의 도덕적 행위자가 효과적으로 실행할 수 있는 조건을 살피기에 앞서, 어떤 사람을 "**단순한 수단으로서**" 대한다는 것이 무엇을 의미하는지를 물어야 한다. 이 구절은 어떤 의미에서는 한 개인을 수단으로 대하는 것이 합법적이라는 것을 함축하고 있다. 우리는 종종 타인들과 관련된 일상 생활 속에서, 우리가 인격체로서의 타인의 지위와 상대적으로 무관하다는 의미에서 그들을 하나의 수단으로 대하기도 한다. 우체국에 갈 때 나는 우표를 파는 우체국 직원에 대해 일반적인 태도 말고는 그의 생각에 대해 특별한 관심을 가지지 않는다. 어떤 의미에서 나는 그 직원을 우표를 얻으려는 나의 목적에 대한 수단으로 대한다. 그러나 나는 그 직원을 **단순히** 또는 **단지** 하나의 수단으로 대하는 것은 아니다. 왜냐하면 나는 도덕적 존재로서의 그의 지위에 대해서 어떤 것도 부인하지 않기 때문이다.

많은 사회적 관계들은 타인을 수단으로 대하는 요소를 포함하지만, 그러한 관계는 오로지 수단으로서만 대하는 관계는 아니다. 나는 나의 의사를 병을 낫게 하는 수단으로 대한다. 그러나 나는 그를 단순히 수단으로서만 대하는 것은 아니다. 왜냐하면 인격체로서의 그의 지위를 부정하지 않기 때문이다. 학생들은 교수를 지식을 얻고 학위를 획득하기 위한 하나의 수단으로 대하지만 단순히 수단으로서만 대하는 것은 아니다. 왜냐하면 교수의 인간성을 무시하지는 않기 때문이다. 개인을 하나의 수단으로 대하는 것이 이와 같은 한정된 방식으로 허용될 때만 사회적 관계가 가능할 것이다.

(1) 예비적 개념

수단과 목적의 원리의 기본 개념은 단순하나 그 적용은 종종 까다롭다. 여러분이 이 원리를 적용하는 데 도움을 주기 위해서 우리는 다음의 세 가지 문제를 논의할 것이다. (1) 도덕적 행위자의 조건, (2) 상실의 원리, (3) 평등의 원리.[6)]

1) 도덕적 행위자의 조건

한 개인이 도덕적 행위자로서 행위하기 위해서는 두 가지 근본적인 조건이 필요하다. 첫번째 조건은 **자유**(freedom) 또는 **자발성**(voluntariness)이다. 이것에 의해 한 개인은 강요되지 않은 자신의 선택으로서 자신의 행동을 조절하거나 시작한다. 두번째 조건은 **목적성**(purposiveness) 또는 **행복**(well-being)이다. 이것에 의해 한 개인은 스스로 목표를 세우고 목표 달성에 필요한 능력을 가진다. 이 두 조건을 고려해 보자.

---

6) 다음의 논의는 A. Gewirth, *Reason and Morality*(Chicago: Univ. of Chicago Press, 1978), 특히 199~271, 338~354면에 크게 의존하고 있다.

자유 또는 자발성의 조건은 자연스럽게 폭력과 강압으로부터 보호받을 권리를 생각하게 한다. 강도나 강간과 같은 폭력 행위 속에서 한 개인의 자유는 초라해진다. 그런 경우에 사람들은 직접적인 육체적 강요나 심리적 강압에 의해 행위할 수밖에 없기 때문에 동의할 기회를 가지지 못한다. 강요된 매춘과 같은 강압적인 행위 속에서 한 개인은 이에 동의를 하지만 그렇게 하는 것이 진실로 자유로운 선택은 아니다. 사기 역시 타인의 자유를 제한한다. 사기 행위에 있어서 개인은 강요되지 않은 동의를 하지만 그 동의는 오직 그 사람에게 의도적으로 표현된 거짓말이나 허위 진술의 결과일 뿐이다.

한 개인의 자유는 다른 방식으로도 방해받을 수 있다. 육체적이거나 정신적인 질병, 제멋대로 생각하는 무지 또는 자기 기만, 그리고 마약이나 술에 의해 감정을 지배당하는 것과 같은 어떤 강박 관념 상태에서의 복종은 한 개인의 자발적인 행위를 제한할 수 있다. 지식의 결핍(lack of knowledge) 역시 자유로운 결정에 대한 주요한 장애물이다.

도덕적 행위자에게 필수적인 또 다른 조건은 이른바 행복 즉 어떤 사람이 자유롭게 선택한 목적을 실행하기 위해 필요한 선(goods)이다. 만일 한 개인이 목표를 선택할 수 있으나 실행할 수 없다면 도덕적 행위자로서의 그는 별 가치가 없다.

선의 몇 가지 범주는 사실상 도덕적 행위자에게 필수적이다. 생명, 의식주, 육체적 건강, 정서적 안정과 같은 **기본적인 선**(basic goods)은 우리의 목적적 행위에 대한 전제 조건들이다. **필수적인 선**(nonsubtractive goods)은 목적 수행의 수준을 감소시키지 않게 하는 데 필요한 능력이나 조건들이다. 이러한 선은 거짓말하지 않는 것, 속이지 않는 것, 남을 비방하지 않는 것, 욕하지 않는 것들을 포함한다. 또한 약속이 깨지지 않을 것과 사생활이 침범되지 않을 것도 포함한다. 우리는 이미 약속을 깨는 것이 자멸 테스트를 어길 뿐 아니라 한 개인의 행위 능력을 저하시킨다는 것을 보았다. 마지막으로 **부가적 선**(additive goods)은 목적 수행의 수준을 높이는 데 필요한 능력과 조건들이다. 이러한 선은 재산을 소유하는 것, 행복과 자기 존중의 의미를 아는 것, 차별받지 않는 것 등을 포함한다. 부가적 선은 또한 지혜, 용기, 절제와 같이 사람들 각자의 목표를 더욱 효과적으로 추구하게 만드는 기질의 덕을 포함한다. 자유와 행복의 다른 측면들 역시 사람들을 도덕적 행위자로서 행위하도록 하는 데 중요하다. 하지만 모든 측면들을 열거하는 것은 불가능하다. 그럼에도 불구하고 이것들은 종종 도덕적인 결정을 할 때 중요하다고 할 수 있다.

2) 상실의 원리

수단과 목적의 원리는 내가 모든 사람을 즉 나 자신과 다른 사람들을 똑같이 단순한 수단이 아니라 목적으로 대할 것을 요구한다. 보편화 원리는 또한 모든 사람이 동일한 규칙에 따라 살아가야 하며 목적으로 타인들을 대하지 않을 경우에는 목적으로 대우받을 권리를 상실하게 된다는 것을 의미한다. 그러므로 인간 존중의 윤리학은 자연법 윤리설과 마찬가지로 상실의 원리를 요구한다. **상실의 원리**란 내가 타인을 단순한 수단으로서 대한다면 자유와 행복에 대한 나의 권리를 상실한다는 것을 의미한다. 나는 나의 모든 권리를 필연적으로 상실하는 것은 아니지만 일반적으로 나의 권리는 내가 침범한 타인들의 권리에 비례해서 상실된다.

국가가 범법자(犯法者)를 투옥이나 사형으로 처벌할 때 그 범법자는 도덕적 행위자로서의 완전한 기능을 위한 필수적인 자유와 행복의 측면 중 몇 가지를 박탈당하는 것이다. 그럼에도 불구하고 그와 같은 처벌은 정당하다. 왜냐하면 그가 행한 범죄는 다른 사람을 단지 수단으로 취급했기 때문이다. 그가 절도, 강탈, 살인 또는 그 밖의 어떤 범죄를 범했든지간에 그는 타인들로부터 자유와 행복을 박탈하는 행위를 한 것이다. 처벌은 이러한 행위에 대한 합법적인 대응이며 수단과 목적의 원리를 위반한 것이 아니다.

범죄 행위만이 한 개인이 단순한 수단으로서가 아니라 하나의 목적으로서 대우받을 권리를 상실하는 방식은 아니다. 내가 어떤 사람을 비방하거나 모욕한다면 그는 나를 때리거나 어떤 다른 방식으로 나의 자유와 행복을 제한함으로써 적절히 대응할 수 있다. 사업가나 전문가가 태만으로 인해 자신의 고객의 안전이나 일반 대중의 안전을 위태롭게 할 때, 어떠한 가치 있는 법률적 행위를 가하지 않는다고 하더라도 그들을 질책하거나 그들의 직업을 박탈하는 것이 적절할 수 있다.

상실의 원리의 수정된 해석은 한 개인이 자발적으로 또는 암암리에 어떤 종류의 관계를 맺을 때 적용될 수 있다. 만일 당신과 내가 동일한 품목으로 경쟁하고 있는 서로 다른 가게의 소유자라면 그리고 결국 내가 당신을 이긴다면 나는 확실히 당신의 자유와 행복을 해치고 있는 것이다. 그러나 나의 행위는 당신과의 사업 경쟁에서 정당화된다. 왜냐하면 사람들은 경쟁적인 사업 환경에 임할 때 이러한 가능성에 대해 암암리에 동의한 것이기 때문이다.

3) 평등의 원리

우리가 수단과 목적의 원리를 적용할 때 자주 겪게 될 또 다른 문제는 상충하는 의무들의 문제이다. 제2차 세계 대전중에 있었던 영국의 두 여자 이중 스파이의 이야기를 상기해 보자. 그들이 영국에 있는 동안 연합군은 나치가 그들의 정체에 대해 알고 있다는 정보를 포착했다. 만일 그들을 되돌려 보낸다면 그들은 체포되어 고문받고 결국 살해될 것이 거의 확실하다. 인간 존중의 윤리학의 견지에서는 이러한 경우 어떻게 해야 하는가?

중요한 것은 어떤 대안이 채택되든 관계된 사람들의 자유와 행복에 해를 끼치게 될 것이라는 점이다. 이중 스파이들이 독일로 되돌아간다면 자유를 잃게 되고 육체적 고문과 죽음을 당하게 될 것이다. 만일 그들이 독일로 되돌아가지 않는다면 연합군은 전쟁에서 상당한 피해를 입게 될 것이며, 아마도 더 많은 생명을 잃게 될 것이다. 관련된 사람들의 자유와 행복은 각각의 대안들에 따라 해를 입을 것이다.

두 가지 도덕 규준에 기본적으로 깔려 있는 평등하게 대해야 한다는 생각은 또다시 근본적인 지침을 제공해 준다. **평등의 원리**에 의하면 관련된 사람들의 자유와 복지를 침해해야 할 때 사람들은 자신들이 달리 취급되어야 할 이유가 존재하지 않는 한 평등한 대우를 받아야 한다. 몇 가지 부가적 기준들이 이 원리를 수행하는 데 도움을 준다. 모든 사람을 목적으로서 동등하게 대할 때 우리는 (1) 위협받게 되는 자유와 행복이 얼마나 중요한지, (2) 이러한 것들이 얼마나 심각하게 제한될 수 있는지, (3) 관련된 자유와 행복이 직접적으로 침해되는지 아니면 간접적으로 침해되는지의 여부를 고려해야 한다.

이러한 기준을 이중 스파이의 경우에 적용한다면 아마도 다음과 같은 결론이 도출될 것이다. (1) 관련된 자유와 행복은 매우 중요하다. 그것은 자유로운 결정과 육체적 삶 그 자체를 영위할 수 있는 능력이다. (2) 그 여자들의 가치는 심각하게 위협받는다. 즉 그 여자들은 단순히 자신들의 자유나 행복에 해를 입는 것이 아니라 생명과 자유를 모두 잃게 된다. 전쟁의 연장으로 인해 죽거나 다치는 사람들 역시 생명과 자유를 잃게 된다. (3) 그 여자들에 대한 위협은 나치의 암호를 풀지 못함으로써 해를 입게 될 연합군과 시민들에 대한 위협보다 명백히 더 직접적이고 즉각적이다.

평등의 원리를 적용하면 우리는 독일로 이중 스파이들을 되돌려 보내는 것은 도덕적으로 그른 일이라고 결론내리게 된다. 왜냐하면 무엇보다도 그들의 권리가 더욱 직접적이고 심각하게 침해되기 때문이다. 그들은 단순한 수단으로 취급되고 있었다. 만일 그들을 독일로 되돌려 보내는 것을 정당화시키고자 한다면 인간 존중의 윤리학으로부터 도출된 논증보다 공리주의의 여러 고려 사항들을 사용해야 할 것이다.

우리가 개인을 단순한 수단이 아니라 목적으로 대하고 있는지의 여부를 결정하기 위해서 우리는 두 가지 테스트를 사용할 수 있다. 소극적 테스트는 한 개인의 자유나 행복이 우리의 행위에 의해 위협받는지의 여부를 묻는다. (우리는 그 개인을 단순한 수단으로 취급했는가?) 적극적 테스트는 타인들이 자유와 행복을 성취하는 데 우리가 도움을 주는지의 여부를 묻는다. (우리는 그들을 목적으로 대했는가?) 소극적 테스트는 적극적 테스트보다 엄격하다. 이들 각각을 차례대로 살펴보자.

(2) 소극적 테스트

우리는 처음에는 타인의 권리를 결코 무시해서는 안 된다고 주장할지도 모른다. 그러나 앞의 고려 사항들은 때로는 타인의 권리를 무시해야 한다는 것을 보여준다. 범죄 행위나 의무들간의 상충을 야기하는 상황에서는 다른 사람들의 자유나 복지는 무시될 수밖에 없다. 이러한 점을 유의한다면 수단과 목적의 원리의 **소극적 테스트**를 구성하는 문제는 다음과 같이 정식화될 수 있다.

그 행위는 나 또는 타인의 자유나 행복을 무시하는가?

앞 절에서 논의했듯이 이 테스트의 적용이 항상 쉬운 것은 아니다. 우리는 상실의 원리를 적용할 수 있다는 사실을 기억해야 한다. 또한 때때로 의무들은 상충할 수 있기 때문에 자유와 복지에 대한 사람들의 권리는 어느 정도 무시되거나 소홀해질 수밖에 없다는 점에도 유의해야 한다.

소극적 테스트를 5장에서 논의된 36세의 회계사의 사례에 적용해 보자. 엘리어트는 치명적인 암에 걸린 것으로 판명되었다. 그는 오직 몇 달밖에 살지 못하며 약물 치료로도 더 이상 진정시킬 수 없는 대단히 고통스러운 신경근(神經筋)의 통증에 괴로워하고 있다. 그의 병으로 인해 그의 가정의 경제는 엉망이 되었다. 게다가 그는 부인과 자식들이 이미 자신의 불가피한 죽음에 대비하여 정신적으로 자신으로부터 멀어지기 시작했음을 알고 있다. 수단과 목적의 원리의 소극적 테스트에 따르면 그가 자살하는 것은 그릇된 것인가?

만일 엘리어트가 자살한다면 그가 사용하는 규칙은 다음과 같이 정식화될 수 있다.

죽음이 불가피하고 커다란 고통을 겪고 있으며 살아 있을 어떤 강력한 이유가 없다면 개인은 생명을 끊을 수 있다.

수단과 목적의 원리는 엘리어트가 자신과 타인들을 모두 단순한 수단으로서가 아니라 목적으로 대할 것을 요구한다. 이러한 사례에서 영향받는 사람들은 그 사람과 그의 가까운 가족들이다. 우선 엘리어트에 대한 소극적 테스트의 적용을 고려해 보자. 소극적 테스트는 그가 자신의 자유나 행복을 무시해서는 안 된다고 규정한다. 그가 진정으로 자신의 생명을 끊기를 원한다는 사실이 그가 자신의 자유를 무시하고 있다는 것을 의미하지는 않는다. 그러나 그는 자신의 병이 가족의 경제를 엉망으로 만들고 있다는 사실에 의해 심각한 압박을 받고 있다고 느낀다. 만일 그가 실제로 자신의 진실한 욕구와는 다르지만 가족의 경제를 보존하기 위해 자신의 생명을 끊었다면 그는 자신의 생명을 단순히 수단으로 취급한 것이기 때문에 그의 자살은 부당하다. 다른 한편으로 그가 만일 가족을 위한 자기 희생의 표시로서 진실로 자신의 삶을 포기하고자 원한다면 이러한 행위는 수단과 목적의 원리의 소극적 테스트에 합치할 수 있다.

엘리어트의 경우에 자유의 추구와 행복의 추구는 상충한다. 엘리어트는 자살을 함으로써 자유롭게 행위하고 있는지도 모른다. 그러나 그렇게 함으로써 그는 자신의 생명을 포기하고 다른 모든 선을 배제시킨 것이다. 자유의 우선성에 따라 행한 이러한 결정은 정당화될 수 있는가? 이러한 경우에 최소 수준 이상의 행복 추구는 실패하게 되어 있다. 그리고 엘리어트는 여하간에 곧 자신의 생명을 잃게 된다. 따라서 그가 행복보다 자유에 우선성을 부여하는 것은 합법적인 것으로 보인다. 만일 생명을 포기하려는 그의 결정이 충분히 생각한 후에 자유롭게 내려진 것이라면 우리는 그와 같은 결정이 그와 관련되는 한 수단과 목적의 원리의 소극적 테스트를 위반하지 않는다고 말해야 할 것이다.

이제 그의 자살이 그의 가족에게 미치는 영향을 살펴보자. 실제로 그의 가족이 그의 죽음을 불가피한 것으로 받아들이기 시작했다면 그의 결정이 그들의 자유나 행복을 무시하고 있는 것은 아닐 것이다. 그러나 그들은 그의 자연적인 죽음은 받아들일지 모르지만 그의 자발적인 죽음은 받아들이지 않을 수 있다. 그들이 그의 자발적인 죽음을 받아들일 수 없다고 하더라도 엘리어트의 자살은 그가 가족을 단순한 수단으로 대하고 있다는 것을 의미하는가? 여기에는 두 가지 답변이 가능하다.

첫째, 엘리어트와 그의 가족의 요구는 상충할지도 모른다. 이러한 경우에 양측 모두를 위한 완전한 자유는 불가능하다. 만일 그의 가족이 그를 가능한 한 오랫동안 살아 있게 하려는 목표를 성취한다면(이러한 선택이 그들의 목적임을 가정한다면), 엘리어트는 자신의 불행을 끝내려는 자신의 목적을 성취할 수 없다. 대안으로서 만일 그가 자신의 불행을 끝내려는 자신의 목표를 성취한다면 그의 가족들은 자신들의 목표를 성취할 수 없다. 완전한 자유가 불가능하다는 것이 확실하다면 평등의 원리로부터 전개된 지침을 사용하여, 엘리어트는 자신의 생명을 마음대로 할 수 있는 자신의 자유가 우선성을 가진다고 설득력 있게 주장할 수 있다.

둘째, 엘리어트는 또한 자신의 생명을 끊는 것이 가족의 행복을 방해하지 않는다고 주장할 수 있다. 사실 그는 자신의 생명을 포기하는 것이 가족들의 경제적 독립성을 보존하기 때문에 가족의 행복을 고양시킨다고 주장할 수 있다. 그러므로 우리는 그의 가족을 고려해 볼 때에도 그의 자살이 소극적 테스트를 위반하지는 않는다고 주장할 수 있다. 그렇다면 그의 자살은 수단과 목적 원리를 위반하는 것은 아닐 것이다.

(3) 적극적 테스트

수단과 목적의 원리의 적극적 테스트는 우리가 자유와 행복에 대한 우리의 권리와 타인들의 권리를 단순히 방해하지 않는 것 이상의 행위를 요구한다. 게다가 우리도 도덕적 행위자로서 우리들 자신의 신분뿐만 아니라 타인들의 신분이나 지위에 대해서도 적극적으로 기여해야 한다. 그러나 이러한 의무는 우리가 타인으로 하여금 더 완전한 자아실현의 상태를 성취하도록 하기 위해 우리의 삶을 맹목적으로 희생할 것을 요구하지는 않는다. 만일 그러한 것을 요구한다면 우리는 자기 자신을 타인의 선(good)에 대한 단순한 수단으로서 취급하게 되는 셈이고, 이것은 수단과 목적의 원리 그 자체에 의해 금지된 것이다. 그러므로 각각의 개인은 이러한 도덕적 의무가 타인에 대하여 수행되어야 할 시기, 장소, 방법을 결정해야 한다. 따라서 우리는 **적극적 테스트**에 의해 제기되는 문제를 다음과 같이 서술할 수 있다.

그 행위는 누군가(혹은 어떤 환경에 처해 있는 다른 사람)가 자유와 행복

> 을 성취하고자 할 때 그 자신(혹은 다른 사람)을 도와 주는가?

이 테스트가 어떻게 적용되는지를 알기 위해서 하나의 예를 들어 생각해 보자.

13세의 시몬즈는 충수염에 걸린 것으로 판명되었다. 의사는 즉각적인 수술이 필요하다고 말한다. 그러나 시몬즈는 크리스찬 사이언스에 몸담고 있어서 기도를 통한 치료를 믿고 있다. 부모는 수술하기를 원했지만 그는 원하지 않았다. 현재의 법률적 문제를 무시한다면, 의사는 수술을 원하지 않는 소년의 권리를 중시해야 하는가 아니면 부모의 요구에 따라야 하는가?

인간 존중의 윤리학을 적용시킨다면 시몬즈가 취하고 있는 입장에 전제된 규칙은 다음과 같이 정식화될 수 있다.

> 결과가 죽음에 이르는 것이라고 하더라도 사람들이 각자의 확신에 따라 행위하는 것이 허용되어야 한다.

이러한 규칙은 자멸 테스트를 위반하지 않는다. 왜냐하면 시몬즈는 자신의 행위에 전제된 규칙이 보편화된다고 하더라도 자신의 행위를 속행할 수 있기 때문이다. 그의 행위는 수단과 목적의 원리의 소극적 테스트도 통과할 것이다. 왜냐하면 불법적인 방식으로 타인들의 자유와 행복을 방해하는 것이 아니기 때문이다. 자신을 살리려는 부모의 요구에 의해 간섭받고 있음에도 불구하고 그의 행위는 부모가 그들 자신의 생명을 결정할 수 있다는 동등한 자유를 부정하지 않고 있다. 이때 우리는 의사가 시몬즈의 요구에 반대하는 것을 도덕적으로 허용할 수 없다고 결론지어야 하는가?

이러한 사례는 **간섭주의**(paternalism)를 내포한다. 간섭주의란 다른 사람들의 선을 위해 그 사람들로 하여금 어떤 것은 하고 어떤 것은 하지 말라고 강요하는 것을 말한다. **강력한 간섭주의**라고 불리는 간섭주의의 일반적인 해석에 따르면 다른 사람들이 나 자신의 선이 무엇인지를 결정한다. 강력한 간섭주의는 명백히 수단과 목적의 원리와 양립 불가능하다. 왜냐하면 그것은 다른 사람들의 자유를 무시하는 것을 허용하기 때문이다. 반면에 **약한 간섭주의**에 따르면 간섭주의적 강제를 허용하기는 하지만 오직 한 개인의 자유를 보존하는 데 필요한 정도로만 허용한다. 무지, 지적 미숙, 정서적 불안, 사회적 압력과 같은 몇 가지 사정들은 자유롭고 많은 정보를 가진 상태에서 결정해야 하는 개인의 능력을 저하시킬 수 있다. 약한 간섭주의는 개인이 이러한 사정하에서 결정을 내리는 것을 막기 위해서 또는 다른 사람들이 그 개인을 위해 결정을 내릴 수 있도록 하기 위해서 강압의 사용을 정당화한다. 결국 약한 간섭주의에 따르면 간섭주의적 강제의 허용이 실제로는 개인의 장기적인 자유를 보호한다는 것이다.

수단과 목적의 원리의 적극적 테스트는 어떠한 방식으로든 약한 간섭주의에 적용되는가? 필자는 적용된다고 본다. 우리는 이미 수단과 목적의 원리의 핵심이 도덕적 행위자로서 행위할 개인의 능력 보존이라는 사실을 살펴보았다. 이 경우 적극적 테스트의 근본적인 주장은, 일정한 상황에서 우리는 도덕적 행위자로서의 타인들의 지위를 현실적으로 촉진시킬 의무를 가진다는 것이었다. 약한 간섭주의는 그러한 지위가 위협받을 때 단순히 그 지위를 보존하기 위한 강제의 사용이다. 그러므로 약한 간섭주의는 수단과 목적의 원리의 적극적 테스트에 의해 정당화될 수 있다.

인간 존중의 윤리학을 설명하기 위한 이러한 예에서 핵심적인 문제는 시몬즈가 진정으로 많은 정보를 가진 자유로운 상태에서 결정을 내리고 있는지의 여부이다. 만일 그가 그러한 상태에서 결정을 내리고 있다면, 심지어 자신의 생명을 잃게 되는 위험을 감수하면서도 크리스찬 사이언스의 원리에 의해 살아간다는 것은 그의 진실된 목표를 나타낸다. 그러나 만일 시몬즈가 그렇지 않은 상태에서 결정을 내리고 있다면 그러한 선택은 자신의 진실된 목표를 나타내는 것이 아니다. 몇 가지 요소들이 그가 많은 정보를 가진 자유로운 상태에서 결정하는 것을 방해할 것이다. 예를 들면 13세의 소년은 자신의 결정이 근거하고 있는 종교적 가르침을 평가하기에 지적으로 충분히 성숙되지 않았거나, 아니면 친구들이나 존경하는 크리스찬 사이언스 교도들로부터 심한 정신적

압력을 받고 있는지도 모른다. 아니면 그러한 자신의 결정을 가지고 부모에 대해 반항하고 있는 것일 수도 있다.

그의 바람을 무시하지 않는다는 것을 보여주기 위해서 의사는 실제로 자신이 그의 더 큰 장기적인 자유의 성취를 돕고 있다고 믿어야 한다. 의사는 또한 소년의 의사라는 자신의 특수한 관계가 수단과 목적의 원리의 적용에 비추어 적절한 경우를 수행한다고 믿어야 한다. 왜냐하면 시몬즈 또래의 소년들은 많은 정보를 가진 자유로운 상태에서 그러한 심각한 문제에 관해 결정을 내릴 수 있는 입장이 아니며, 환자와 의사라는 특수한 관계가 시몬즈로 하여금 그 자신의 진정한 목표를 인식하도록 도와 줄 의무를 정당화시킨다고 즉 의사에 의한 간섭주의적 행위가 허용 가능하다고 설득력 있게 주장할 수 있기 때문이다.

수단과 목적의 원리의 적극적 테스트는 간섭주의 이외의 영역에서도 적용될 수 있다. 특수한 관계(예를 들면 직업 관계나 가족 관계)는 특히 다른 사람들의 목표 실현의 기회를 현실적으로 촉진시킬 것을 각별히 요구하는 것 같다. 절박한 상태에 처해 있는 다른 사람들을 도와 줄 수 있는 입장에 있다면 이것 역시 수단과 목적의 원리의 적극적 테스트에 따라 하나의 의무를 산출한다. 예를 들어 존이 배를 타고 낚시를 하고 있는데 갑자기 배에서 약 30미터 떨어진 물 속에서 어떤 사람이 허우적거리고 있는 것을 보았다고 가정해 보자. 그 사람은 살려달라고 소리치는데 분명히 익사 직전이다. 존은 그를 쉽게 구조할 수 있었으나 그렇게 하지 않아 결국 그 사람이 익사해 버렸다고 하자. 사람들은 대부분 존이 그 사람을 구조했어야 했다는 데 동의한다. 그러나 왜 존이 그를 구조해야 하는가? 존의 행동은 자멸 테스트를 통과한다. 그러므로 만일 존의 행위가 인간 존중의 윤리학의 관점에서 볼 때 부도덕하다면 그 이유는 존의 행위가 수단과 목적의 원리를 위반하기 때문이다. 그 행위는 소극적 테스트를 위반하지는 않지만 적극적 테스트를 위반한다. 존은 상대적으로 자신을 거의 희생하지 않고 극도로 위험한 상태에 처해 있는 사람을 도울 수 있었다. 그러므로 그 사람에 대한 존의 관계(즉 도움을 줄 수 있는 입장에 있는 그의 존재)는 곤란에 처한 사람을 도와 주어야 한다는 의무를 부과한다고 보아야 한다.

마지막으로 단지 사회 생활을 한다는 이유만으로도 우리에게는 사회의 다소 덜 행복한 구성원들을 적어도 일정한 한도 내에서 도와 주어야 할 의무가 있다. 이러한 의무가 얼마나 확장되어야 하는지에 대해서는 논의의 여지가 있지만 스스로 생활해 나갈 수 없는 사람들을 돕기 위해 우리가 납세의 의무를 진다고 주장하는 것은 합리적인 것 같다. 그러나 이러한 의무에는 제한을 두어야 한다. 그렇지 않다면 우리는 다소 덜 행복한 사람들에 의해 단순한 수단으로 취급될 것이기 때문이다. 그러나 평등의 원리는 모든 사람이 가능한 한 목적으로서 동등하게 대우받아야 한다는 것을 요구하고 있음을 명심해야 한다.

이제 필자는 인간 존중의 윤리학을 적용하는 단계를 점검표로 요약하고자 한다. 그러나 인간 존중의 윤리학을 적용할 때는 하나의 문제가 더 언급되어야 한다. 만일 어떤 행위와 그 대안 모두가 하나 또는 그 이상의 테스트를 통과하지 못한다면, 보통의 경우에는 어떤 행위이든 도덕적으로 허용할 수 있는 행위가 될 것이다. 그러나 두 행위 중에 그 테스트들을 덜 위반하는 행위를 선택해야 할 경우가 있다는 것도 분명하다. 이러한 문제를 해결하기 위하여, 공리주의적 고려 사항들을 사용하지 않고 테스트 그 자체의 규준을 가장 심각하게 위반하는 테스트가 어떤 것인지를 결정해야 한다. 상실의 원리와 평등의 원리가 종종 유용하게 사용될 것이다.

인간 존중의 윤리학을 적용하기 위한 점검표

1. 여러분이 평가하고 있는 도덕적 행위에 전제되어 있는 가장 적절한 규칙을 결정하라.
2. 보편화 원리의 자멸 테스트를 적용하라. 자멸 테스트는 타인들이 그 규칙으로써 나의 행위의 가능성을 손상시키지 않고 그 규칙에 의해 행위할 수 있는지의 여부를 묻는다. 그 규칙에 따라 행위한 결과들과 그 규칙에 따라 행위하는 데 필요한 조건들을 충분히 고려해야 함을 기억하라. 또한 그 규칙과 테스트할 행위는 동시에

보편화되어야 한다는 것을 기억하라.

3. 수단과 목적의 원리의 소극적 테스트를 적용하라. 이 테스트는 그 행위가 자신이나 타인들의 자유와 행복을 무시하는지의 여부를 묻는다.
4. 적절하다면 수단과 목적의 원리의 적극적 테스트를 적용하라. 이 테스트는 자신(또는 어떤 환경에 처해 있는 타인들)의 자유 또는 행복을 성취하고자 하는 행위가 자신(또는 타인들)을 돕는지의 여부를 묻는다.
5. 그 행위의 도덕성에 대하여 최종적인 결정을 하라.
   (1) 만일 그 행위가 보편화 원리의 테스트와 수단과 목적의 원리의 소극적 테스트(또한 적극적 테스트가 적용될 수 있는 곳에서는 적극적 테스트)를 통과한다면 그 행위는 도덕적으로 허용될 수 있는 행위이다.
   (2) 만일 그 행위가 도덕적으로 허용될 수 있고 그 대안은 보편적 원리 혹은 수단과 목적의 원리의 소극적 테스트(또는 적극적 테스트가 적용될 수 있는 곳에서는 적극적 테스트)를 위반한다면 그 행위는、도덕적으로 의무인 행위이다.
   (3) 만일 그 행위가 보편화 원리의 테스트나 수단과 목적의 원리의 소극적 테스트(또는 적극적 테스트가 적용될 수 있는 곳에서는 적극적 테스트)를 통과하지 못한다면 그 행위는 도덕적으로 허용될 수 없는 행위이다.
   (4) 원래의 행위와 그 대안 모두가 테스트의 하나 또는 그 이상을 통과하지 못한다면 어떤 행위를 택하든 보통은 도덕적으로 허용될 수 있는 행위로 고려될 것이다. 그러나 때로는 하나의 대안이 다른 대안만큼 세 가지 테스트를 심각하게 위반하지 않기 때문에 선택되어야 하는 경우도 있다.

내용 요약

인간 존중의 윤리학은 그 중심적인 주제를 모든 인간의 평등한 존엄성이라고 생각한다. 모든 인간의 평등한 존엄성에 대한 정식화는 두 가지 도덕 원리의 견지에서 표현된다.

첫번째 원리는 보편화 원리인데 그것은 만일 당신이 어떤 행위에 전제된 도덕 규칙을 모든 사람이 채택하는 것에 동의할 수 있다면 그 행위는 옳다는 것이다. 이 원리의 테스트(자멸 테스트)는 어떤 규칙의 보편화가 그 규칙에 따라 행위할 가능성을 손상시키는지의 여부에 대해 묻는다.

두번째 원리인 수단과 목적의 원리는 당신이든 그 밖의 다른 사람이든간에 인간을 단순한 수단이 아니라 목적으로 대하는 행위가 옳다는 것이다. 이러한 원리를 만족시키기 위한 두 가지 테스트는 소극적 테스트와 적극적 테스트이다. 소극적 테스트는 타인의 자유나 행복을 무시하는 행위를 하지 말 것을 요구한다. 적극적 테스트는 나 자신의 자유와 행복을 고양시키는 것은 물론이고 어떤 상황에서는 타인들의 자유와 행복의 성취를 도와 줄 것을 요구한다. 적극적 테스트는 고객에 대한 직업인의 관계, 자식에 대한 부모의 관계와 같은 특별한 관계에도 적용될 수 있다. 또한 이 테스트는 타인들이 절박한 상태나 더 나쁜 처지에 있을 때, 그리고 사람들이 공통적인 사회 질서의 일원일 때에도 적용될 수 있다.

수단과 목적의 원리를 적용할 때 우리는 다음의 두 가지를 기억해야 한다. 첫째, 개인은 타인의 자유나 행복을 침해하거나 아니면 자발적으로 그와 같은 가능한 상실을 야기시키는 관계를 맺음으로써 자신의 자유나 행복의 일부를 상실할 수 있다. 둘째, 모든 사람의 자유와 행복을 만족시킬 수 없는 곳에서도 가능한 한 모든 개인은 평등하게 존중되어야 한다.

제3절 인간 존중의 윤리학에 있어서 개인 윤리와 사회 윤리

이제는 인간 존중의 윤리학이 함축하고 있는 개인 윤리와 사회 윤리에 관해 살펴보고자 한다. 여러분들은 여기서 수단과 목적의 원리가 가장 유용한 지침을 제공하지만 때로는 두 가지 원리 모두가 유용하다는 것을 쉽게 알 수 있을 것이다.

(1) 자신에 대한 의무

여기서 가장 유용한 지침은 수단과 목적의 원리이다. 우리는 "나는 어떻게 나 자신을 단순한 수단으로 취급할 수 있는가? 이러한 생각은 자기 모순이 아닌가?"라고 물어볼 수 있다. 그러나 잠시만 생각해 보더라도 사람들은 효과적으로 목표를 창출하고 목표를 추구하는 존재로서 살아가기 위해서 자신들이 필요로 하는 조건들을 감소시키거나 없애 버리는 행위를 할 수 있다는 것을 알게 된다. 이러한 조건들을 재고찰함으로써 우리는 인간 존중의 윤리학에 따라 우리 자신에게 부과해야 하는 몇 가지 의무를 제시할 수 있다.

첫번째 조건은 육체적 생명 그 자체이다. 나는 정상적인 조건하에서는 나의 건강이나 온전한 육체를 손상시키지 않아야 할 의무가 있다. 그러나 자살의 문제는 자신에 대한 의무의 범주에서도 특별히 흥미 있는 문제이다. 나는 나 자신을 결코 죽여서는 안 된다는 의무를 가지고 있는 것 같다. 왜냐하면 나의 죽음은 미래의 모든 행위를 위한 본질적인 조건을 파괴하는 것이기 때문이다. 그러나 나의 목표와 가치관은 현재의 나의 목표에 대한 추구와 미래의 그 목표 추구에 필요한 조건들간에 상충이 발생하는 경우에는 생명을 포기해야 한다는 것을 보여준다. 엘리어트의 경우를 예로 들어보자. 나는 암으로 죽어가고 있으며 몇 달 동안 극심한 고통 속에서 살아야 하고 이러한 조건 속에서 나의 개인적인 존엄성을 상실하게 될 것을 알고 있다. 나는 더 이상 자신의 목표를 추구할 수도 실현시킬 수도 없다. 그러한 상황 속에서 나의 자유는 나의 행복보다 중요하다. 그렇다면 죽고자 하는 나의 바람은 나의 죽음이 미래의 목표 성취 가능성을 모두 없애 버린다는 사실보다 중요해야 한다.

육체적인 생명을 보존해야 한다는 동일한 의무가 또한 많은 경우에 자기 방어를 정당화시킨다. 만일 어떤 사람이 나의 생명을 위협한다면 나는 이러한 위협으로부터 나 자신을 방어할 권리와 심지어 그렇게 해야 할 의무가 있다. 이때 상실의 원리는 나를 공격하는 사람의 목적을 내가 불법적으로 무시하고 있지 않음을 보여준다.

나는 또한 정상적인 상태하에서 육체적인 건강과 정신적인 건강을 촉진시킬 의무가 있다. 수단과 목적의 원리의 적극적 테스트는 자신에 대한 의무에도 적용된다. 왜냐하면 나는 나의 자유와 행복에 대한 구체적인 의무가 있기 때문이다. 대부분의 경우 일반적인 지식과 교양을 증진시킨다면 목표를 추구할 수 있는 능력도 촉진된다. 이처럼 자신에 대한 여러 가지 의무에 관하여 흥미를 가지고 살펴보면 어떤 덕목과 어떤 성격이 목적을 가진 행위자로서의 우리의 능력을 증진시킬 것인지를 결정할 수 있게 될지도 모른다.

(2) 타인에 대한 의무

타인을 해치지 말라는 일상적인 도덕적 금지 조항들 예를 들면 살인, 강간, 절도, 육체적 폭력 등과 같은 것들을 왜 금하는지는 인간 존중의 윤리학에 의해 쉽게 정당화된다. 이러한 행위들은 직접 타인의 자유와 행복을 무시한다. 그래서 그 행위들은 수단과 목적의 원리를 위반한다.

타인을 도와 줄 의무 특히 도와 준다고 해도 상대적으로 별 희생이 따르지 않을 경우의 타인에 대한 의무는 수단과 목적의 원리로부터 도출된다. 우리는 앞에서 목적으로서의 우리들의 지위를 심각하게 손상시키지 않는 경우에도 곤경에 빠진 사람을 돕지 않는 것은 수단과 목적의 원리의 적극적 테스트를 위반한다는 것을 살펴보았다.

수단과 목적의 원리는 특히 성도덕의 영역에서 유용하고 통찰력 있는 테스트를 제공한다. 심지어 성관계에 관한 우리의 언어는 흔히 수단과 목적의 원리로부터 도출된 것처럼 보인다. 어떤 사람을 하나의 "단순한 성적 대상"으로 대하는 것은 그 사람을 한 개인이라기보다는 사물로서 취급하는 것이다. 만일 한 개인을 성적인 관계에서 단순한 수단으로 취급한다면 그것은 그를 목표를 창출하고 그 목표를 추구하는 행위자로서 대하는 것이 아니다. 예를 들면 강간의 경우에 한 개인은 성적인 대상을 선택하기 위해서 타인의 자유를 무시하는 폭력과 강압을 사용한다.

성적 관계에서 다른 사람을 단순한 수단으로 대하는 가장 상투적인 방식은 속임수이다. 여자 친구에게 의미 없이 "사랑한다" 혹은 "당신이 임신하면 결혼하도록 하자"라고 말하는 사람은 그 여자에게서 성관계에 관하여 많은 정보를 가지고 결정해야 하는 능력을 빼앗고 있는 것이며, 그럼으로써 그 여자 친구를 단순한 수단으로 취급하고 있는 것이다. 한 개인을 천한 성관계를 맺도록 유혹하는 것 또한 그 사람을 단순한 수단으로 대하는 것이다. 왜냐하면 그러한 유혹은 그의 존엄성을 떨어뜨리며 목표를 추구하는 행위자로서 효과적으로 행위해야 할 능력을 감소시키기 때문이다.

그렇다고 해서 모든 혼외 성관계가 속임수에 근거해 있거나 비열한 행위인 것은 아니다. 예를 들어 두 대학생이 상호 애정과 쾌락에 근거해 있으나 서로 사랑하지는 않는 성관계를 맺는다고 생각해 보자. 각자는 상대의 의도를 알고 있으므로 어떠한 속임수도 없으며 관계가 비열한 것도 아니다. 그들은 임신에 대비해서 적절한 주의를 기울이겠지만 만일 임신되었을 경우에는 결혼을 하거나 적어도 적절히 아이를 키우는 데 합의했다고 하자. 이러한 관계의 도덕성에 관해서는 어떻게 말할 수 있는가? 보편화 원리는 어떠한 의문도 제기하지 않는다. 왜냐하면 그 관계에 기초된 규칙은 자멸적이지도 않으며 보편화될 수도 있기 때문이다. 이때 수단과 목적의 원리에 관해서는 어떠한가? 한 개인이 타인의 자유를 무시하고 있지 않으며 어느 누구도 유용한 목표를 추구하고자 하는 타인의 능력을 저하시키지도 않는다. 그러나 어떤 사람들은 성적 열정이 포함되면 상호 자기 기만(mutual self-deception)이 가능하다는 것을 지적하기도 한다. 그러한 관계의 도덕성에 관하여 어떻게 결론짓든간에 인간 존중의 윤리학은 명백히 성도덕에 대한 적극적이고 통찰력 있는 접근을 위한 근거를 제공한다.

(3) 사회 윤리

인간 존중의 윤리학에서 사회 윤리를 지배하는 원리를 정리하자면 다음과 같다. 사회 제도는 보편적으로 적용되는 다음과 같은 규칙 즉 국가는 모든 개인을 단순한 수단으로서가 아니라 목적으로서 동등하게 대해야 한다는 규칙에 의해 타인의 자유와 행복을 존중해야 한다는 것이다. 이러한 과제는 어떻게 수행되어야 하는가? 우리는 수단과 목적의 원리가 적극적 테스트와 소극적 테스트를 모두 가진다는 것을 보았었다. 이 테스트들은 중요한 의미를 가지고 있다.

우선 시민에 대한 국가의 책임이 가지는 소극적 측면을 고려해 보자. 이러한 기능은 소위 자유주의자들의 최소 국가에서 볼 수 있다. 그러한 기능은 국가나 시민들이 다른 시민들의 자유와 복지를 무시하지 않도록 하는 시민의 권리에 대한 국가의 보호를 포함한다. 이러한 보호는 몇 가지 영역에서 필요하다. 첫째, 국가는 살인, 절도, 사기, 육체적 폭력으로부터 시민들을 보호해야 한다. 이러한 보호가 없다면 개인들은 목표를 실현하는 데 필수적인 조건들이 없는 것이다. 둘째, 개인적인 행동의 자유는 경제적 영역으로 확대되어야 한다. 경제적 목표는 많은 사람들의 삶에서 매우 중요하다. 그리고 이러한 목표를 추구할 수 있는 권리는 타인의 권리를 심각하게 손상시키지 않는 한 보호되어야 한다. 셋째, 개인은 신념과 삶의 영역에서 가능한 한 많은 자유 즉 표현의 자유, 언론의 자유, 종교의 자유, 집회와 결사의 자유를 포함하는 많은 자유를 가져야 한다. 일부다처제 또는 동성 연애와 같은 논의의 여지가 있는 행위를 규제하는 법률은 규제된 그 행위가 타인의 자유에 대한 명백한 위협이 될 때에만 정당화될 수 있다.

또한 국가는 시민에 대한 적극적 의무를 가진다. 우리는 이러한 기능을 가진 국가를 보조하는 국가(supportive state)라고 부른다.[7] 국가와 시민의 관계, 시민들 한 사람 한 사람의 관계에는 수단과 목적의 원리의 적극적 테스트가 적용되어야 한다. 또한 그 관계는 국가가 시민의 자유와 복지를 촉진시켜 줄 것을 요구한다. 국가는 시민의 복지에 대한 입장 표명 없이 정치적 권위를 주장할 수 없으며 시민들도 동일한 사회에서 살아가기 때문에 타인에 대한 의무를 가진다. 그러므로 국가는 시민의 건강과 교육, 일반적 복지를 위한 대비책을 마련해야 하며 잘못이

---

7) A. Gewirth, *Reason and Morality*, 312~327면.

없음에도 불구하고 스스로의 힘으로 살아갈 수 없는 사람을 위해 특별 구호책을 마련해야 한다.

여기서는 불가피하게 국가의 적극적 의무가 다른 시민들의 목표를 침해하지 않고서 수행될 수 있는지의 문제가 발생한다. 혜택을 받지 못하는 사람들을 도와 주기 위해 생산에 종사하는 시민들에게 세금을 부과할 때 국가는 생산에 종사하는 사람들을 단순한 수단으로 대하고 있지는 않는가? 국가는 불리한 조건에 있는 사람들을 도와 주기 위해 유리한 조건의 도덕적 행위자를 제한하고 있지는 않는가? 이에 대해서 우리는 수단과 목적의 원리를 적용함으로써 야기된 상충들을 다루는 일반적인 정책이 채택되어야 한다고 답변한다. 궁극적인 의무는 가능한 한 모든 사람을 목적으로서 평등하게 대하는 것임을 명심해야 한다. 우리가 가능하면 원리를 적게 침해하는 상황이 되도록 노력해야 하는 이유도 여기에 있다. 따라서 유리한 조건을 가진 사람들이 사회의 다른 구성원들의 혜택을 위해 세금을 납부해야 하는 것이다. 그러나 또한 재능 있는 사람들이 획득한 부의 대부분을 그들 자신이 소유하는 것도 허락해야 한다. 이러한 요구 조건은 공리주의적 사회 윤리에서와 같이 생산성에 대한 유인(誘因) 때문에 만든 것이 아니라 타인의 선에 대한 단순한 수단이 아닌 목적으로서 재능 있는 사람들의 지위를 침범하지 않기 위해 만든 것이다. 독자들은 이러한 지침들을 실제 생활에서는 어떻게 따라야 하는지를 결정해야 한다.

내용 요약

사람들은 훌륭한 도덕적 행위자로서의 자신들의 존재에 필수적인 조건들을 파괴시키는 행위를 할 수 있다. 그렇기 때문에 사람들은 자신의 생명과 건강을 보존하고, 교양을 추구하고, 한 개인으로서 자신의 지위를 증진시키는 데 중요한 능력과 성격을 발달시킬 의무를 가진다.

대부분의 도덕 철학에서 그 일부를 형성하는 살인, 절도 또는 사기치지 말아야 할 의무와 같은 타인에 대한 소극적 의무는 보편화 원리와 수단과 목적의 원리에 의해 정당화된다. 곤경에 빠진 타인을 도와 줄 의무는, 이러한 의무의 수행이 타인들의 목적에 대해 자신을 단순한 수단으로 취급할 것을 요구하지 않는다면 위의 두 원리에 의해 정당화된다. 인간 존중의 윤리학은 또한 성도덕에도 효과적인 많은 통찰력을 제공한다.

인간 존중의 윤리학에서 사회 윤리를 지배하는 원리란 사회적 제도는 효과적으로 목표를 추구하는 행위자로서 기능하는 시민들을 도와주도록 계획되어야 한다는 것이다. 따라서 국가는 시민을 다른 사람들로부터 보호하고, 혜택받지 못하는 사람들이 자유와 행복을 성취하도록 도와 줄 의무를 가진다.

제 4 절 인간 존중의 윤리학의 적용

이제 점검표에서 개괄된 방법론을 사용해서 도덕적 결정을 요구하는 문제들에 인간 존중의 윤리학을 적용해 보자.

(1) 사례 1: 죽어가는 사람에게 진실을 말해야 하는가?

트링크만 부인은 복통과 계속되는 소화 불량으로 병원에 입원했다. 그 부인은 암에 걸리는 것을 두려워했으며 암에 걸릴 경우에 자신에게 알려 주는 것을 원하지 않는다고 했다. 조직 검사에 의해 부인이 치유 불가능한 간암에 걸렸음이 밝혀졌다. 알렉산더라는 의사는 부인이 정서적으로 매우 불안하다는 것을 알고 있다. 부인에게 진실을 말하는 것은 부인과 그녀의 가족에게 커다란 고통을 줄지도 모른다. 그래서 그 의사는 부인의 요구를 지켜주려고 한다. 그러나 다른 한편으로 부인이 진실을 알지 못한다면 자신의 죽음에 대해서 적절하게 준비할 수 없으며, 의사가 부인에게 진실을 말할 경우에 부인이 정서적으로 심각하게 나빠진다고 믿을 충분한 이유도 없다. 의사는 부인에게 진실을 말해야 하는가?

1. 먼저 이러한 상황을 위한 규칙을 고려해 보자.

> 환자가 자신의 참된 건강 상태를 알고 싶지 않다는 것을 명백히 했을 때 의사는 환자가 죽음에 임박했을 경우에도 진실을 말해서는 안 된다.

2. 자명 테스트는 이러한 경우에 문제에 부딪친다. 만일 이러한 규칙이 일반적으로 채택된다면 환자들은 의사들을 다소 불신하게 될 것이다. 트링크만 부인은 자신이 암에 걸렸을 경우 알렉산더라는 의사가 진실을 말하지 않을 것임을 알고 있기 때문에 그를 믿지 않을 것이며, 또는 적어도 의사가 건강하다고 말한다고 해도 그 말을 의심하게 될 것이다. 그래서 부인을 안심시키고자 하는 목적은 기껏해야 부분적으로만 수행될 것이다. 아마도 그 목적은 위의 규칙의 채택에 의해서 전적으로 좌절되지는 않을 것이다. 왜냐하면 의사는 많은 경우에 여전히 진실을 말할 것이기 때문이다. 그러나 그 목적은 심각하게 손상될 것이다.

3. 수단과 목적의 원리의 소극적 테스트는 트링크만 부인의 자유와 행복을 무시하지 말 것을 요구한다. 자유의 조건 중의 하나는 정확한 지식인데 알렉산더라는 의사는 그 부인에게 사실을 알려주지 않음으로써 이러한 조건을 위반하고 있다. 유일하게 참작되는 고려 사항은 그녀가 자신의 병에 대해 알게 된다면 합리적인 방식으로 행위할 수 있는 모든 능력을 잃어 버릴지도 모른다는 것이다. 우리는 이러한 의미에서 그 방법이 그 부인의 선택의 자유를 완전히 막는다고 하더라도 정신적 안정이라는 기본적인 선을 보호하는 것이라고 주장할 수 있다. 그러나 그 부인이 진실을 알게 된다면 정서적으로 심각하게 나빠질 것이라고 믿을 이유가 불충분하기 때문에 이러한 논증은 확실하지 않으며 수단과 목적의 원리를 위반한다고 결론을 내려야 한다.

4. 수단과 목적의 원리의 적극적 테스트도 관련이 있다. 왜냐하면 알렉산더라는 의사는 환자에 대한 특별한 의무를 가지고 있기 때문이다. 의사에게는 트링크만 부인을 단순한 수단으로 대하지 않아야 함은 물론이고 그 부인의 자유와 행복의 실현을 도와 줌으로써 그녀를 목적으로 대해야 할 의무가 있다. 이러한 의무는 임박한 죽음에 관하여 그녀가 책임 있는 결정을 내리는 데 도움을 주기 위해서라도 그녀가 필요로 하는 지식을 제공해 줄 것을 의사에게 요구한다. 그러므로 이 규칙은

적극적 테스트도 위반한다.

5. 이러한 경우에는 대안적 규칙을 살펴보는 것이 도움이 된다. 대안적 규칙은 다음과 같이 서술될 수 있다.

> 환자가 자신의 참된 건강 상태를 알고 싶지 않다는 것을 명백히 했다고 하더라도 환자가 죽음에 임박했을 경우에는 진실을 말해 주어야 한다.

이 규칙은 자명 테스트를 통과한다. 모든 의사가 일관적으로 이 규칙을 채택할 수 있으며 실제로 환자가 의사의 말을 확신한다면 의사들은 이 규칙을 채택해야 하기 때문이다.

대안적 규칙은 수단과 목적의 원리의 소극적 테스트를 위반하지 않는다. 왜냐하면 개인의 자유는 환자들에게 진실을 말한다고 해서 제한되는 것이 아니기 때문이다. 적극적 테스트를 위반하는 것도 아니다. 왜냐하면 환자들에게 진실을 말해 주는 것은 자유로운 도덕적 행위자로서의 지위를 보존시켜 주고 높여 주는 것이기 때문이다.

첫번째 규칙은 세 가지 테스트를 모두 위반하고 대안적 규칙은 어떤 테스트도 위반하지 않기 때문에 우리는 다음과 같이 결론내려야 한다. 인간 존중의 윤리학에 따르면 알렉산더라는 의사는 도덕적으로 트링크만 부인에게 진실을 말해 줄 의무가 있다.

(2) 사례 2: 의사는 자신의 양심을 위반해도 되는가?

산체스라는 의사는 멕시코의 조그만 마을의 유일한 의사이다. 로드리게스 부인은 더 이상의 자녀를 가지지 않기 위해서 불임 수술을 해줄 것을 요구했다. 자식들을 적절하게 양육할 수 없다고 믿었기 때문이다. 산체스는 불임 수술이 자연법에 위배되며 따라서 부도덕하다고 믿고 있다. 그러나 그 부인은 수술을 위해 다른 도시로 갈 여유가 없으며, 그래서 그는 그 부인의 요구를 들어주고 싶어하는 자신의 도덕적인 망설임을 억제해야 하는지의 여부를 생각하고 있다. 산체스는 인간 존중의 윤리학에 따르면 어떻게 해야 하는가?

1. 산체스라는 의사가 환자의 요구를 들어준다면 그 행위에 전제된 도덕 규칙을 정식화하는 것은 쉽지가 않다. 규칙은 너무 광범위해서는 안 된다. 의사는 환자의 요구를 무조건 들어주어야 한다는 규칙을 받아들일 수는 없다. 그러한 규칙에 따르면 의사가 환자에게 필요하지도 않은 진정제를 주거나 심지어 자살을 도와 주는 행위까지도 정당화될 것이다. 현실적인 규칙은 다음과 같다.

> 의사는 환자의 요구가 자신의 도덕적 신념과 상반된다고 하더라도 그 요구가 일상적인 도덕의 테두리 내에 있는 한, 환자의 요구를 들어주어야 한다.

이 규칙은 여전히 모호하다. 왜냐하면 "일상적인 도덕의 테두리 내에 있는"이라는 구절은 다양한 해석이 가능하기 때문이다. 그러나 이러한 형식은 최소한 실행될 수 있다.

2. 자멸 테스트의 적용 또한 쉽지 않다. 만일 의사가 일반적으로 이러한 규칙을 채택한다고 해도 의사 개인이 그 규칙을 따를 가능성은 손상되지 않을 것이라고 주장할 수 있다. 예를 들면 인위적인 피임을 인정하지 않는 의사들은 어떤 방식으로든 그것을 규제하겠지만 일반적인 실천에 있어서 자멸 테스트에 관한 문제를 야기하지는 않을 것이다. 다른 한편으로 이러한 규칙은 의료직에 종사하는 사람들을 타락시킴으로써 어떤 커다란 부정적 결과를 발생시킬 수도 있다. 그러나 이러한 결과마저도 그 규칙에 따라 행위할 가능성을 손상시키지 않을 것이라고 가정해 보자. 그러면 자멸 테스트를 통과할 수 있다.

3. 수단과 목적의 원리의 소극적 테스트는 명백히 위반된다. 왜냐하면 의사는 자신의 가치관에 의해 살아갈 자유를 침해받기 때문이다.

4. 적극적 테스트도 관련되지만 위의 규칙에 의해 침해되지는 않는다. 왜냐하면 의사는 환자의 자유와 행복의 성취를 도와 주고 있기 때문이다. 그러나 수단과 목적의 원리의 소극적 테스트로 인해, 이 규칙은 인간 존중의 윤리학이 제기하는 테스트를 통과하지 못한다고 결론지어야 한다.

5. 대안적 규칙은 다음과 같이 서술될 수 있다.

> 의사는 환자의 요구가 자신의 확고한 도덕적 신념과 상반될 때는 심지어 환자의 요구가 일상적인 도덕의 테두리 내에 있다고 해도 환자의 요구를 들어주어서는 안 된다.

이 규칙은 자멸 테스트를 통과한다. 로드리게스 부인의 경우에서와 같이 어떤 사람이 심각한 곤경에 처해 있거나 심지어 그 목적을 이룰 수 없는 경우라고 하더라도 이 규칙은 모순 없이 보편화될 수 있다.

의사의 입장에서 볼 때 이 대안적 규칙은 수단과 목적의 원리의 소극적 테스트를 통과한다. 왜냐하면 그 규칙의 주요한 요점은 엄밀히 말하면 산체스와 같은 의사들이 강력하게 견지하는 가치관을 무시할 수 없게 하기 때문이다. 그러나 환자의 입장에서는 어떠한가? 불임 수술에 대한 의사의 거절은 도덕적 행위자로서의 환자를 무시하는 것인가? 이러한 문제는 무위(無爲, nonaction)와 불위(不爲, inaction)의 문제를 야기한다. 무위를 어떤 행위의 단순한 부재(不在)라고 한다면 불위는 행위의 자발적이고 의도적인 억제이다. 자발적으로 그리고 의도적으로 어떤 것을 하지 않는 것은 행위의 한 형태이며 따라서 도덕적 평가를 필요로 한다. 절차를 이행하지 않는 의사는 행위를 수행한 것으로 고려되어야 한다. 그런 행위는 환자의 목적을 무시하는 것으로 간주하는 것이 대체로 합리적인 것으로 보인다. 그러나 불임 수술을 시행한다는 것은 의사에게는 자신의 자유를 심각하게 그것도 직접적으로 위반하는 것이다. 여기서 중요한 것은 의사가 강력하게 견지하고 있는 도덕적 확신을 위반하는 것이 불임 수술의 요구를 들어주지 않는 것보다 더 심각한지의 여부이다.

두 가지 규칙 모두 수단과 목적의 원리의 소극적 테스트를 위반하며 두번째 규칙은 명백히 적극적 테스트를 위반하고 있다. 그러므로 우리는 산체스라는 의사가 불임 수술을 거절하거나 불임 수술을 하는 것 모두를 허용할 수 있다고 결론내려야 할 것이다. 그 의사는 자신의 자유가 직접 침해되기 때문에 아마도 불임 수술을 거절할 것이다. 그러나 두 행위 모두 허용될 수 있다.

(3) 사례 3: 변호사는 상대편에게 진실을 말해야 하는가?

우리가 앞에서 살펴보았던 다음과 같은 사례는 인간 존중의 윤리학의 규준으로 완전하게 분석해 보면, 흥미 있는 문제를 불러일으킨다.[8)]토미는 교통 사고로 크게 다친 15세의 소년이다. 그는 운전사를 상대로 소송을 제기했다. 운전사의 변호인인 존슨은 자신의 주치의에게 토미의 상처를 살펴보도록 했다. 의사는 토미에게서 대동맥 팽창 증세를 발견했다. 이 병은 명백히 그 사고로 인해 생겼으며 소년의 주치의는 발견하지 못했다. 이 병은 수술하지 않으면 치명적인 병이다. 존슨은 소년이 그 병에 대해 알게 되면 더 많은 보상을 요구하리라는 것을 알고 있다. 미국 변호사 협회의 규약에 따르면 변호사는 고객이 범죄를 의도하고 있지 않는 한 고객의 비밀을 지켜야 한다. 또한 그 규약에 따르면 비밀이란 "직업적 관계에서 얻은 것으로서 그것을 누설하면 고객에게 손해가 되는 정보"이다. 인간 존중의 윤리학의 관점에서 볼 때 이러한 정보를 알리지 않는 것은 윤리적으로 정당한가?

1. 먼저 존슨이 미국 변호사 협회의 규약을 준수한다면 적용하게 될 규칙을 정식화해 보자.

> 변호사는 비록 상대방의 행복에 치명적인 정보라고 해도 그것이 직업적 관계에서 알게 된 정보라면 비밀을 지켜야 한다.

2. 이러한 규칙은 자멸 테스트에서는 아무런 문제가 없다. 이 규칙은 외관상 보이는 것처럼 누구나 명백한 모순 없이 지킬 수 있다.

3. 수단과 목적의 원리의 소극적 테스트는 문제의 행위가 개인의 자유와 복지를 무시하고 있는지의 여부를 묻는다. 그러나 어떤 개인이 문제시되는가? 위의 규칙은 명백히 토미의 생명에 관한 정보를 감춤으로

---

8) Spaulding vs. Zimmerman, 116 N.W. 2d 704(1962). 인명은 임의로 만들어 낸 것이다.

써 토미의 자유를 무시하고 있다. 다른 한편으로 보호되어야 하는 이해 관계를 가진 고객의 자유나 복지를 무시하는 것은 아니다. 그러나 현재의 예가 보여주듯이 이 규칙은 사람들을 단순한 수단으로 대하는 극적인 상황을 초래할 수 있기 때문에 이 규칙은 소극적 테스트를 통과하지 못한다고 해야 할 것이다.

4. 적극적 테스트는 다른 결과를 초래한다. 변호사는 일반적으로 고객에 대해 특별한 의무를 갖는다. 그리고 현재 미국 변호사 협회의 규칙들은 변호사가 고객의 목적을 보호하고 도와 줄 것을 요구한다. 그러므로 위의 사례에서 변호사의 행위는 수단과 목적의 원리의 적극적 테스트를 통과한다.

5. 대안적 규칙은 다음과 같은 방식으로 서술될 수 있다.

> 변호사는 상대방의 행복에 치명적인 정보를 알았을 때에는 그것이 직업적 관계에서 알게 된 정보라고 하더라도 비밀을 누설해야 한다.

이 규칙은 자멸 테스트에 의해 몇 가지 문제에 직면한다. 물론 이 문제들의 심각성은 결정하기 어렵다. 전통적인 법률 도덕의 옹호자는 다음과 같이 주장할 수 있다. 만일 고객이 자신의 변호사가 기밀 정보를 누설할 것이라는 것을 알고 있다면 변호사에게 정직하게 말하지 않을 것이며 정보를 변호사에게 알리지도 않을 것이다. 이러한 극단적인 사태가 일어날 것 같지는 않지만 이렇게 되면 변호사는 위의 사례에서 설명된 것과 같은 종류의 비밀을 얻지 못할 것이다. 그렇다고 가정하더라도 고객이 비록 변호사에게 다소 덜 솔직해지긴 하겠지만 전체적으로 볼 때 변호사들은 여전히 큰 손해를 입지 않을 것이다.

수단과 목적의 원리의 소극적 테스트를 대안적 규칙에 적용한다면 앞의 규칙이 직면한 문제와는 정반대의 문제들에 직면하게 된다. 첫번째 규칙이 제삼자(토미)의 자유를 무시하라고 위협하는 반면에 대안적 규칙은 상대방에게 중요한 정보를 공개할 것을 요구함으로써 고객의 행복을 무시하라고 위협한다. 이러한 사례는 자유와 행복에 대한 권리의 상충을 나타낸다. 하나의 예비적 결론은 두 행위 모두 도덕적으로 가능하다는 것이다. 위협은 토미의 가장 중요한 기본적 선 즉 생명 그 자체에 대한 위협이기 때문에 평등의 원리에 의하면 토미의 권리가 더 심각하게 위협받는다. 따라서 우리는 인간 존중의 윤리학은 그러한 정보를 상대방에게 알려 줄 것을 요구한다고 말할 수 있다. 그런 정보를 알려 주는 것은 도덕적으로 의무이다.

제5절 도덕 이론으로서의 인간 존중의 윤리학에 대한 평가

이제 인간 존중의 윤리학을 네 가지 기준으로 평가할 차례이다. 도덕 이론을 평가할 때에는 항상 주관적인 요소가 개입한다는 것을 명심해야 한다. 다음 평가들은 비록 도덕 철학자들간에 널리 주장된 입장을 반영하고 있지만 결국 필자의 평가일 수밖에 없다. 이러한 평가들은 무비판적인 채택보다는 독자들의 심사 숙고를 요구한다.

〈인간 존중의 윤리학: 이 이론은 기준들을 얼마나 잘 만족시키는가?〉

기　　준	매우 만족		보통 만족		매우 불만족
1. 일관성	○				
2. 신빙성		○			
3. 유용성			○		
4. 정당성			○		

(1) 기준 1: 일관성

필자는 일관성에 관해서 인간 존중의 윤리학에 높은 점수를 주었다. 이 도덕 철학이 한 가지 도덕 규준이 아니라 두 가지 도덕 규준을 가진다는 사실이 비일관성의 근원으로 생각될지도 모른다. 왜냐하면 두 개의 도덕 규준은 때때로 서로 다른 결론을 산출하기 때문이다. 그러나 한 행위가 도덕적으로 받아들일 수 있는 것으로 고려되기에 앞서 그것이 두 가지 도덕 규준의 테스트를 통과해야 한다는 설명으로 이러한 문제를 해결할 수 있다. 또한 두 가지 도덕 규준은 둘이 합쳐서 공통된 도덕적 주제 즉 모든 사람에게 마땅히 있어야 하는 평등한 존엄을 표현한다.

비일관성의 또 다른 가능한 근거는 수단과 목적의 원리를 적용하는 데 사용된 두 원리이다. 이러한 원리는 (1) 타인의 권리를 침해함으로써 한 개인은 자유와 행복에 대한 자신의 권리를 상실할 수 있으며, (2) 타인의 권리는 평등하게 존중되어야 한다는 것이다. 만일 두 원리가 이론 그 자체로부터 도출될 수 없다면 일관성의 문제가 발생한다. 그러나 이 두 원리가 모두 보편화 원리에 구현된 평등관으로부터 도출될 수 있기 때문에 이 두 원리는 이론과 모순되지 않는다.

(2) 기준 2: 신빙성

필자는 인간 존중의 윤리학의 신빙성에 관해서는 일관성보다 약간 낮은 점수를 주었다. 많은 사람들 특히 전통적 도덕관에 의하여 강하게 영향받은 사람들은 인간 존중의 윤리학이 공리주의나 이기주의보다 우리가 이미 가지고 있는 도덕적 신념과 더욱 양립 가능하다고 주장한다. 이들은 여기서 제시된 이론에 대한 해석이 혼전 성관계나 자살과 같은 문제에 대해서 전통적 결론을 제시하지 않는다고 하더라도 인간 존중의 윤리학이 자연법보다도 자신들의 도덕적 신념에 더 가깝다고 주장할 것이다.

인간 존중의 윤리학에 대해 제기되는 가장 일반적인 비판은—우리가 이미 가지고 있는 도덕적 신념과 일치하는 관점이나 일치하지 않는 관점에 의하면—이 이론이 행위의 결과를 충분히 고려하지 않는다는 것이다. 예를 들면 공공 정책의 많은 문제들에 대해서는 공리주의적 고려 사항이 적절한 것으로 보인다. 때로는 많은 사람의 생명을 구하기 위해 무고한 몇 명의 생명을 희생시키는 것이 정당화된다. 만일 몇 명의 시민을 죽이는 것이 전쟁을 종식시키고 궁극적으로 더 많은 생명을 구하는 데 필수적이라면 그 행위는 그른가? 실업률은 어느 정도 증가시키지만 인플레이션을 감소시키는 정책을 채택하는 것은 그른가? 의무가 아니라고 하더라도 때로는 개인에게 나쁜 행위를 하는 것이 도덕적으로 허용될 수 있는 경우도 있다. 전체적인 결과가 그 행위를 정당화하기 때문이다. 많은 도덕 철학자들은 인간 존중의 윤리학으로는 이러한 문제에 답하기가 어렵다고 생각한다.

(3) 기준 3: 유용성

필자는 인간 존중의 윤리학의 유용성에 대해서 세 가지 난점 때문에 "보통"이라는 점수를 주었다. 첫째, 한 행위를 서술하는 규칙이 다양한 방식으로 서술될 수 있다는 문제이다. 이러한 사실은 어떠한 규칙이 사용되는지에 따라 다양한 결론이 도출될 수 있음을 의미한다. 가장 적절한 규칙은 앞뒤를 따져봐도 명백하기 때문에 보통의 경우 이 문제는 아주 심각한 문제는 아니다. 그러나 때로는 사례 2의 산체스라는 의사와 로드리게스 부인의 경우처럼, 규칙을 받아들일 수 있기 위해 우리는 규칙을 약간 모호하게 또는 개방적으로 서술해야 한다. 어떤 경우에는 적절한 규칙을 결정하기 어려워서 규칙을 서술하는 방식이 윤리적 분석의 결과에 결정적인 영향을 미치는 경우도 있다. 이러한 문제의 발생은 우리의 명백한 행동 방향을 제시해 주어야 한다는 역할의 측면에서 볼 때 이 이론의 유용성을 감소시킨다.

두번째 어려움은 두 가지 도덕 규준이라는 테스트를 어떤 행위가 통과하는지를 결정하기가 종종 어렵다는 데 있다. 자멸 테스트를 적용하기에도 난점이 있는 경우가 있다. 만일 환자가 진실을 알고 싶어하지 않을 때 의사는 환자에게 진실을 말하지 않을 수 있다는 것이 일반적으로 받아들여진다면 환자들은 더 이상 의사를 믿지 않게 되는가? 변호사가 다른 사람들의 행복을 보호하는 데 필요한 정보를 누설함으로써 고객과 변호사의 신뢰 관계를 무너뜨린다면 이것은 변호사의 직업상의 능력을 손상시키는가? 우리는 또한 많은 윤리적 논쟁에서 수단과 목적의 원리를 적용시키기 어렵다는 것을 알고 있다. 소극적 테스트가 어떻게 적용되는지 혹은 적극적 테스트는 적절한지의 여부를 결정하는 것도 항상 쉬운 것은 아니다.

이 이론이 가지는 세번째 문제는 하나의 행위와 그 대안 모두가 하나 또는 그 이상의 테스트들에서 종종 난점이 발견된다는 점이다. 그런 경우에 우리는 다른 도리가 없기 때문에 어떠한 위반이 더 심각한지를 판단해서 논의의 여지가 있는 문제를 해결한다. 어떤 도덕 이론이든 몇 가지 경우에 모호한 결론을 야기할 것이기 때문에 이러한 사실은 도덕 철학에 대한 심각한 비판은 아니다. 그럼에도 불구하고 어떤 평가에서든 중시되어야 하는 한계점이 인간 존중의 윤리학에서 특히 심하다고 할 만하다. 이러한 비판은 산체스라는 의사의 경우와 토미의 경우에서 이미 보여주었다.

(4) 기준 4: 정당성

필자는 인간 존중의 윤리학의 이 기준에 대하여 "보통"의 점수를 주었다. 인간 존중의 윤리학의 두 가지 도덕 규준에 대한 정당성의 평가에는 특별한 난점들이 있다. 칸트의 논증을 여기서 논의하기에는 너무 복잡하고 논의의 여지가 많다. 그러므로 보편화 원리라는 고려 사항으로 시작해서 적어도 보편화 원리나 수단과 목적의 원리와 유사한 원리들을 옹호하는 현대 철학자들의 논증을 평가하게 될 것이다.

보편화 원리는 무엇보다도 평등을 요구한다. 보편화 원리에 따르면 모든 사람은 행위에 근거되어 있는 규칙을 채택할 수 있어야 한다. 이러한 요구에 깔려 있는 생각은 나에게 적용될 수 있는 규칙들은 유사한 상황의 타인에게도 적용될 수 있어야 한다는 것이다. 만일 내가 이러한 규칙들을 사용하는 나의 능력을 손상시키지 않고서는 그 규칙들을 보편적으로 적용시킬 수 없다면 나는 그러한 규칙들에 따라 행위해서는 안 된다. 그러나 어떤 점에서 나는 타인들도 내가 채택한 행동의 규칙과 동일한 규칙을 기꺼이 채택하리라고 생각하는가? 달리 말해서 어떻게 나는 보편화 원리를 정당화할 것인가?

이러한 문제에 대한 한 가지 답변은 보편화 원리의 숨은 힘은 도덕의 본질 그 자체로부터 나온다는 것이다. 일부의 철학자들은 원리의 설득력이 도덕이라는 말로부터 도출된다고 주장한다. 이러한 주장의 효과를 알기 위해서 상대방 피해자의 대동맥 팽창 증세를 발견한 의사가 존슨 변호사의 주치의였던 앞의 사례를 고려해 보자. 그가 사실을 밝히지 않아 소년이 죽었다고 상상해 보자. 그런데 몇 달 후에 자신의 딸이 사고를 당하여, 알려 주기만 하면 딸의 생명을 구할 수 있는 딸의 건강 상태에 관한 정보를 상대방 변호사가 발견했다고 상상해 보자. 똑같이 상대방 변호사도 정보를 알려 주지 않아 존슨의 딸이 죽었다고 해보자. 존슨이 그 변호사의 행위를 알았다면 그는 화를 내며 가능한 모든 방법을 동원해서 그 변호사의 자격을 박탈하려고 하거나 그렇지 않으면 처벌받도록 할 것이다. 또한 그는 그 변호사의 행위는 부도덕하며 사회에 대한 배신이며 법조인의 치욕이라고 말할 것이다. 이제 사람들은 대부분 다음과 같이 말할 것이다. 이러한 대응을 통해서 존슨은 유사한 정보를 감춘 자신의 행위가 부도덕했다는 것을 인정할 것이라고 말이다. 그러나 두 사례에서 유일하게 중요한 차이는 후자의 경우에 그 병에 걸린 사람과 존슨이 친밀한 관계라는 것뿐임에도 불구하고 여전히 그가 자신의 행위는 부도덕하지 않다고 주장한다고 생각해 보자.

이때 우리는 존슨의 행동을 아마 가혹하게 비판할 것이다. 우리의 비판을 서술하는 한 가지 방법은 존슨이 **도덕**과 **부도덕**이라는 말을 사용하는 방법을 알지 못한다고 말하는 것이다. 만일 그가 도덕 언어를 정확하게 사용하고자 한다면 타인들에게 적용하는 규칙을 자신에게도 동일하게 적용시켜야 한다. 존슨은 **도덕**과 **부도덕**이라는 용어의 사용 규칙을 위반하고 있다.

존슨은 이러한 논증에 대해서 어떻게 응답할 수 있는가? 한편으로 그는 **도덕적이다** 또는 **부도덕하다**라는 단어들의 사용을 지배하는 규칙을 자신이 위반하고 있다는 것을 부정할 수 있다. 그는 자신을 이기주의의 보편화를 거부하는 윤리적 이기주의자라고 말할 수 있다. 그러나 확실히 사람들은, 이기주의가 도덕의 테두리 밖에 있을 때는 도덕과 무관하다고 말하겠지만 동시에 그러한 이기주의가 도덕적이라거나 부도덕하다고 말해 주고 싶어한다. 다른 한편으로 존슨은 자신의 입장이 비록 "도덕적인 것"이 아니라고 하더라도 자신은 개의치 않겠다고 말할 수 있다. "도덕적이어야 하는 것이 나의 이익에 반한다면 왜 내가 도덕적이어야 하는가?"라고 물을 수도 있다. 비록 보편화 원리의 옹호자가 보편화되지 않는 이기주의는 전혀 도덕적 입장일 수 없다는 것을 보여주었다고 하더라도, 그 사람은 왜 도덕 규칙에 의해 자신의 행위가 지배되어야 하는지를 보여주어야 한다는 것이다. 논의의 여지가 있는 이러한 문제는 도덕 철학자들에 의해 오랫동안 논의되어 왔으며 그러한 문제의 난점들은 보편화 원리의 정당성을 입증하기가 쉽지 않음을 보여준다.

수단과 목적의 원리의 정당화 문제도 논의의 여지가 많다.[9] 다음과 같은 논증을 살펴보자. 수단과 목적의 원리의 근본적인 주장은 인간은 마땅히 존엄성을 가진 인격체로서 대우받아야 한다는 것이다. 여기에는 두 가지 문제가 있는데 (1) 인간으로서의 당연한 존엄이란 무엇이며, (2) 왜 이러한 존엄성을 인간에게 부여해야 하는가라는 문제가 그것이다. 두번째 문제가 정당화의 문제이다. 그러나 첫번째 문제부터 시작해야 한다. 인간은 목적을 창출하고 그 목적을 추구하는 행위자이다. 그

9) 수단과 목적의 원리를 정당화하려는 흥미 있는 시도 중의 하나는 게워스의 *Reason and Morality*이다. 위에서 제시된 기본적인 생각은, 비록 이러한 해석이 필자의 해석이고 중요한 측면에서 게워스와 다르다고 해도 그의 책에서 많은 도움을 받았다. 또한 필자는 이러한 생각에 대한 진술과 비판에 있어서 비취(H. Veatch)가 *Ethics*, 제 89 권(1979. 7)에서 제시한 게워스에 대한 재고찰의 도움도 크게 받았다. 이러한 문제에 대한 최근의 논의는 M. Singer, "On Gewirth's Derivation of the Principle of Generic Consistency", in *Ethics*, 제 95 권, 제 2 호(1985. 1), 297~301 면; A. Gewirth, "From the Prudential to the Moral: Reply to Singer", 같은 책, 302~304 면 참조.

러므로 목적을 가진 행위자로서의 인간을 존중하기 위해서는 가치관과 목적의 효과적인 창출과 추구에 필수적이고 본질적인 조건들을 중시해야 한다. 이러한 본질적인 조건들은 자유와 행복이다. 자유는 강압, 폭력, 무지, 자기 기만, 사기 그리고 이와 유사한 요인들이 없음을 포함한다. 그리고 행복은 생명, 건강, 음식, 거주지와 같은 기본적인 선과 사람들의 목적 수행의 수준을 유지하고 높이는 데 필수적인 다른 선들을 포함한다.

그러면 수단과 목적의 원리는 어떻게 정당화되는가? 가장 그럴 듯한 논증 중의 하나는 자신이나 타인들 속에 있는 인간의 본성을 존중하지 않는 것은 모순이라는 것이다. 우리는 존중받아야 할 자유와 행복을 가지고 있는 인격적 행위자일 때에만 존중받아야 할 인격체로서의 권리 주장을 필연적으로 할 수 있을 것이다. 그러나 만일 우리가 우리의 목적에 대해 존중받을 권리를 가지고 있고 또한 그러한 목적을 실현하기 위해 필요한 조건들에 대해서도 존중받을 권리가 있는 것으로 생각한다면, 그리고 우리가 행위자라는 사실 외의 다른 근거가 없다면, 우리들과 같은 행위자인 다른 사람들도 정확히 동일한 권리를 가진다는 사실을 인식해야 한다. 자신들을 위해서는 이러한 존중을 주장하면서 타인들에 대해서는 이러한 존중을 부정하는 것은 모순된다.

이러한 논증이 비록 인상적이라고 하더라도 우리는 여전히 다음과 같이 반문할 수 있다. 우리가 행위자라는 사실이, 우리의 목적과 그 목적을 실현하는 데 필요한 조건들에 대해 존중받을 도덕적 권리가 있다는 것을 어떻게 전제하는가? 이때 우리는 앞서 비판했던 사실적 주장으로부터 도덕적 주장으로 나아가고 있는 것은 아닌가? 내가 행위자라는 사실 그 자체가 나에게 어떤 것에 대한 권리가 있다는 것을 의미하지는 않는다. 또한 내가 하나의 권리를 주장한다는 사실이 그 주장의 타당성을 나타내는 것도 아니다. 수단과 목적의 원리의 성공적인 정당화는 이러한 반론에 답할 수 있어야 한다.

내용 요약

인간 존중의 윤리학은 명백한 비일관성을 가지고 있지는 않다. 또한 이 윤리학이 결과를 강조하지 않음으로써 많은 사람들이 그럴 듯하지 않다고 생각하는 결론으로 나아간다 하더라도 인간 존중의 윤리학은 일반적으로 대부분의 사람들이 이미 가지고 있는 도덕적 신념과 일치한다. 그러나 인간 존중의 윤리학은 때때로 도덕적 딜레마에 대해 명쾌한 결론을 산출할 수 없다. 문제가 되는 것은 한 행위를 묘사하는 규칙이 한 가지 이상의 방법으로 서술될 수 있다는 점과 한 행위가 두 가지 도덕 규준의 테스트를 통과하는지를 알기 어렵다는 점, 또한 어떤 행위와 그 행위의 대안이 동등하게 정당화될 수도 있고 또는 그렇지 않을 수도 있다는 것을 인정하는지 등이다.

보편화 원리를 찬성하는 논증은 그 원리가 **도덕적이다**라는 말의 의미를 요구한다는 것이다. 그러나 이러한 논증은 보편화되지 않는 이기주의를 부도덕하다고 비판할 수 없게 한다. 우리가 비록 그러한 이기주의가 부도덕한 것임을 보여줄 수 있다고 하더라도 여전히 개인이 왜 도덕적이어야 하는지를 보여주어야 한다는 문제가 남는다. 수단과 목적의 원리를 찬성하는 논증은 다음과 같은 주장 즉 행위자로서 우리는 각자의 목적과 그 목적을 실현하는 데 필수적인 조건들을 존중해야 한다는 필연적인 주장을 근거로 해서만 가능하다. 만일 우리가 행위자이기 때문에 그러한 주장을 한다면 다른 행위자들의 동일한 주장을 존중해 주어야 한다. 그러나 우리가 어떤 권리를 주장한다는 사실이 필연적으로 그 주장이 타당하다는 것을 의미하는 것은 아니다.

8 네 가지 이론의 적용

핵 폭발로 인한 빛이 1945년 7월 16일 뉴멕시코 사막을 가로질렀을 때 새로운 전쟁 방식이 도입된 것이나 마찬가지였다. 몇 주일 후에 히로시마와 나가사키는 그런 전쟁 방식의 결과를 경험하게 되었다. 핵 전쟁에 대해서 인간이 가지고 있는 경험은 오로지 혐오와 공포뿐이다. 히로시마에 살고 있는 독일 예수회의 한 성직자의 보고서는 폭발 직후 한 공원을 걸어가던 자신의 경험을 기록하고 있다. 그는 숲 속으로부터 "물 좀 주시오!"라고 외치는 소리를 들었다.

> 그가 숲 속에 들어섰을 때, 그는 약 20명 정도가 그곳에 있는 것을 보았다. 그들의 모습은 한결같이 악몽 속의 그것이었다. 그들의 눈은 움푹 꺼져 있었으며 녹아내린 눈의 액체가 뺨을 적시고 있었다. (그들은 폭탄이 터졌을 때 얼굴을 들고 있어야 했다. 아마 대공(對空) 요원이었던 것 같다.) 그들의 입은 부풀어 올라 고름으로 뒤덮인 상처가 나 있었으며 주전자의 주둥이조차 입에 넣을 수가 없었다.[1]

1) J. Hersey, *Hiroshima*(New York: Alfred A. Knopf, 1946), 68면.

또 다른 보고서는 길거리에서 꿈틀거리고 있는 수백 명의 사람들을 묘사하고 있다. 이들의 얼굴은 부풀어 올라 잿빛 상태였으며 그들의 머리카락은 거의 없을 정도였다. 다른 사람들은 손을 높이 휘저으면서 신음소리를 내며 강물로 뛰어들고 있었다. 폭발의 여파에 대한 일부 보고서는 희생자들이 너무나 기형이어서 앞을 보는지 뒤를 보는지조차 알 수 없었다고 서술하고 있다. 다른 보고서는 검게 탄 아이들이 길거리를 헤매는 모습, 죽은 엄마의 젖을 빨고 있는 아기들, 그리고 푸른 화염에 손이 타고 있는 사람들을 묘사하고 있다. 또한 어떤 보고서는 손에 자신의 안구(眼球)를 쥐고 있는 벌거벗은 사람을 묘사하기도 했다.

도시에서 도망치고 있는 사람들은 흔히 로봇처럼 걸었다. 그들에게 어디에서 오는지를 물었을 때 손가락을 뒤로 하여 "저기"라고 말하면서 황폐화된 도시를 가리켰다. 어디로 갈 것이냐고 물으면 도시와는 거리가 먼 곳을 가리키면서 "저기"라고 말했다. 몇몇의 사람들은 폭발 전에 종사했던 그러나 이제는 전혀 의미가 없게 된 일을 바쁘게 추스렸다. 어떤 가톨릭 성직자는 화염으로부터 구조된 뒤, 불타는 도시를 피해 안전한 곳으로 교회 회계 장부와 돈이 든 가방을 가져가려고 했다.

핵 전쟁은 어떠한 척도에 의해서건 우리 시대의 핵심적인 도덕 문제들 중의 하나이다. 첫번째 공습에 대한 보복으로 핵 무기를 사용하는 것이 도덕적으로 정당화될 수 있는가? 핵 무기를 사용하겠다고 위협함으로써 핵을 억제하는 정책은 도덕적으로 정당화될 수 있는가? 도덕이론에 관한 책에서 이렇게 복잡하고 중대한 문제를 적절하게 다루는 것이 불가능하다고 하더라도 우리는 앞서 전개한 몇 가지 생각과 이론들이 어떻게 그런 문제에 대해 유용한 근거를 제공하는지를 살펴볼 수 있다.

우선 네 가지 이론을 더 자세하게 살펴보아야 한다. 왜냐하면 우리는 어떤 이론이 최선인지 또는 상충하는 도덕적 명령을 어떻게 다루어야 하는지에 관한 결론을 아직 내리지 못했기 때문이다. 한편 우리는 어떤 이론이 확실히 더 낫다거나 또는 각각의 이론들이 모든 도덕적 문제에 똑같이 적절하다고 말할 수는 없다. 다른 한편 구체적인 문제에 따라 그때그때의 상황을 고려해서 더 적합한 것으로 보이는 이론을 선택하도록 권장하는, 이른바 도덕 이론에 대한 "부페식"(cafeteria style, 스스로 마음에 드는 것을 고르는 식)의 접근에 대해 거북해 할 수도 있다. 그러므로 각각의 이론들이 어떤 방식으로 평가될 수 있는지 또한 윤리 이론들의 한계에 관해서는 어떠한 결론에 도달할 수 있는지를 결정하는 것도 도움이 될 것이다.

제 1 절 네 가지 이론에 대한 평가

하나의 이론은 부정적으로(이론에 대해 가할 수 있는 비판의 관점으로부터) 또는 긍정적으로(이론이 가지는 강점의 견지로부터) 평가될 수 있다. 앞에서 네 가지 이론에 내렸던 평가를 기억해 보자. 공정한 평가라면 어떤 이론을 유일하게 옳은 이론이라고 하지는 않을 것이다. 모든 이론은 강점과 약점을 가지고 있어서 어떤 이론은 옳고 어떤 이론은 그르다고 쉽게 말할 수는 없다. 그러나 이러한 결론은 이론들이 서로 다른 결론을 이끌어 낼 때 무엇을 해야 하는지에 대한 답변이 되지 않는다. 네 가지 이론으로부터 도출된 도덕 판단들이 서로 상충할 때에도 다양한 비중이 부여될 수 있도록 네 가지 도덕 이론들을 평가할 수 있는가? 비록 어떤 이론이 옳고 어떤 이론이 그르다고 말할 수 없다고 하더라도, 우리가 네 가지 도덕 이론의 차이점이 부각되는 평가에 도달할 수 있는지를 결정하기 위해 이론 평가의 부정적 접근 방법과 긍정적 접근 방법 모두를 고려해 보자.

(1) 평가를 위한 부정적 접근 방법

어떤 이론이 다른 이론에 비해 더 많은 약점 또는 더 심각한 약점을 가지고 있다고 논증할 수 있음에도 불구하고 어떠한 이론에 대해서도 절대적으로 옳다거나 그르다고 말할 수 없는 한 가지 이유는 모든 이론이 약점을 가지고 있다는 데 있다. 우리는 이론들을 평가했던 네 가지 기준들 각각을 재고찰함으로써 각 이론들의 상대적 약점을 결정할 수 있다.

1) 기준 1: 일관성

이기주의는 일관성에 가장 심각한 난점이 있다. 왜냐하면 이기주의는 상충하는 도덕 판단들을 해결할 수 없기 때문이다. 만일 이기주의자가 타인들도 각자의 자기 이익을 따르라고 한다면 타인들은 그 이기주의자의 자기 이익과 반대되는 방식으로 행위할지도 모른다. 많은 비판가들은 이러한 비일관성이 효과적으로 배제될 수 없다고 믿는다. 자연법 윤리설에 대해서도 역시 비일관적인 부분이 있다고 비판할 수 있다. 왜냐하면 자연법 윤리설은 하나의 근본적인 가치를 직접 위반할 수 없다고 주장하면서도 상실의 원리에서는 예외를 허락하고 있기 때문이다. 그러나 자연법 윤리학자들은 근본적인 가치에 대한 직접적인 행위의 규제는 상실의 원리에 의해 요구되는 것처럼 무고한 인간에 대한 행위에만 적용된다고 대답할 수 있다. 그 대신에 자연법 윤리학자들은 자연법 도덕 체계에 심각한 해를 주지 않으면서 상실의 원리 전부를 버릴 수도 있다. 그러므로 자연법 윤리설의 내적 일관성의 문제는 이기주의에서만큼 심각한 것은 아니다.

2) 기준 2: 신빙성

네 가지 도덕 이론 모두가 약간씩은 우리가 이미 가지고 있는 도덕적 신념과 모순되는 도덕 판단들을 산출한다. 굿리치 회사의 비행기 제동 장치 사례에서 살펴보았던 것처럼 이기주의자는 제동 장치의 문제점을 숨기고도 그것을 정당화시킬 수 있다. 심지어 문제를 감추는 것이 인간의 생명을 위협할 수 있다고 해도 정당화될 수 있다. 자연법 윤리학자들도 상실의 원리가 포함되었을 때를 제외하고는 근본적인 가치를 결코 직접 위반할 수 없다고 주장함으로써 때로는 인간의 생명을 쓸데없이 잃게 하는 행위들을 정당화시킬 수 있다. 자연법 윤리설은 또한 인간의 고유한 가치에 부차적인 중요성을 부여하기 때문에 육체적 혹은 생물학적 가치를 과다하게 강조하는 것처럼 보인다. 공리주의도 마찬가지로 우리가 이미 가지고 있는 도덕적 신념 특히 의무 이상의 행위와 정의에 관련된 신념과 모순되는 결론들을 정당화시킬 수 있다. 신빙성에 관하여 인간 존중의 윤리학에서 제기되는 가장 심각한 문제는 행위의 결과를 충분히 고려하지 않는다는 것이다.

3) 기준 3: 유용성

이기주의는 각각의 사람들에게 오직 자신의 이익을 따르라고 하기 때문에 도덕적 상충을 해결하기에는 특별히 유용한 이론으로 보이지 않는다. 흔히 이기주의의 상충은 문제의 원천이기 때문에 그러한 충고는 매우 유용하지 않다. 이해 관계의 상충을 해결하기 위해서는 개인과 무관한 도덕적 관점이 요구된다. 그러나 이기주의는 확실히 이러한 관점을 제공하지 못한다. 이기주의자는 타인들이 개인과 무관한 규칙들에 대해 동의할 때만 그와 같은 규칙들에 대해 동의한다. 그러나 각각의 이기주의자들은 그 규칙들을 성공적으로 회피할 수 있다면 계속해서 그렇게 하려고 시도할 것이다. 자연법 윤리설은 도덕적 논쟁을 해결하기 위한 명백한 방법을 성공적으로 제공해 준다. 그러나 때로는 근본적인 가치를 위반했는지를 결정하기가 어렵다. 보통은 이중 효과의 원리에 관한 세 가지 기준을 적용할 때 어려움이 있다. 공리주의의 유용성에 대한 가장 큰 장애는 제시된 행위 과정의 결과를 조사할 때 흔히 부딪치는 문제들이다. 공리주의자는 그러한 어려움이 공리주의 이론의 한계가 아니라 인간이 가지는 지식의 한계라고 주장함으로써 자신들을 변호한다. 어쨌든 최종 결과는 공리주의적 관점에서는 종종 옳은 것과 그른 것을 여전히 결정할 수 없다는 것이다. 인간 존중의 윤리학은 흔히 테스트되어야 할 규칙을 정식화할 때의 난점과 행위가 테스트들 가운데 하나를 통과하는지의 여부를 결정하는 문제, 그리고 때때로 대안적 행위들 모두가 테스트들 가운데 하나 또는 그 이상을 통과하지 못한다는 사실 때문에 적용하기가 쉽지 않다.

4) 기준 4: 정당성

도덕 규준을 정당화하려고 시도할 때 이기주의자는 우리의 모든 행위가 자기 이익에 의해서 동기가 부여되는 것은 아니라는 사실에 직면한다. 만일 우리의 행위 중 오직 일부만이 자기 이익을 그 동기로 가진다고 한다면 자기 이익이 동기이어야 하는지의 문제는 해결되지 않는다. 자연법 윤리학자들은 근본적 가치들을 주장할 때 이것들을 증명할 방법이나 그것들을 왜 위반해서는 안 되는지를 명백히 보여주지 못한다. 우리는 도덕적 가치들은 (인간과 관계 없이) 객관적이며 결코 직접 위반되어서는 안 된다고 주장한다는 점에서 자연법 도덕 이론을 절대주의로 규정한다. 근본적 가치를 주장할 때 나타나는 문제들은 이러한 주장들을 모두 의심하게 한다. 밀의 공리주의는 어떤 것을 바란다는 것이 곧 그것이 바람직한 것이라는 의미는 아니라는 비판에 대해 답변해야 한다. 게다가 내가 자신을 위해 어떤 것을 바란다는(또는 심지어 바라야 한다는) 사실이 곧 내가 타인을 위해 그것을 바란다는 의미도 아니다. 마지막으로 인간 존중의 윤리학의 도덕 규준에 대한 두 가지 해석에도 비판이 따른다. 첫번째 해석은, 나는 도덕적 관점에서 행위하기를 원하며 그래서 나의 행위를 보편화한다는 것이다. 이러한 가정은 잘못된 것일 수 있다. 내가 타인을 항상 수단이 아니라 목적으로 대해야 한다는 논증은 자유와 행복을 성취하는 데 필요한 필수적인 조건들에 대한 나의 기본 욕구가 타인에 대한 의무를 자동적으로 부과하는 것이 아니라는 사실에 의해 약화된다.

네 가지 이론 중 어느 것도 비판을 면하지 못한다. 그러나 이기주의는 다른 이론보다 더 많은 약점을 보여준다. 이기주의만이 네 가지 모든 평가 기준에서 심각한 문제를 가진다. 상실의 원리가 일관성의 문제를 생기게 하는 것이라고 한다면 자연법 윤리학도 네 가지 기준 모두에서 문제가 있다고 하겠지만 이러한 비일관성의 문제는 우리가 이미 제시했던 두 가지 방법 중 어느 것에 의해서건 배제될 수 있다. 하지만 이기주의에서의 비일관성의 문제는 그처럼 쉽게 배제될 수는 없다. 이기주의는 네 가지 기준 모두에 문제가 있을 뿐만 아니라 그 문제의 정도가 특히 심각하다. 굿리치 사례에서 이기주의가 끌어낸 결론은 아마도 대부분의 사람들이 생각하고 있는 것과 아주 다를 것이다. 그래서 이기주의는 이해 관계의 상충을 해결하기에 부적절하다는 것이다.

평가에 대한 부정적 접근을 통해서, 이기주의가 열등한 도덕 이론이라는 결론 말고는 나머지 세 이론들의 서열을 결정하기는 쉽지 않다. 그러므로 부정적 접근의 결과에 비추어 보면 이기주의는 다른 세 이론들보다 낮은 점수를 받아야 한다. 이제 이론들을 평가하기 위한 긍정적 접근을 살펴보자.

(2) 평가를 위한 긍정적 접근 방법

우리가 이미 사용한 몇 가지 이론들에 기초되어 있는 가정들 중의 하나는 각자가 옳음을 결정하는 단일한 특성을 가진다는 것이다. 이기주의에 있어서 그 특성은 자기 이익이며 공리주의에 있어서는 이해 관계의 만족, 그리고 인간 존중의 윤리학에서는 인간의 가치이다. 자연법 윤리학은 우리의 인간성과 관련시켜 옳음을 결정하는 몇 가지 기본적 특성을 제시하는 유일한 도덕 이론이다. 그러나 옳음을 결정하는 기본적 특성은 자연법 윤리학이 가정했던 것보다 훨씬 광범위하다. 그리고 한 가지 이론에서 옳음을 결정하는 탁월한 특성의 몇 가지는 다른 이론에도 포함될 가능성이 있다. 이와 같은 사실은 네 가지 이론이 옳음을 결정하는 관점에서 네 이론의 서열을 매길 수 있도록 한다. 이러한 기준에 의하면 가장 적절한 이론은 행위의 옳음을 결정하는 특성들을 더욱 완전하게 가지고 있는 이론이 될 것이다. 이러한 기준에 의해 네 가지 이론을 고찰해 보자.

옳음을 결정하는 이기주의의 특성은 자기 이익이다. 이러한 특성에 대한 근거는 인간성에 깊이 뿌리박고 있다. 어떤 심리적 이기주의자가 주장하듯이 사람들은 항상 자기 이익에 따라 행위하지 않는다고 하더라도 대부분 그렇게 행위한다. 그러나 자기 이익을 억제할 수 없는 이기주의는 우리들 대부분이 거부하는 도덕 판단을 이끌어 낸다. 더 나아가 자기 이익을 제한할 소지는 다른 도덕 이론들에서도 발견할 수 있다. 자연법 윤리설, 공리주의, 인간 존중의 윤리학은 모두 자신에 대한 의무를 정당화시킨다. 그러므로 이기주의에서 가장 가치 있는 부분이 다른 도덕 이론에서도 더욱 그럴 듯한 방식으로 함축되어 있다고 할 수 있다.

우리가 제시했던 자연법의 해석에서 옳음을 결정하는 네 가지 특성은 생명(삶), 출산, 지식, 사회성이다. 긍정적 분석의 관점에서 보면 자연법에는 두 가지 문제가 있다. 첫째, 이러한 네 가지 가치는 다른 도덕 이론들에서도 발견된다. 생명의 가치는 네 이론 모두에서 고려될 수 있다. 네 가지 선은 대부분의 이기주의자의 자기 이익을 실현하는 데 필수적이며 대부분의 공리주의자의 이해 관계의 만족을 실현하는 데에도 필수적이다. 생명은 인간 존중의 윤리학에서도 기본적인 선이며, 나머지 세 가지 가치는 필수적인 선(nonsubtractive good) 또는 부가적 선의 범주에서 합법적인 지위를 인정받을 수 있다. 자연법에서 두번째 문제는 근본적 선이 절대적이어야 한다고 주장한다는 것인데 우리는 이것이 많은 문제를 초래한다는 것을 이미 보았다. 그러므로 우리는 자연법의 옳음을 결정하는 특성은 다른 세 가지 이론에 의해서 더욱 적절한 방식으로 고려될 수 있다고 결론내릴 수 있다.

공리주의자의 옳음을 결정하는 특성은 복지 또는 이해 관계의 만족이다. 이러한 특성은 다른 어떤 도덕 이론에 의해서도 직접 고려되지 않고 있다. 공리주의와 마찬가지로 이기주의도 행위의 결과를 그 행위의 도덕적 평가에서 중요한 요소로 간주한다. 그러나 이기주의는 일반적 복지보다는 오직 자신의 복지를 위한 결과만을 고려한다. 커다란 설득력을 가진 일반적 복지라는 기준은 다른 어떤 도덕 이론에 의해서도 강조되지 않은 것이다. 따라서 공리주의는 행위의 도덕적 분석에서 하나의 중요한 지위를 가지는 것으로 간주되어야 한다.

인간 존중의 윤리학에 있어서 옳음을 결정하는 특성은 한 행위가 보편화 원리와 수단과 목적의 원리라는 테스트를 만족해야 한다는 것이다. 그러나 이 테스트의 요점은 행위들이 모든 인간의 평등한 가치를 중시한다는 것이다. 이렇게 중요한 가치가 공리주의에서는 적절하게 고려되지 않았다. 왜냐하면 정의(justice)에 관한 한 공리주의는 문제가 있기 때문이다. 그러므로 인간 존중의 윤리학에 대해서도 근본적인 중요한 지위가 부여되어야 한다.

긍정적인 점수와 부정적인 점수를 합할 때 우리는 다음과 같은 결론에 이른다. 모든 것을 고려할 때 이기주의는 가장 약한 도덕 이론이다. 이기주의는 부정적 관점에서 볼 때 가장 심각한 문제를 가지며 자신에 대한 옳음을 결정하는 이기주의의 특성은 다른 이론들에 의해 더욱 적절하게 고려될 수 있다. 자연법 윤리설은 그 다음으로 낮은 서열의 이론이다. 자연법 윤리설이 지지하는 가치는 자연법이라는 절대주의가 아니더라도 다른 이론에 의해 고려될 수 있다. 공리주의와 인간 존중의 윤리학은 가장 적절한 이론으로 보이며 각각은 다른 이론들에 포함될 수 없는 옳음을 결정하는 특성을 구체적으로 표현하고 있다. 그러므로 우리는 윤리적 분석이 완전하려면 이 두 이론에 특별한 비중을 두어야 한다고 결론지어야 할 것이다.

네 가지 이론에 대한 이러한 서열은 아마도 대부분의 도덕 철학자들의 평가와 일치할 것이다. 그러나 오직 공리주의와 인간 존중의 윤리학만이 도덕적 분석에 사용되어야 한다고 말하지는 않았다. 네 가지 이론들 각각은 완전한 윤리학적 논의를 위해서 중요한 공헌을 하기 때문이다. 그러나 네 가지 이론들에 의한 평가가 일치하지 않을 때 공리주의와 인간 존중의 윤리학에 의한 답변은 아마도 다른 이론들보다 우선되어야 할 것이다.

(3) 도덕적 회의주의와 도덕 이론의 한계

네 가지 이론에 대해 지금까지 매긴 서열은 도덕적 회의주의에 대한 완전한 답변이 아니다. 우리는 단일한 일련의 올바른 도덕 원리가 존재한다는 것을 보여주지 못했다. 도덕 이론들의 서열은 다른 이론들을 제외시킬 정도로 어떤 특정한 도덕 이론이 옳다는 것을 허용하지 않는다. 우리는 단지 모든 사항을 고려할 때 어떤 이론이 다른 이론보다 더 적절하다고 말할 수 있는 중요한 근거를 가지고 있다고 주장할 수 있을 뿐이다. 공리주의와 인간 존중의 윤리학은 서열에 있어서 동등하며 두 이론이 일치하지 않을 때는 어떤 이론이 옳은 답변을 제시하는지를 결정해 주는 일종의 암시가 있었다.

만일 우리가 단일한 일련의 도덕 원리들이 의심할 여지 없이 옳고 또한 그것들이 모든 도덕적 문제를 명백히 하는 데 적절하다는 것을 보여줌으로써만 도덕적 회의주의에 대해 답변할 수 있다면, 우리는 어떤 답변도 제시하지 못한 셈이다. 그러나 다음과 같은 고려 사항은 이러한 사실이 우리가 생각하는 것만큼 도덕 이론의 완결성을 파괴하지 않는다는 것을 보여준다.

첫째, 네 가지 도덕 이론들은 많은 영역에서 유사한 결론을 가져오는 경향이 있다는 것을 주목할 필요가 있다. 이기주의를 제외시키는 것이 가능하다면 위의 이론들은 살인, 거짓말, 절도, 노예 제도, 강간, 약탈, 비방, 사기 등이 일반적으로 그르다는 점에 일치한다. 심지어 이기주의조차 이러한 행위들이 대부분의 경우에 장기적인 자기 이익이 되지 않는다는 것을 인정한다. 그 이론들은 모두 도덕의 핵심적인 영역에서 일치하고 있다.

둘째, 도덕적 회의주의는 보통의 경우 우리의 도덕적 삶에 적절하지 않은 추상적 입장이다. 우리가 행할 수 있는 모든 결정이 몇 가지 도덕 이론으로부터 도출될 수 있음을 기억하라. 이때 실질적인 문제는 이러한 원리들이 우리가 채택할 수 있는 가장 합리적인 원리인지의 여부이다. 다른 말로 하면 실제로 우리가 직면하는 문제는 다양한 도덕 원리들과 도덕 이론들 가운데에서 선택하는 것이지, 우리가 어떤 도덕 원리를 선택해야 하는지를 결정하는 문제가 결코 아니라는 것이다. 실제적인 문제는 우리가 합리적인 관점으로부터 최선의 원리를 선택하고 있는지의 여부이지 우리가 선택한 원리가 궁극적으로 옳은 원리인지의 여부가 아니다. 하나의 일련의 원리가 궁극적으로 어떤 의미에서 옳은 원리인지의 여부는 우리가 행한 선택과 직접적인 관련은 없다. 우리가 단일한 최선의 도덕 이론이 존재한다는 것을 보여주지 않았다고 하더라도, 일부의 이론 즉 공리주의와 인간 존중의 윤리학이 일반적으로 다른 이론들보다 더 좋다는 것을 보여주었다고 생각한다.

셋째, 우리는 도덕 원리와 도덕 이론에 관한 논증이 가능하다는 것을 앞에서 살펴보았다. 윤리학이 단순히 우리의 감정을 표현하는 영역이라고 말하는 것은 무의미하다. 사람들은 도덕적으로 만족하는 어떤 것에 대해서 합리적인 분석과 합리적인 논증 없이 정당하게 말할 수 없다.

결국 윤리학은 합리적인 행위이다.

넷째, 도덕 철학자들은 공리주의와 인간 존중의 윤리학이 일치하지 않을 때에도 해야 할 바에 관하여 어떤 합의점에 도달했다. 일반적으로 인간 존중의 윤리학은 공리주의적 고려 사항이 매우 강력할 때를 제외하면 널리 적용되어야 한다. 더 커다란 유용성이 산출됨에도 불구하고 몇 사람의 생명을 구하기 위해 한 개인을 죽이고 그의 신체를 이용하는 것이 도덕적으로 허용될 수 없는 이유도 여기에 있다. 그러나 접촉한 사람의 99%를 죽이는 전염병 보균자가 몇 사람 있다고 생각해 보자. 이들은 자신의 과오 없이 전염병 보균자가 되었으며 자신들은 그 전염병 때문에 죽지 않는다고 해보자. 전염병의 보균이 핵 전쟁 후에 널리 퍼진 상황과 같은 평범하지 않은 상황들로 인한 것이라면 그러한 보균자를 다른 사람들로부터 격리시킬 수는 없다. 대규모의 죽음을 막기 위해 그러한 보균자들을 죽이는 것이 허용될 수 있는가? 이러한 보균자가 죽을 이유도 없고 그들 자신이 전염병 때문에 죽지 않을 것임에도 불구하고 많은 사람들은 그것이 허용될 수 있다고 말한다.

그러나 이러한 점을 지적한 후에도 우리는 도덕이 여전히 개인적 판단을 위한 여지를 가지고 있으며 심지어 개인적 입장 표명을 위한 여지를 가지고 있다는 것에 동의해야 한다. 도덕 이론은 도덕적 문제와 그 문제의 해결에 대해 중요한 통찰력을 제공할 수 있으나 한계를 가진다. 도덕 이론은 모든 경우에 있어서 자동적인 답변을 제공할 수 없으며 도덕적으로 예민하고 통찰력 있는 개인의 입장을 취할 수도 없다. 도덕 이론은 전제적인 지배자가 아니라 도덕적 삶에 도움이 되는 안내자이기 때문이다.

우리는 이제 마음 속에 이러한 고려 사항을 지니고서 핵을 사용하는 보복 전략과 핵을 이용한 억제 전략을 포함한 구체적인 사례를 살필 것이며, 네 가지 이론을 적용함으로써 어떠한 통찰력을 얻을 수 있는지를 보게 될 것이다.

∽내용 요약∽

부정적 기준과 긍정적 기준에 의해 네 가지 이론에 서열을 매길 때 우리는 이기주의의 서열이 가장 낮다고 결론을 내렸다. 부정적인 기준에서 보면 이기주의는 네 가지 기준 모두에 문제가 있으며, 긍정적인 기준에서 보면 이기주의의 옳음을 결정하는 특성인 자기 이익은 이기주의에서만 볼 수 있는 자체 모순되는 특징 없이도 다른 이론들 속에 함축되어 있다. 자연법 윤리설은 그 다음으로 낮은 서열이다. 왜냐하면 자연법이 지지하는 가치들은 자연법과 연관되어 있는 (그럴 듯하지 않은) 절대주의 없이도 다른 이론에 함축될 수 있기 때문이다. 공리주의와 인간 존중의 윤리학은 서열이 가장 높으며 두 이론의 서열은 대강 비슷할 것이다. 이들간의 상충을 조화시키기 위해 몇 가지 제안이 제시되기도 했다.

윤리학에서 아직 완벽한 이론이 만들어지지 않았다고 하더라도 극단적인 회의주의에 반대하는 확실한 고려 사항들이 강조되어야 한다. 첫째, 네 가지 이론은 종종 동일한 혹은 유사한 결론에 이른다. 둘째, 윤리적 결정을 내릴 때 실제적인 결정은 하나의 일련의 윤리적 이론들 또는 또 다른 일련의 윤리적 이론들 사이에서의 결정이지 "옳은" 원리들과 전혀 그렇지 않은 원리들간의 결정이 아니다. 그러나 어떤 원리들은 다른 원리들보다 더 합리적으로 받아들일 수 있다. 셋째, 도덕 원리들에 관한 논증은 가능하다. 그래서 윤리학은 하나의 합리적 행위이다. 넷째, 공리주의와 인간 존중의 윤리학이 일치하지 않을 때에도 해야 할 바에 관한 어떤 합의점이 있다.

제2절 핵을 이용한 보복 정책과 억제 정책의 문제

핵을 이용한 보복 정책과 억제 정책이라는 복잡한 문제를 단순화하기 위해서 우리는 구체적인 시나리오를 가지고 시작해야 할 것이며, 또한 네 가지 도덕 이론의 견지에서 윤리적 분석을 시도해야 할 것이다.

이러한 분석은 각각의 이론들이 도덕적 문제의 이해에 어떻게 공헌할 수 있는지를 보여줄 수 있다. 복잡한 도덕 문제를 분석하는 적절한 방법은 네 가지 이론을 전부 사용하는 것이다.

지금부터 사용하게 될 시나리오는 다음과 같다. 미국의 첨단 경보 체계에 의해서 소련이 미국에 대한 대규모 핵 공격을 시도했다는 것을 미국이 알게 되었다고 생각해 보자. 미사일을 저지하기 위해 모든 수단이 시도되겠지만 적어도 미사일의 반은 미국 본토에 도달하게 될 것이다. 미국은 15분 내에 전면적인 반격을 가할 것인지의 여부를 결정해야 한다. 반격은 직접적으로는 군사적 목표물에 행해지겠지만 그 결과로 아마도 소련의 1억 이상의 시민이 죽게 될 것이다. 왜냐하면 많은 군사적 목표물이 민간인 거주지와 가까운 곳에 위치해 있기 때문이다. 예를 들면 모스크바만 해도 60개 이상의 군사 목표물이 있다.

소련에 대한 전면적인 공격은 미사일의 일부가 발사되는 것을 막거나 폭격기의 일부가 이륙하는 것을 억제할 것이다. 소련에 대한 반격이 미국에 대한 소련의 대규모 공격을 감소시키지 않는다고 하더라도 소련이 세계의 다른 지역을 공격하는 것을 막을 수 있을지도 모른다. 왜냐하면 소련도 심각한 타격을 받을 것이기 때문이다. 그러나 그러한 공격을 받게 되면 엄청난 인명 피해가 따르고 게다가 수백 개의 부가적인 핵 폭발에 의한 환경 피해도 이루 말할 수 없을 정도가 될 것이다. 소련에 대한 공격은 인간 생존의 기회를 적게 할 것이다. 사람들이 그러한 사태에 앞서 하나의 결정을 내릴 충분한 시간을 가지고 있다면 무엇을 어떻게 해야 하는가?

이 문제를 논의할 때 우리는 앞에서 했던 분류를 사용하게 될 것이며 이 문제를 사실적 문제, 개념적 문제, 도덕적 문제로 나누어 고찰할 것이다.

(1) 사실적 문제

일본의 두 도시에 떨어진 폭탄은 그 이후 더욱 진보된 현대 무기와 비교할 때 미약한 것이었다.[2] 히로시마에 투하된 폭탄은 단지 우라늄을 연료로 하는 3킬로톤의 폭탄이며 나가사키에 투하된 폭탄은 플루토늄을 연료로 하는 22킬로톤의 폭탄이었다. 그러나 히로시마에서의 폭발만 해도, 100만 분의 1초 사이에 온도가 화씨 수백 만도에 달했고 약 1/5평방 마일을 뒤덮는 9,000도의 핵 폭풍은 4시간 동안이나 사납게 불어댔다. 그 영역 내의 모든 것은 즉사했으며 건물의 약 90%가 파괴되었고 11만 명이 죽고 8만 명이 부상당했다. 그 도시의 1,780여 명의 간호원 중에서 1,650명이 죽었으며, 따라서 시민들은 사실상 의료 혜택도 전혀 받지 못했다.

두 폭탄은 각각 약 3평방 마일의 영역을 파괴했다. 현대 무기와 비교해 보면 미니트맨 Ⅱ라는 미사일 하나가 72평방 마일을 파괴한다. 10개의 목표를 동시에 겨냥하는 12-A를 탑재한 MX 미사일 한 개는 234평방 마일을 파괴할 수 있다. 1메가톤의 폭탄이 뉴욕 시에 투하되면 225만 명이 죽게 되며 이들 중 100만 명은 11초 내에 죽는다. 태양보다 더 뜨거운 불덩이가 약 1.75평방 마일을 뒤덮을 것이고 이 때문에 발생하는 핵 폭풍은 약 100평방 마일을 뒤덮게 될 것이다. 고층 건물들은 무너지고 도시는 방사능 오염 지역으로 변할 것이다.

의학적 영향과 심리학적 영향 또한 엄청나게 크다. 백혈병, 많은 종류의 종양, 확산 출혈(diffuse hemorrhage)과 전염병 등은 모든 사람을 괴롭힐 것이며 아기들은 조그만 머리를 가지고 태어나게 될 것이다. 농축 플루토늄은 인간의 고환과 난소 속에서 5만 년 동안 지속될 수 있다. 심리적 충격은 일상적인 일이 될 것이다. 실제로 모든 의사 전달 매체가 없어지고 음식은 오염될 것이며 의료 봉사는 거의 존재할 수 없게 될 것이다.

전면적인 핵 전쟁에서 우리가 뉴욕을 예로 들어 묘사했던 피해 상황은 많은 것들 중에서 단지 하나일 뿐이다. 수백 회의 핵 폭발로 인한

---

2) H. Freeman, "The Effects of Nuclear War", in *This is the Way the World Will End, This is the Way You Will End Unless*(Cambridge, Mass.: Schenkman, 1983), 9~25면 참조. 이것을 재편찬한 J.P. Sterba, ed., *The Ethics of Nuclear War*(Belmont, Calif.: Wadsworth, 1985), 68~79면도 참조.

대파괴에 관해 생각할 때 우리는 미국, 유럽, 소련에 있는 모든 주요 도시의 황폐화뿐만 아니라 전세계의 자연 환경에 대한 영향도 고려해야 한다. 이러한 현상들 중에서 가장 광범위하게 논의된 것 중의 하나는 "핵 겨울"이다. 과학자들은 핵 폭발이 엄청난 양의 매연과 연기를 대기에 뿜어내어 그 검은 연기가 햇빛을 차단하게 될 것이라고 주장한다. 이러한 상황은 적은 규모지만 1816년 인도네시아의 탐보라 화산이 폭발했을 때 일어났다. 한 해 동안 여름이 없었으며 북아메리카와 유럽에는 7월에도 눈이 내렸다. 일부 과학자들은 대폭발로부터 야기되는 핵 겨울이 곡물을 멸종시키고 인류의 생존뿐만 아니라 대부분의 다른 형태의 생명체들을 위협하면서 최소한 5년 동안은 지속될 것이라고 주장한다.

우리가 묘사한 시나리오와 같은 핵 공격은 다른 많은 분야의 황폐화의 잠재적인 근거를 나타낸다. 여기서는 세계의 핵 발전소에 대한 핵 공습의 결과도 고려하지 않았으며, 해로운 자외선으로부터 지구를 보호하는 오존층도 고려하지 않았고, 해양 생명체 특히 해양에 사는 먹이 사슬에 근거를 둔 생물들의 파괴로부터 오는 영향도 고려하지 않았다. 인간을 약화시키는 조건들 예를 들어 병을 옮기는 곤충의 증가와 대부분의 의료 시설과 의료 요원의 상실로 인한 광범위한 전염병 등과 같은 다른 가능성들도 있다. 우리는 단지 전면적인 핵 전쟁은 인류의 존재를 위협할 수 있다고 결론을 내릴 수 있을 뿐이다.

여러분들은 핵 전쟁과 핵을 이용한 억제 정책에 관한 논의에서 많은 유력한 다른 사실적 문제들에 대해 확실하게 생각해 볼 수 있다. 만일 미국이 핵 무기 그 자체를 포기한다면 소련의 공격 가능성이 얼마나 증가할지에 관해서는 의견의 차이가 있다. 국제 정치를 지배하는 것이 우선적으로는 핵의 힘이라고 해도 우리는 소련이 지배하려고 하는 국제 정치의 범위를 모른다. 소련의 최초 공격에 대한 미국의 대응이 더욱 가중될지도 모를 소련의 공격을 저지함으로써 미국 국민의 생명을 구하게 될는지에 대해서 우리는 알지 못하며, 소련의 최초 공격이 얼마나 광범위한 것인지도 우리는 알지 못한다. 다른 문제와 마찬가지로 이러한 많은 사실적 문제들은 구체적인 윤리적 분석의 맥락에서 제시될 것이다.

(2) 개념적 문제

이러한 경우에 가장 중요한 문제들 중의 하나는 도덕적 평가의 적절한 대상이다. 우리는 보복을 할 것인가 말 것인가에 관한 결정에 초점을 맞추어야 하는가 아니면 보복 결정의 일부분인 일반적인 억제 정책에 초점을 맞추어야 하는가? 이 문제에 대한 답변은 도덕적 분석의 결과를 결정하거나 적어도 그 결과에 강력한 영향을 미칠 수 있다. 보복 결정에 관한 논증을 시작함으로써 이러한 두 입장을 각각 고찰해 보고 이들 각각에 대해 찬성하는 몇 가지 논증들을 살펴보자.

시나리오에서 서술한 것처럼 보복 여부의 결정에 초점을 맞춘다면 그것에 찬성하는 두 가지 논거는 다음과 같다. 첫째, 문제가 너무나 중요하기 때문에 그 자체의 장점에 근거를 둔 구체적인 보복 행위를 고려하지 못할 것이라고 생각하기는 어렵다. 어찌 1억의 죽음을 가져올 수 있는 결단의 도덕성에 관하여 사람들이 자신에게 물어보지 않겠는가? 우리는 일반적인 억제 정책을 평가할 수 있으며, 또한 일반적인 정책으로부터 도출되는 사항으로서 보복 여부를 결정할 수도 있다. 그러나 일부의 사람들은 사안의 심각성으로 인해 이러한 접근이 부적절하다고 주장한다.

둘째, 구체적인 사례들을 고려하지 않는다면 중요한 도덕적 문제들에 초점을 맞추기는 쉽지 않다. 다시 앞서 서술했던 시나리오를 살펴보자. 미국의 인구 밀집 지역이 몇 분 내에 방사능 오염 지역이 될 것이다. 미국 관리들은 보복의 가능성을 고려하고 있다. 그러나 보복의 목적은 무엇인가? 그것 중의 하나는 복수하는 것이다. 그러나 이러한 목적이 1억의 인구를 죽이는 것을 정당화시킬 수 있는가? 미국은 이제 조직화된 사회로서 더 이상 존재하지 않을지도 모르기 때문에 보복을 미국의 방위라는 명분으로 정당화시킬 수는 없다. 어떤 학자들은 우리가 경고한 내용이 헛소리가 아님을 보여주기 위해서 보복해야 한다고 주장한다. 그래야만 다른 국가들을 공격하면 보복당한다는 것을 앞으로는 믿게 된다는 것이다. 그러나 만일 보복이 수행된다면 미래는 사라질지도 모르며, 또한 한 국가가 경고한 내용이 헛소리가 아님을 보여준다는 것이 1억의 인구를 죽이는 것을 정당화시킬 수 있다고 보기도 어렵다. 이러한 문제는 또한 더 넓은 억제의 문제를 살펴본다고 해서 적절하게 해결되는 것도 아니다.

일반적인 보복 정책을 적절한 도덕 평가의 대상으로서 간주하는 데 찬성하는 두 가지 논거는 다음과 같다. 첫째, 앞선 분석의 양상은 오직 핵을 이용한 억제 정책이 실패한 경우의 상황만을 고려한 것이지만 반면에 억제 정책이 성공할 가능성을 고려하는 것도 하나의 적절한 평가가 될 것이다. 만일 소련이 공격을 한다면 전쟁 억제 정책은 명백히 실패한 것이다. 그러나 전쟁 억제 정책은 또한 성공할 수도 있다. 여하튼 전쟁 억제 정책은 실패했을 때의 불이익과 성공했을 때의 이익을 다같이 중시하여 전체적으로 평가되어야 한다. 오직 이러한 견지에서만 우리는 억제 정책의 도덕적 지위에 대한 정확한 평가를 내릴 수 있다.

둘째, 앞선 분석의 양상은 하나의 개별적인 행위가 해당되는 일반적인 정책이 옳기 때문에 실제로 그 행위가 옳은 것이라고 해도 그 행위가 때로는 비합리적으로 보일 수 있다는 점을 고려하지 않은 것이다. 그러한 경우에 우리는 오직 일반적인 정책만을 평가해야 하며 일반적인 정책에 속해 있는 구체적인 행위의 도덕성을 평가해서는 안 된다. 6장에서의 예를 생각해 보자. 교수가 어떤 학생에게 학점을 주는 것이 개별적으로는 더 많은 유용성을 산출한다고 하더라도 그 교수는 그 학생이 마땅히 받아야 할 낙제 점수를 주는 것이 옳을 것이다. 유사하게 만일 일반적인 전쟁 억제 정책이 합리적으로도 정당화되고 도덕적으로도 정당화된다면, 정책 수행으로서의 보복은 비록 그것이 공적(merit)에 따라 평가될 때는 다르게 보인다고 하더라도 합리적이고 도덕적인 측면에서 고려되어야 할 것이다.

어떠한 논거가 옳은지를 결정하는 명백한 방법이 없기 때문에 두 가지 논거 모두를 염두에 두고 시나리오를 다시 살펴보자. 우선 우리는 보복의 도덕성이라는 관점에서 시나리오에 초점을 맞출 것이다. 그 다음에 더 일반적인 문제에 대한 답변에 비추어 보복의 문제를 고찰함으로써 더 일반적인 핵 억제 정책을 살필 것이다. 다음의 분석들은 이러한 복잡한 문제를 망라하는 처방을 의도하지 않았다는 것을 기억해야 한다. 오히려 이러한 분석들은 어려운 도덕적 문제가 몇 가지 도덕 이론의 관점으로부터 그리고 두 가지 개념적 견지로부터 어떻게 효과적으로 분석될 수 있는지를 보여주려고 의도된 개괄적 서술이라는 것을 명시해야 한다.

(3) 도덕적 문제

이러한 경우 도덕적 문제의 핵심은, 핵 공격이 무고한 수백만의 생명을 죽이게 되며 심지어 인류 그 자체의 생존을 위협한다는 점이다. 이러한 전망은 우리 시대의 가장 커다란 도덕적 문제 중의 하나이다. 소련의 도시들에 대한 미국의 공격들—설령 그것이 소련의 공격에 대한 반격이라고 하더라도—이 도덕적으로 정당화될 수 있는 상황이 일어날 수 있는가?

서구 철학에서 전쟁을 개념으로 정리할 때 그 표준적인 방법이 되는 정당한 전쟁 이론에 의하면, 무고한 시민의 살상은 이중 효과의 원칙에 의해 정당화될 때에만 도덕적으로 허용될 수 있다. 대부분의 정당한 전쟁 이론 지지자들은 우리가 곧 고려하게 될 이유 때문에 핵 전쟁이 이 테스트를 통과하지 못한다고 믿는다. MAD(상호 확신 파괴) 이론은 미국이 소련 인구의 1/4을 살상할 수 있고 소련의 산업 시설 중 1/2을 파괴할 수 있다는 가정에 근거해 있다. 이러한 정책은 민간인을 공격하는 "대가"(countervalue) 전략을 포함한다. 미국의 카터 대통령은 대통령 지시 59호에서 이러한 대가 전략을 "대군"(counterforce) 전략으로 대치했다. 이 전략에 따르면 미국은 민간인보다 소련의 군사 시설(미사일 기지, 군수 공장 등) 파괴를 목표로 한다.

그러나 대군 전략과 대가 전략은 실제적인 차이가 거의 없다. 많은 공장과 군사 시설은 민간인 거주지와 근접해 있으며 핵 무기의 파괴성 때문에 많은 시민들이 어떤 방식으로든 죽게 된다. 그러므로 핵 전쟁이 터지면 엄청난 민간인의 죽음은 피할 수 없다. 즉각적으로 죽지 않은 많은 사람들은 파괴적인 핵 전쟁의 부차적인 결과 즉 환경의 오염, 핵 겨울 등으로 인해 죽게 된다.

문제는 핵 공격의 이득이 스스로 의문시될 때 구체적으로 드러난다. 앞의 시나리오에서 소련의 미사일은 이미 발사되었고 미국은 이제 대규모 민간인 살상을 피할 수 없다. 두번째 공격의 방지 혹은 소련으로부터 다른 나라를 보호하는 것과 같은 보복의 다른 이득은 민간인 대량 학살이라는 결과를 가져오는 소련 사회에 대한 처벌을 정당화하는가? 보복에 대한 모든 분석은 이러한 도덕적 문제를 포괄해야만 한다.

제3절 핵 보복의 윤리적 분석

(1) 이기주의의 분석

이기주의적 분석은 개별적 이기주의의 관점을 취해야 하기 때문에 우리는 이기주의자를 소련의 최초 공격에서 살아 남게 될 미국의 시민이라고 가정해야 한다. 그러한 이기주의자가 자신의 이익의 관점에서 무엇이 일어나기를 원하는지 고려해 보자. 우리는 그의 이해 관계가 재정적으로 더 많은 보수를 받고 자신의 적성에 맞는 직장에 다니고 만족스러운 가정 생활을 하는, 그리고 중간 이상의 사회적 지위를 누리는 관습적인 이해 관계라고 가정해야 할 것이다. 우리는 더 나아가 그가 가능한 한 자유 지상주의적 이상을 추구하는 사회 질서 속에서 더욱더 훌륭한 삶을 즐길 수 있음을 믿는다고 가정해야 할 것이다. 그러나 그는 이러한 목표들을 이제는 더 이상 미국 사회 내에서 성취할 수 없을 것이다. 왜냐하면 미국 사회는 파괴될 것이기 때문이다. 그래서 그가 물어야 할 문제는 사건의 어떠한 진행이 자신의 이익에 가장 도움이 될 것인지의 문제이다.

1. 그러나 이기주의자가 이러한 상황 속에서 얻을 수 있는 이해 관계는 자신이 그 이전에 영위하던 삶의 방식을 불가능하게 만든 사람들에 대해 복수를 함으로써 만족을 경험하는 것이다. 그는 공격을 개시한 사

람들을 포함해서 소련의 많은 시민들 역시 정상적인 삶을 살 수 없기를 원할 것이다. 그들 역시 파멸된 자신들의 사회를 봄으로써 그리고 사랑하는 많은 사람들의 죽음을 봄으로써 고통을 겪을 것이다. 보복은 그러한 상황하에서 가능한 가장 만족스러운 경험의 형태이다.

그러나 무엇보다도 자신의 장기적인 자기 이익에 관심을 두는 합리적 이기주의자는 오로지 보복만을 생각할 수는 없다. 그는 먼저 그리고 무엇보다도 자신의 이익과 양립 가능한 방식으로 자신의 삶을 계속하기 위해 여러 가지 대안들을 생각하고자 할 것이다. 만일 그가 전쟁에서 소련이 승리할 것이라고 생각한다면 그는 소련에 협력할지도 모른다. 심지어 소련으로 이주하려고 할지도 모른다. 그러나 그는 극복할 수 없는 인간 존엄의 상실이라는 결과를 인정할 것이기 때문에 이러한 행위의 과정이 그에게 가능하지 않다는 것도 알 것이다. 그는 환경의 피해가 다소 덜한 시골로 이주할 수도 있다. 예를 들어 호주나 뉴질랜드로 갈 수 있다. 또는 폭발의 피해가 덜한 미국 내의 다른 곳에서 살려고 할지도 모른다.

만일 그가 소련으로 건너가거나 소련에 협력한다면 소련이 파괴되는 것을 원하지 않을 것이다. 그가 미국에 머물거나 시골로 이주한다고 하더라도, 수백 개의 핵 폭발이 더해진다면 그로 인해 발생되는 환경 피해가 엄청날 것이기 때문에, 그리고 인류가 결코 살아남을 수 없다는 것 때문에 그는 더 이상의 공격도 원하지 않을 것이다.

다른 한편으로 만일 소련이 공격을 받지 않는다면 그가 가는 곳이 어디이건 십중팔구 소련의 지배하에서 살게 될 것이다. 만일 소련이 공격을 받는다면 그는 압제가 다소 덜한 정치 체제하에서 살게 될 것이다. 소련에 대한 공격 역시 미국에 대한 더 이상의 공격을 막고 발진된 미사일이나 이륙한 폭격기의 숫자를 감소시킬 것이기 때문에 자신이 살아 남을 수 있는 기회를 더욱 높여줄 것이다.

2. 이러한 복잡한 고려 사항이 주어진다면 이기주의자의 장기적인 자기 이익은 무엇인가? 결과주의 형식에서는 흔히 그렇듯이, 확실하고 적절한 행위를 결정할 수 있을 정도로 다양한 행위들의 결과를 정확하게 예상하기는 어렵다. 그러나 보복의 동기, 강도 심지어 미국에 대한 더

이상의 공격 가능성을 감소시키려는 욕구 그리고 소련의 지배하에서 살지 않으려는 욕구 등은 보복 정책에 찬성하는 쪽으로 기울어지게 할 것으로 보인다. 핵을 이용한 보복 정책이 이기주의의 관점에서는 의무가 아니라고 하더라도 도덕적으로 허용될 수 있다고 결론지어야 할 것이다.

(2) 자연법 윤리학의 분석

자연법은 전쟁의 도덕성과 관련하여 긴 역사를 가지고 있다. 우리는 먼저 전쟁이 인간의 경향성과 어떻게 일치할 수 있는지를 보여주어야 한다.

1. 자연법의 가르침에 의하면 국가는 인간의 복지에 필수적이다. 왜냐하면 인간은 사회 속에 살려고 하는 자연적인 경향성을 가지고 있기 때문이다. 그러므로 국가를 보존하기 위해 전쟁이 필수적이라면 그것은 정당화될 수 있다. 시나리오의 구체적인 보복 행위를 정당화하기 위해 우리는 그 행위가 정당한 전쟁을 위한 네 가지 기준을 통과하는지의 여부를 결정해야 한다. 오직 통치적 행위만이 핵 무기를 발진시킬 수 있기 때문에 보복은 적법한 권위에 의해 정당하다고 인정될 것이다. 또한 핵 공격에 대한 반격도 정당한 명분을 가지고 있다. 왜냐하면 그것은 침략에 대한 반격이며 더 이상의 공격을 막는 행위이기 때문이다. 따라서 우리는 보복을 가한 사람들에 의해 보복이 정당한 행위로 알려진다고 생각할 수 있다. 네 가지 기준은 올바른 수단의 사용이 가능하다는 것을 전제한다. 이 네 가지 기준을 적용하기 위해서 우리는 두 가지 제한 원리(qualifying principle)를 살펴보아야 한다.

2. 두 가지 제한 원리는 상실의 원리와 이중 효과의 원리이다. 상실의 원리에 따르면 무고한 사람의 생명을 위협하는 사람은 자신의 생명에 대한 권리를 상실한다. 확실히 소련은 침략 전쟁을 시작했기 때문에 이 원리에 적용된다. 그러나 소련의 국민들도 이 원리에 적용되는가? 소련 국민은 정부의 행위에 대해 아무런 말도 하지 않는다. 군부와 의견이 다를 뿐만 아니라 어떠한 방식으로도 군부와 직접적인 관계를 맺

지 않은 사람들은 이 원리의 전통적 해석에 의하면 상실의 원리를 위반한 것이 아니다. 그러므로 대도시에 사는 대부분의 민간인은 무고한 사람이라고 결론지어야 한다. 그들은 핵을 사용한 보복에서 직접 공격을 받아서는 안 된다. 그래서 군사 시설에 대한 핵 공격의 결과로 많은 민간인들을 죽게 만드는 것은 이중 효과의 원리가 호소될 수 있을 경우에만 정당화될 수 있다.

3. 이중 효과의 원리에 의하면, 만일 어떤 행위가 두 가지 결과 즉 하나는 도덕적으로 바람직하지만 다른 하나는 그렇지 않은 두 가지 결과를 가진다면 이 행위는 나쁜 결과가 불가피한 것이고 의도되지 않은 것일 때 그리고 비례의 원리가 만족될 경우에만 정당화될 수 있다. 보복의 나쁜 결과인 민간인들의 죽음은 무고한 민간인들을 죽이지 않고서는 군사적 목표에 대한 핵 공격이 불가능하다는 점에서 불가피하다. 두번째 기준은 민간인들의 죽음이 좋은 결과 즉 소련의 미국이나 다른 나라에 대한 더 이상의 공격 방지를 성취하기 위한 수단이어서는 안 된다는 것을 말한다. 오직 군사적 목표만이 직접 의도되고 군사적 목표의 파괴가 성공적인 보복을 위해 필수 불가결할 때에만 두번째 기준이 만족된다고 할 수 있다.

비례의 원리는 좋은 목적과 이 목적을 성취하기 위한 수단 사이에 존재하는 적절한 비례 관계를 전제한다. 핵 전쟁에서 핵 무기의 폭발과 방사능 낙진은 군사적 목표를 없애고도 남을 만큼 충분히 강력하다. 더군다나 많은 인구가 밀집되어 있는 지역 내에 위치한 중요한 군사적 목표는 민간인의 대규모 살상을 가져온다. 소련에는 4만 개 이상의 "군사" 목표가 있다. 그것들은 대다수가 인구 밀집 지역 내에 있다. 이것은 민간인의 죽음이라는 결과로 인해 비례의 원리가 만족되지 못함을 의미한다. 그러므로 핵 무기의 사용은 이중 효과의 원리를 위반한다고 결론지어야 한다.[3)]

---

3) 미국 가톨릭 교구의 최근 진술은 공격자에게 민간인을 직접적으로 공격하려는 의도가 없었다고 하더라도 핵 공격은 비례의 원리를 위반할 것이라는 입장을 취한다. 1982년 미국 가톨릭 연합회가 편찬한 *The Challenge of Peace: God's Promise and Our Response*를 참조.

4. 군사적 목표에 대한 핵 보복은 자연법 윤리설의 두 가지 제한 원리 모두에서 실패하기 때문에 우리는 도덕적으로 보복을 허용할 수 없다고 결론지어야 한다.

(3) 공리주의의 분석

대부분의 공리주의적 분석은 규칙 공리주의적 접근 방법을 취해야 한다. 그러나 이 경우에 규칙 공리주의적 분석은 불가피하게 억제 정책이라는 고려 사항으로 우리를 인도한다. 그러므로 행위 공리주의적 분석에 초점을 맞추어야 한다.

1. 우선 하나의 행위와 이 행위의 가장 합리적인 대안을 묘사해야 할 것이다. 이 행위는 소련에 전면적인 핵 공격을 시작하는 것이며 가장 합리적인 대안은 좀더 제한된 공격을 하거나 전혀 공격을 하지 않는 것이다. 완전한 공리주의적 분석은 이 두 대안 모두를 포함하지만 우리는 간략하게 첫번째 대안만을 고려할 것이다.

2. 이제 소련에 대한 전면적인 핵 공격에 의해 어떤 부류의 사람들과 동물들이 영향을 받게 되는지 그리고 이들이 어떤 식으로 영향을 받는지를 결정해야 한다. 이 행위에 의해 영향받게 될 네 개의 주요 집단은 소련 국민, 미국 국민, 직접 공격을 받지 않는 국가의 국민 그리고 전 세계의 동물들이다.

전면적인 반격에 대한 소련 국민들의 전체적 영향은 당연히 부정적일 것이다. 아마도 1억 이상의 사람들이 죽게 될 것이고 소련은 엄청나게 파괴될 것이기 때문이다. 살아 남은 소련 국민들은 그 전의 소련 정부하에서 누린 것보다 더 큰 자유를 누리게 될지도 모르지만 이러한 결과보다는 대량 학살과 파괴가 더욱 심각할 것이다.

미국의 살아 남은 사람들과 다른 국가들에게는 반격의 결과가 전체적으로 볼 때 아마도 긍정적일 것이다. 첫째, 생존자들은 복수를 했다는 인식을 가질 것이며 그 인식은 공리주의적 관점에서 이해 관계의 만족으로 간주되어야 한다. 둘째, 소련의 두번째 공격의 강도와 가능성이 감소될 것이다. 왜냐하면 소련의 많은 군사 시설들이 파괴될 것이기 때문이다. 서구의 국가들 역시 소련의 지배에 들어갈 가능성이 적어질 것이다.

직접 공격을 받지 않은 다른 국가들에 대한 영향은 혼합되어 있을 것이다. 한편에는 소련이 지배력을 잃게 되면 더 큰 정치적 자유를 누릴 사람들이 있을 것이고, 다른 한편에는 부가적 핵 폭발로 인해 괴로움을 겪게 될 사람들이 있을 것이다. 핵 겨울과 같은 대재난이 초래될 가능성은 더 많아지고 환경에 대한 피해도 더욱 심각할 것이다.

지구상의 동물에 대해 가중되는 핵 폭발의 영향은 전체적으로 부정적이다.

3. 최대 유용성 혹은 최소 비유용성을 산출하게 될 행위를 쉽게 확인할 수는 없다. 다양한 결과들의 가능성이 고려되어야 하기 때문에 수많은 소련 국민과 수많은 동물들의 죽음에 대한 실질적인 확실성에 각별히 유의해야 한다. 우리는 또한 환경의 피해에 대해서도 피해 상황의 증가를 똑같이 고려해야 한다. 우리는 이와 같은 보복의 확실한 부정적 결과에 대해 복수 또는 두번째 공격의 강도를 배제시키거나 감소시킬 가능성, 확실하지는 않지만 더욱 자유로운 삶 그리고 서구 지향적 정치 질서를 재구성할 수 있는 더 많은 기회 등과 같은 모호한 긍정적 결과들을 견주어 보아야 한다. 그러므로 우리는 행위 공리주의적 분석에 의해서도 전면적인 보복은 허용될 수 없는 것이라고 결론지어야 한다.

(4) 인간 존중의 윤리학의 분석

우리가 이용해야 할 윤리적 분석의 마지막 유형은 인간 존중의 윤리학의 도덕 규준에 대한 두 가지 해석을 포함한다.

1. 우리는 소련에 대한 반격에 전제된 도덕 규칙을 다음과 같이 정식화할 수 있다.

> 어떤 국가든 핵 무기에 의해 공격을 받았을 때, 비록 국가 자체가 실제로 파괴되었을(될) 때라고 해도 유사한 공격으로 보복해야 한다.

2. 이 규칙은 자명 테스트를 통과할 수 있다. 왜냐하면 다른 국가가 위와 같이 방어적으로 보복할 권리를 가지고 있다면 이 규칙은 핵 공격에 대한 보복으로부터 미국을 보호하지 않을 것이기 때문이다.

3. 수단과 목적의 원리의 소극적 테스트는 평가될 행위가 이 행위에 의해 영향받는 사람들의 자유나 행복을 해치는지의 여부를 묻는다. 확실히 소련에 대한 미국의 전면적인 핵 반격은 소련 국민들의 자유와 복지를 파괴하거나 강력한 나쁜 영향을 미친다. 수백만 명이 죽거나 다치고 다른 많은 사람들은 효과적인 도덕적 행위자로서의 조건을 박탈당할 것이다. 그러나 이 규칙이 소극적 테스트를 통과하지 못한다고 결론짓기 전에 상실의 원리와 평등의 원리의 관련성을 살펴야 한다.

상실의 원리는 핵을 사용한 전면적인 반격을 변호하기 위해 개입될 수 있다. 즉 소련의 지도자들은 미국인들의 자유와 복지를 무시했기 때문에 자유와 복지에 대한 자신들의 권리를 상실한다. 그러나 소련의 무고한 국민들에 관해서는 문제가 발생한다. 이 문제는 자연법 윤리학의 분석에서 살펴본 문제와 유사하다. 국가 정책에 어떠한 영향력도 가지지 못하고 군대 또는 군수 산업과 어떠한 관련도 없는 개별적인 소련 국민들은 자유와 복지에 대한 자신들의 권리를 상실하지 않는다. 만일 미국이 소련 사람들을 공격한다면 미국은 그들을 미국의 보복이라는 목적을 성취하기 위한 단순한 수단으로 대하고 있는 셈이다. 그러므로 상실의 원리는 위의 규칙이 소극적 테스트에 실패한다는 결론에 대해 아무런 도움도 주지 못한다.

평등의 원리는 다음과 같이 규정된다. 사람들의 자유와 복지가 침해되어야 한다고 해도 사람들을 그렇게 취급할 만한 훌륭한 이유가 존재하지 않는 한, 그들을 동등하게 대해야 한다. 미국 국민의 자유와 복지는 소련의 공격에 의해 명백히 침해될 것이고 미국의 반격에 의해 소련의 공격 가능성은 사라질지도 모른다. 그러나 평등의 원리는 수백만의 무고한 소련 국민의 죽음도 정당화시키는가? 이 문제에 답하기 위해 몇 가지 예를 재검토해 보자.

먼저 평등의 원리가 명백히 적용되는 두 가지 예를 고려해 보자. 구명 보트에 12명이 타고 있으나 이 보트의 정원은 10명이다. 두 사람이 내리지 않는다면 모든 사람이 빠져죽는다. 어느 누구도 자발적으로 뛰어내리지 않았기 때문에 가장 힘센 사람이 두 사람을 밀어냈다. 두번째 예는 임신 7개월된 부인의 예이다. 부인은 자신이 수술이 필요한 상태임을 알게 된다. 이 임산부가 수술을 받는다면 자신은 살지만 태아는 죽게 된다. 그리고 만약 수술을 받지 않으면 자신과 태아 둘 다 죽을 것이다. 이 여자는 수술을 하기로 결정한다.

평등의 원리는 이 두 가지 예에서 그들이 행한 행위들을 정당화시킨다. 이 두 예에서 무고한 사람들은 위에서 행위한 바와 관계 없이 죽을 것이다. 모든 인간의 생명은 존중되어야 하기 때문에 가능한 한 많은 생명을 구하는 것이 중요하다. 심시어 일부의 생명이 다른 사람들의 생명의 안전을 위한 수단으로 사용되더라도 어떤 식으로든 이들은 생명을 잃게 되어 있다.

이제 세번째 예를 고려해 보자. 기관사가 기차를 조정할 수 없는 상태에서 기차는 가속을 더해 언덕을 내려가고 있었다. 만일 전철수(轉轍手)가 아무것도 하지 않는다면 기차는 앞에 서 있는 기차와 충돌하여 5명이 죽을 것이다. 만일 전철수가 궤도 변환 스위치를 올린다면 기차는 질주를 계속하여 또 다른 기차와 충돌하여 2명이 죽을 것이다. 전철수는 어떻게 해야 하는가? 대부분의 사람들은 아마도 스위치를 올려 3명을 더 구해야 한다고 말할 것이다. 그러나 이러한 신념은 평등의 원리에 의해 정당화되는가, 아니면 공리주의 이론이 인간 존중의 윤리학과 상충할 때 공리주의의 고려 사항이 충분히 강력하다면 오히려 유용성에 따라 행위할 수 있다는 앞서 서술한 더 일반적인 원리에 의해 정당화되는가? 다른 두 예와 달리 기차의 예에 등장하는 사람들은 어떤 방식을 택하든 죽게 될 무고한 생명들이 아니다. 전철수가 스위치를 올리지 않는다면 다른 기차에 타고 있던 두 사람은 죽지 않을 것이다.

기차의 예는 당면한 문제와 아주 밀접하게 비교된다. 소련 국민은 미국이 공격을 하지 않으면 죽지 않을 것이다. 미국의 사상자의 수가 보복에 의해 감소된다고 하더라도 첫번째 규칙을 이행한다면 아이들을 포함하여 무고한 수백만 명의 소련 국민은 죽게 된다. 스위치를 올리려는 전철수의 결정이 정당화될 수 있다면 그것은 인간 존중의 윤리학보다는 오히려 공리주의에 의해 정당화된다고 보는 것이 더 합리적일 것이다. 그래서 평등의 원리는 적용될 수 없다. 이런 유사한 추론을 근거로 하면 평등의 원리는 보복 정책을 정당화하지 않는다고 말하는 것이 더 그럴 듯한 것처럼 보인다. 따라서 첫번째 규칙은 수단과 목적의 원리의 소극적 테스트를 통과하지 못한다고 결론지어야 한다.

4. 미국 사람들은 소련 국민들의 목적과 가치를 실현하도록 도와 줄 적극적 의무가 전혀 없다고 생각할 것이다. 미국 국민들에 관한 한 적극적 테스트는 별 문제가 없다.

5. 첫번째 규칙이 수단과 목적의 원리의 소극적 테스트를 통과하지 못한다는 것은 명백하기 때문에 이러한 분석의 관점에서 보면 소련에 대한 보복은 도덕적으로 허용할 수 없는 것으로 간주해야 할 것이다.

이제 대안적 규칙을 살펴보자. 대안적 규칙은 다음과 같이 정식화될 수 있다.

> 어떤 국가든 핵 무기에 의해 공격을 받을 때, 비록 국가 자체가 실제로 파괴되었을(될) 때라고 해도 보복해서는 안 된다.

이러한 대안적 규칙은 자멸 테스트를 위반하지 않는다. 왜냐하면 다른 국가가 이 정책을 채택하는 것과 미국이 채택하는 것은 양립 가능하기 때문이다.

미국에 대한 소련의 다음 공격이 비록 미국의 보복에 의해 저지될 수 있다고 하더라도 보복의 포기가 곧 수단과 목적의 원리의 소극적 테스트를 위반하는 것은 아니다. 비보복 정책이 미국 국민이나 소련 국민의 자유와 복지를 직접 해치는 것이 아니기 때문이다.

수단과 목적의 원리의 적극적 테스트는 살아 남은 미국 국민들에게 적용될 때 관계가 있다. 미국의 지도자들은 국민들의 자유와 복지를 촉진시킬 적극적인 의무를 가진다. 특히 국가의 생존이 달려 있을 때는 더욱 그러하다. 만일 소련에 대한 보복이 소련의 더 이상의 공격을 막고 미국이 소련의 지배하에 들어갈 기회를 적게 한다고 생각한다면 대안적 규칙은 적극적 테스트를 위반한다고 결론내릴 수 있다.

그러나 무고한 수많은 생명을 직접 죽이는 것은 대안적 규칙의 위반보다 더 심각하기 때문에 보복은 허용될 수 없는 것이라고 할 수 있다.

제4절 핵 억제 정책의 윤리적 분석

이제 우리는 시나리오를 다음과 같은 일반적인 핵 억제 정책의 구체적인 예를 가지고 살펴봄으로써 더욱 일반적인 정책에 초점을 맞추려고 한다. 다음의 간단한 분석은 단지 관련된 고려 사항들에 대한 개괄이라는 것을 명심해야 한다. 우리는 앞에서 분석한 것들을 되풀이하지 않음으로써 논의를 좀더 간략하게 할 수 있을 것이다.

(1) 이기주의의 분석

핵 억제 정책은 적의 공격에 대해 핵 무기로 보복하겠다는 위협이며, 이 위협은 공격을 막으려는 의도이다. 이 정책은 윤리적 이기주의의 관점으로부터 정당화될 수 있는가?

1. 이 문제에 답하기 위해서 이기주의자는 자기 이익에 대한 비억제 정책과 억제 정책의 영향을 살펴보아야 한다. 만일 미국이 비억제 정책을 택한다면 전쟁의 가능성은 증가할 것이다. 소련은 미국이 핵 무기로 반격하지 않는다는 것을 안다면 미국에 대한 공격을 적극적으로 시도할 것이며, 미국이 만일 다른 무기로 보복한다 해도 파괴의 정도가 크지 않을 것이므로 감당할 만하다고 여길지도 모른다. 정복의 대가는 모험을 걸 가치가 있을 것이기 때문이다. 만일 미국이 핵 억제 정책을 택한다면, 전쟁의 기회는 줄어들 것이다. 왜냐하면 소련은 핵에 의한 황폐화 때문에 무모한 모험을 하지 않을 것이기 때문이다. 다른 한편 만일 전쟁이 발발한다면 그 전쟁은 양측 모두에게 더욱 심각한 피해를 입힐 것이다. 복수에 대한 욕구 또한 앞의 분석에서처럼 여기서도 고려되어야 한다.

2. 이러한 고려 사항들이 주어짐으로써 억제 정책을 옹호하는 것은

아마도 이기주의자의 자기 이익에 있을 것이다. 억제 정책 없이는 이기주의자의 거주지는 파괴될 가능성이 더욱 높을 것이기 때문이다. 그리고 보복은 무엇보다도 이기주의자의 복지 외에 다른 나라 국민들의 복지에도 영향을 미칠 것이다. 그러므로 억제 정책은 이기주의적 관점에서는 정당화된다고 생각할 수 있다.

(2) 자연법 윤리학의 분석

핵 공격에 대한 보복으로 핵 무기를 사용하겠다는 위협 정책은 자연법에 위배되는가? 우리는 이미 실질적인 핵 보복이 자연법에 의해 허용될 수 없다는 것을 살펴보았다. 그 이유는 핵 보복이 비례의 기준을 위반하기 때문이었다. 그러나 핵 억제 정책은 사람을 죽이지 않는다. 그 정책은 상대방이 먼저 공격하는 경우에 죽이겠다는 위협이다. 그러나 억제 정책에 대한 비판가들의 주장에 따르면, 한 행위가 그르다면 그 행위에 대한 위협 역시 그르다. 예를 들면 한 사람이 어떤 사람을 죽이려고 의도했지만 어쩔 수 없는 상황 때문에 죽이지 못한 경우 우리는 그가 살인한 사람과 같은 죄를 지었다고—적어도 거의 같은 죄를 지었다고—간주해야 한다는 것이다. 따라서 핵 전쟁을 시도하는 것이 결코 정당화될 수 없다면 핵 무기를 이용한 위협도 또한 확실히 그르다고 보아야 한다.

물론 위의 두 가지 경우에 의도들간의 차이는 중요하다. 핵 억제 정책에 포함된 의도는 살인을 시도하거나 심지어 살인를 계획하려는 사람의 의도와는 확실히 다르다. 왜냐하면 적에 대해 보복하려는 의도는 수행되지 않기를 원하는 의도일 것이기 때문이다. 사실 그 의도는 그러한 의도가 수행되어야 할 상황을 피하기 위해 채택된 것이다. 그럼에도 불구하고 핵 공격을 받을 경우에 핵 무기로 보복하겠다는 위협은 자연법 도덕에 의하면 부도덕한 행위를 하겠다는 위협이다. 이러한 문제를 제거하는 유일하고 명백한 방법은 미국이 수행할 의도가 없는 위협을 가하는 것이다. 그러나 국가의 참된 정책은 공개적으로 토론되어야 하기 때문에 공개된 사회에서 그러한 허세가 성공할 수 있는지는 의심스럽다. 우리는 자연법 윤리학의 관점에서는 효과적인 핵 억제 정책을 허용할 수 없다고 결론을 내릴 수밖에 없다.

(3) 공리주의의 분석

공리주의는 핵 억제 정책을 정당화시킬 수 있는가? 이 문제에 답하기 전에 행위 공리주의를 사용할 것인지 규칙 공리주의를 사용할 것인지를 결정해야 한다. 여기서는 일반적인 정책을 평가하고 있기 때문에 규칙 공리주의가 더 적절할 것이다.

1. 고려되어야 할 규칙은 다음과 같이 서술될 수 있다.

> 한 국가는 핵 무기를 사용한 공격에 대해 핵으로 보복하겠다고 위협해야 한다.

2. 대안적 규칙은 핵 무기로 보복하겠다는 위협이나 실제의 핵 보복 행위 모두를 허용하지 않는 정책을 서술한다. 이러한 대안은 핵 무기 사용 금지 정책과 동일하다. 그러나 재래식 무기의 사용 금지는 아니다. 예를 들어 비록 이 두번째 규칙이 미국으로 하여금 소련에 대해 핵 무기 사용을 허락하지 않는다고 하더라도, 재래식 무기의 사용은 인정할 수 있다. 이 규칙은 다음과 같이 서술될 수 있다.

> 한 국가는 핵 무기를 사용한 공격에 대해 핵으로 보복하겠다고 위협해서는 안 된다.

3. 두 대안은 잠재적으로 인류 전체와 모든 동물들의 일반적 복지나 선호 만족에 영향을 미친다. 우리는 핵 폭발의 직접적인 영향과 더불어 핵 폭발이 지구의 생태계와 기후에 미치는 영향도 고려해야 한다. 게다가 이 규칙은 핵 무기를 보유하고 있는 모든 나라에 적용되기 때문에 완전한 분석이 되려면 다른 나라들이 두 규칙을 채택할 때 생기는 영향도 고려해야 한다. 그러나 세계적인 핵 전쟁이 미국이나 소련 외의 다

른 나라가 먼저 도발해서 시작된다는 것은 생각하기 어렵다. 사실 두 주요 핵 강대국은 다른 나라들의 핵 무기 사용을 금지시키기 위해 힘을 합칠지도 모른다. 두 국가는 일반적으로 핵 무기가 확대되는 것을 반대한다. 그러므로 우리는 편의상 공리주의의 분석을 이러한 두 규칙이 미국과 소련의 정책에 미치는 영향으로 제한할 것이다.

인간에게 최대의 유용성을 가져다 주는 정책 결정 방법 중의 하나는 세계의 모든 사람들의 선호를 조사하는 것이다. 미국, 서유럽, 호주, 캐나다, 한국, 대만, 이스라엘과 같은 나라에서는 아마도 대다수가 첫번째 규칙에 찬성할 것이다. 그러나 이러한 나라들은 세계 인구의 20%에도 미치지 못한다. 소련, 중국, 일본, 동유럽, 남미, 대부분의 아프리카 등은 대부분이 두번째 규칙에 찬성할 것이다.

그러나 최대 선호 만족이 무엇인지를 결정하기 위해서는 대다수의 단순한 선호만이 아니라 그 이상을 살펴보아야 한다. 우리는 다수가 선호하는 정책보다 다수가 선호하는 실질적인 결과를 고려할 필요가 있다. 그러나 다수 역시 다양한 정책 대안들의 결과를 판단할 때 잘못을 범할 수 있다. 그렇다면 문제는 "첫번째 규칙에서 개괄된 정책이 실제로 다수가 선호하는 결과를 산출하는가?"일 것이다.

이러한 두 규칙의 가능한 유용성에 대한 계산은 극히 어렵다. 그럼에도 불구하고 우리는 두번째 규칙에 찬성하는 공리주의의 논증을 고려해야 할 것이며 첫번째 규칙을 지지하는 반론도 고려해야 할 것이다. 우리는 이와 같이 어렵고 복잡한 문제와 관련된 모든 공리주의적 고려사항을 평가할 수는 없다. 그러나 우리는 네 가지 문제 즉 인간 생명의 잠재적 손실, 환경의 피해, 사고로 시작될 수 있는 전쟁 가능성, 핵을 사용한 협박과 공갈에 대한 가능성을 논의할 수는 있다. 두번째 규칙을 찬성하는 논증으로 시작해 보자.

인명의 잠재적 손실을 고려하기 위해서는 "예상되는 죽음"(expected death)이라는 개념을 도입하는 것이 효과가 있을 것이다. 예상되는 죽음이란 주어진 기간 내에 그 죽음이 발생할 가능성을 곱한 죽음이다.[4] 그

---

4) D.P. Lackey, *Moral Principles and Nuclear Weapons*(Totowa, N. J.: Roman and Allenheld, 1984), 128면 참조. 이 절에서의 논증 몇 가지는

래서 만일 주어진 기간 내에 100명이 10%의 위험율을 경험한다면 거기에는 10명의 예상되는 죽음이 있는 것이다. 다른 사정이 동일하면, 예상되는 사망자를 적게 산출하는 규칙이 더 많은 유용성을 산출하는 규칙이다. 우리는 규칙의 총 유용성을 결정할 때 예상되는 죽음 말고도 다른 요인들을 고려할 수 있다. 그러나 이것은 공리주의의 분석에서 가장 중요한 고려 사항 중의 하나이다.

예상되는 죽음이라는 개념은 두 가지 요소 즉 사망자의 수와 사망 가능성을 포함한다. 전면적인 핵 전쟁에서 죽게 될 사람의 수에 대한 평가는 그러한 전면적인 핵 전쟁의 가능성에 대한 평가보다는 논쟁의 여지가 덜하다. 이러한 차이가 생기는 이유는 명백하다. 피해의 계산은 과학적 문제를 포함하는 반면에 위험에 대한 계산은 인간의 행위에 관한 판단을 포함하기 때문이다. 죽음의 수에 대한 평가를 고려함으로써 시작해 보자.

만일 양측이 첫번째 규칙을 정책으로 채택한다면, 총력전에서는 2억의 사상자를 초래할 것이다. 만일 미국이 대안적 규칙을 채택하고 소련이 핵 보복을 당하지 않는다면 사상자의 수는 1억 4천만 명으로 낮아질 것이다. 이러한 논증은 소련이 정유 공장과 같은 미국 산업의 전략 지구를 파괴하기 위해 무기를 사용하며 사람들을 위협하기 위해 약간의 미국 도시를 공격하리라는 것을 가정했을 경우이다.

미국이 두번째 규칙을 채택한다면 소련의 최초 공격의 가능성은 분명히 증가할 것이다. 그 가능성은 첫번째 규칙으로부터 초래될 수 있는 총력전을 전제한 최초 공격의 가능성에 비해 15배 정도가 될 것이다. 두번째 규칙을 지지하는 사람들에 따르면 몇 가지 고려 사항들로 인해 그 가능성이 그 정도로 크지는 않을 것이라고 한다. 이러한 고려 사항들 중의 하나는, 소련은 미국의 농토에서 이익을 원하기 때문에 미국의 농토가 오염되기를 바라지 않을 것이라는 점이다. 또 다른 고려 사항은 소련의 지도자들은 미국에서의 많은 핵 폭발로 인해 초래될 수 있는

래키로부터 취한 것이다. 그의 논문 "Missiles and Morals: A Utilitarian Look at Nuclear Deterrence", in *Philosophy and Public Affairs*, 제11권, 제3호(1982. 여름), 189~231면 참조.

소련의 환경 오염을 바라지 않는다는 것이다. 그러므로 이러한 논증에 따르면 두번째 규칙하에서 예상되는 죽음이 첫번째 규칙하에서보다 많다고 하기는 어렵다.

핵 전쟁이 발발한다면 환경, 인간 그리고 동물들에 대한 피해는 두번째 규칙하에서보다 첫번째 규칙하에서 더 크다는 것은 분명하다. 수많은 핵 폭발이라는 단순한 사실만으로도 오존층에 대한 피해, 해양 생명체의 파괴, 핵 겨울의 가능성을 증가시킬 것이다.

두번째 규칙의 옹호자에 따르면 사고로 시작될 수 있는 전쟁의 가능성은 미국이 첫번째 규칙보다 두번째 규칙을 채택할 경우에 더 낮아진다. 핵 무기를 사용하지 못한다면 전쟁에서는 엄청난 손실의 위험이 있기 때문에, 소련은 미국이 전쟁을 시작하지 않을 것이라고 믿을 훌륭한 이유를 가질 것이다. 그러므로 소련에 대한 미국의 어떠한 공격도 실수로 생각될 것이며 이러한 사고로부터 발생할 소련의 핵 보복의 가능성은 더욱 적어질 것으로 보인다.

마지막으로 두번째 규칙의 옹호자는 소련이 핵을 사용하지 않는 미국에 대한 내정 간섭의 가능성을 최소화시킬 것이라고 주장한다. 미국은 핵 무기를 가지고 있고 소련은 핵 무기를 가지고 있지 않았던 1945년에서 1949년까지 미국은 소련의 정책에 간섭할 수 없었다. 어떤 전략가들은 국가 정책에 영향을 미치는 위협의 증거로서 히로시마 폭격 이후 일본의 즉각적인 멸망을 인용한다. 그러나 일본 제국이 1945년 8월 핵 공격을 받기 전에 이미 그 해 1월에 항복할 것을 결정했다는 유력한 증거가 있다. 또한 궁극적으로 일본이 평화로 돌아서게 된 이유는 1945년 8월 8일 일본에 대한 러시아의 선전 포고였다고 믿을 만한 이유도 있다. 일본군 사령부는 미국이 몇 개의 원자 폭탄을 제조했다고 이미 결론을 내렸고, 이러한 형태의 폭탄은 지상 전투를 지원하기 위해서는 사용될 수 없으며 개선된 대공 방위만이 이런 폭탄의 수송을 막을 수 있다고 결론지었다.

이러한 논증에 대해서는 다음과 같이 반박할 수 있다. 첫번째 논증에 대한 가장 그럴 듯한 비판은 소련의 공격 가능성에 대한 평가이다. 미국이 일방적으로 핵 무장을 해제한다고 가정한다면 핵 공격의 기회는 현재의 조건하에서 행할 수 있는 미국이나 소련의 첫번째 공격 기회보다 20배나 많아질 수 있다.[5] 이러한 증가된 가능성으로 인해 첫번째 규칙으로부터 예견되는 사상자의 수보다 두번째 규칙으로부터 예견되는 사상자의 수가 훨씬 많아진다.

대부분의 전략가들은 핵 무기가 없었다면 이미 미국과 소련이 불행한 전쟁을 치루었을 것이라고 믿는다. 제2차 세계 대전 이후의 시대가 유럽 역사상 가장 긴 평화 시대의 하나인 이유도 핵 무기 때문일 것이라고 믿는다. 핵 억제 정책의 근본 요소는 받아들일 수 없는 처벌에 대한 위협이다. 재래식 무기에 의한 억제 정책은 적에게 "당신이 우리를 공격한다면 당신은 당신이 원하는 바를 얻지 못할 것이다. 왜냐하면 우리도 당신을 공격할 것이기 때문이다"라고 통보한다. 핵을 이용한 억제 정책은 적에게 "만일 당신이 나를 공격한다면 당신과 당신의 사회는 통째로 파괴될지도 모른다"라고 신호한다. 첫번째가 더 신빙성이 있을지도 모른다. 왜냐하면 핵 보복을 감행한다는 것은 쉽지가 않기 때문이다. 그러나 두번째 위협은 더 위협적이다. 왜냐하면 손실의 잠재성이 엄청나기 때문이다. 1938년에서 1976년 사이에 있었던 재래식 무기에 의한 억제 정책의 12가지 사례를 살펴본 후에 어떤 학자는 2가지의 사례에서는 성공했고 10가지의 사례에서는 실패했다고 결론을 내렸다. 지금까지 핵 억제 정책은 실패한 적이 없다. 그러므로 앞의 논의와는 반대로 핵 억제 정책이 인간의 생명을 보존하는 데 커다란 유용성을 가진다고 믿을 이유가 있다는 것이다.[6]

소련만이 핵 무기를 보유하고 치르는 전쟁에서 사상자 수에 대한 평가 역시 매우 낮을 것이다. 소련이 미국을 공격할 경우에 미국은 항복

5) J.P. Sterba, "How to Achieve Nuclear Deterrence without Threatening Nuclear Destruction", in *The Ethics of War and Nuclear Deterrence* (Belmont, Calif.: Wadsworth, 1985), 62면 참조.

6) S. Huntington, "Conventional Deterrence and Conventional Retaliation in Europe", in *International Security*, 제8권, 제3호(1983~1984), 38면. J. Joffe, "Nuclear Weapons, First Use, and European Order", in *Ethics*, 제95권, 제3호(1985. 4), 613면에서 재인용했다. 그리고 R. Ullman, "Denuclearizing International Politics", 같은 책, 567~568면 참조.

할 것을 미리 결정하지 않는 한 아마도 재래식 무기로 반격을 가할 것이다. 공격이 군사 목표에 제한된다고 하더라도 사상자의 수는 매우 많을 것이다. 왜냐하면 소련의 많은 군사 목표는 인구가 밀집된 곳이거나 그 가까이에 위치해 있기 때문이다. 게다가 소련은 미국이 모든 핵 무기를 파괴했는지를 결코 확신할 수 없기 때문에 핵을 이용한 반격 가능성을 배제시키기 위해 가능한 한 핵 시설에 대해 대규모 공격을 감행할지도 모른다.

환경에 대한 피해와 관련된 논증은 두번째 규칙을 찬성하는 것으로 보인다. 두 강대국에 의한 전면적인 핵 전쟁은 소련에 의한 공격보다 더 파괴적일 것이다. 다른 한편으로 우리는 이미 소련의 핵 공격 가능성이 미국의 일방적인 핵 무장 해제에 의해 증가된다는 것을 보았다. 핵에 의한 환경의 황폐화 가능성도 현재의 조건하에서 더 큰 피해를 가져올 수 있다는 잠재성으로 인해 상쇄된다면 어떠한 규칙이 더 바람직한지는 불명확하다.

사고로 인한 전쟁 발발 가능성에 관한 논증 역시 평가하기가 어렵다. 핵 무장을 해제한 미국이 전쟁을 도발할 이유가 없다고 소련이 생각한다는 주장은 옳을 것이다. 그러나 소련이 핵을 보유하지 않은 미국에 대해 사고를 가장한 전쟁을 일으킬 가능성이 높을 것이라고 믿을 이유도 많다. 그러므로 이 논증을 결정적인 것으로 생각할 수 없다.

소련이 미국과 서유럽 국가들을 위협하기 위해 핵 무기를 사용하지 않을 것이라는 논증도 비판받을 여지가 많다. 실제로 모든 전략가들은 소련이 자신의 이해 관계를 증진시키기 위해서라면 위험도 불사하는 무시무시한 상대라는 점에 일치한다. 그래서 미국이 소련에 대해 힘의 우위를 차지해야 한다는 것이다.[7] 1945년에서 1949년간의 시기가 소련이 미국과 미국의 동맹국들의 정책에 영향을 주기 위해 핵을 사용하지 않을 것이라는 신념을 반증할 만한 역사적 증거는 되지 못한다. 왜냐하면 그 시기에 미국은 미국의 핵 공격에 대한 소련의 대규모 재래식 반격을 멈추게 할 만한 핵 무기를 보유하지 못했기 때문이다.

---

7) R. Hardin and J.J. Mearsheimer, "Introduction", in *Ethics*, 제 95 권, 제 3 호(1985. 4), 412 면.

4. 지금까지 서술한 논증들은 이러한 어렵고 복잡한 문제와 관련된 공리주의의 고려 사항에 대한 설명에 불과하다. 그럼에도 불구하고 우리는 유용성 면에서 두번째 규칙보다 첫번째 규칙에 찬성한다는 잠정적 결론(tentative conclusion)을 제시하고 있다. 미국의 일방적인 핵 무장 해제는 아마도 전쟁의 기회를 극적으로 증가시킬 것이며 다른 보상적 선도 거의 없을 것이다. 환경에 대한 피해와 돌발적 전쟁의 발발 가능성에 관한 논증도 결정적인 것이 되지 못하는 것처럼 보인다. 그리고 소련이 다른 국가를 협박하고 간섭하기 위해 자신의 우월한 힘을 사용할 가능성에 관한 논증은 첫번째 규칙에 찬성하는 것으로 보인다.

5. 공리주의적 고려 사항들이 핵을 이용한 억제 정책을 정당화한다면 미국은 설득력 있게 위협을 가해야 한다. 만일 그 위협이 단순한 으름장으로 알려진다면 효과적이지 못할 것이며 결과적으로 소련은 거의 확실하게 미국의 의도가 진지하지 않다는 것을 알게 될 것이다. 그러므로 미국은 핵 보복 정책이 거의 자동적이게끔 하는 방법을 발견해야 한다. 이 정책을 원래의 시나리오에 적용한다면 우리는 최소한 잠정적으로라도 규칙 공리주의의 관점에서는 핵에 의한 보복을 의무라고 결론지어야 한다.

(4) 인간 존중의 윤리학의 분석

우리가 사용하게 될 윤리적 분석의 마지막 형태는 인간 존중의 윤리학의 도덕 규준에 대한 두 가지 해석을 포함한다.

1. 소련에 대한 미국의 반격에 전제된 도덕적 규칙은 다음과 같은 방식으로 정식화될 수 있다.

> 한 국가는 핵 공격에 대해서 핵 무기로 반격할 것이라고 위협해야 한다.

2. 이 규칙은 자멸 테스트를 통과한다. 왜냐하면 이 규칙은 다른 국가가 동일한 방식으로 방어적인 보복 정책을 채택한다고 해도 핵 공격에 대해 미국이 보복하는 것을 막지 못할 것이기 때문이다.

3. 수단과 목적의 원리의 소극적 테스트는 일반적인 억제 정책이 타인들의 자유와 복지를 무시함으로써 그들을 단순한 수단으로 취급하는가를 묻는다. 앞 절에서 전개한 예상되는 죽음이라는 개념을 사용한다면, 억제 정책이 비록 미국과 그 밖의 서구 국가의 국민들의 예상되는 죽음의 수를 적게 한다고 하더라도 그것은 소련 국민의 예상되는 죽음을 증가시킨다고 말할 수 있다. 더 나아가 소련 국민의 지도자들이 전쟁을 도발한 경우 그 지도자들은 무고한 사람이 아니지만 국민들은 생명에 대한 권리를 상실할 아무런 행동도 하지 않았기 때문에 죄가 없다. 그러므로 상실의 원리는 적용되지 않으며 억제 정책을 정당화할 수 있는 유일한 방법은 평등의 원리에 호소하는 방법이라고 할 수 있다. 그러나 보복에 관한 인간 존중의 윤리학의 분석에서 제시된 추론을 사용한다면 평등의 원리도 억제 정책을 정당화하지 못한다고 결론을 내려야 할 것이다. 소련 국민들은 공격을 받지 않으면 죽지 않을 것이고 여기에는 수많은 무고한 국민들이 포함된다는 것을 명심하는 것이 중요하다. 그러므로 이 규칙은 소극적 테스트를 통과하지 못한다고 볼 수 있다.

4. 만일 미국의 지도자들이 미국 국민의 자유와 복지를 보존할 의무를 가지며 억제 정책이 핵 전쟁의 기회를 줄인다고 생각한다면 이 규칙은 적극적 테스트를 통과한다.

5. 첫번째 규칙이 소극적 테스트를 통과하지 못했기 때문에 지금까지의 핵 억제 정책은 도덕적으로 허용할 수 없다고 결론지어야 할 것이다. 이제 대안적 규칙을 살펴보자. 이 규칙은 다음과 같이 정식화될 수 있다.

> 한 국가는 핵 공격에 대해서 핵 무기로 위협해서는 안 된다.

이 규칙도 자멸 테스트를 위반하지 않는다. 왜냐하면 다른 나라들이 이 정책을 채택하더라도 아무런 상충 없이 미국도 이 정책을 채택할 수 있기 때문이다.

억제 정책에 대한 거부가 전쟁의 가능성을 높인다고 하더라도 직접 소련 국민이나 미국 국민의 죽음을 야기시키지는 않는다. 그러므로 대안적 규칙은 소극적 테스트를 위반하지 않는다.

우리는 이미 미국 지도자들이 국민들의 자유와 복지를 보존할 특별한 의무를 가지고 있기 때문에 대안적 규칙은 적극적 테스트를 위반한다고 단정했다.

첫번째 규칙은 소극적 테스트를 위반하고 두번째 규칙은 적극적 테스트를 위반하기 때문에 두 규칙은 인간 존중의 윤리학에 따르면 도덕적으로 허용될 수 있다. 여기서 소극적 테스트의 위반이 적극적 테스트의 위반보다 더 심각하다고 주장할 수는 없다. 왜냐하면 억제 정책이 준수될 경우에 잃게 될지도 모르는 무고한 생명은 억제 정책을 준수하지 않아서 잃게 될지도 모르는 무고한 생명으로 상쇄되기 때문이다.

제5절 결론

우선 전술한 시나리오에서 보복의 문제로 시작했던 핵을 이용한 보복 정책과 억제 정책의 도덕성에 대한 분석의 결과를 살펴보자. 이기주의자는 자기 이익과 가장 양립 가능한 행위로서 보복 정책을 지지한다. 자연법 윤리학자들은 무고한 인간의 정당화할 수 없는 죽음을 요구하기 때문에 보복은 부도덕하다고 말한다. 행위 공리주의자는 보복하지 않으면 더 큰 유용성이 산출된다고 결론을 내린다. 마지막으로 인간 존중의 윤리학자는 보복 행위가 비보복적 행위보다 자신의 도덕적 입장에 대해 더욱 심각한 위반이라는 것을 인정할 것이다.

이와 같이 네 가지 이론은 동일한 결론을 산출하지 않는다. 이기주의는 보복을 정당화하고 자연법 윤리설과 행위 공리주의는 보복을 허용할 수 없는 것으로 여긴다. 또한 인간 존중의 윤리학도 결국은 보복을 허용할 수 없는 것이라고 결론을 내렸다. 우리는 앞에서 이기주의의 주장이 다른 이론들보다 덜 중요하다고 결정했고 다른 이론들은 보복이 허용 불가능하다는 것에 동의하고 있으므로 보복을 독립된 사건으로서 그리고 일반적 억제 정책과 관계 없이 고려할 때 전술한 시나리오에서의 보복은 허용할 수 없는 것으로 결론지어야 할 것이다.

핵을 이용한 억제 정책의 문제로 되돌아가서 이기주의는 보복 위협 정책뿐만 아니라 실제적인 보복을 정당화시킨다. 자연법 윤리학의 분석에 의하면 실제의 보복 정책은 부도덕하다. 이에 비해 수행할 의도가 없는 보복 위협은 도덕적으로 받아들일 수 있지만 이러한 입장이 국가 방위에 효과적인 근거를 제공하지 않을 수도 있다고 본다. 왜냐하면 핵무기를 사용할 진지한 의도가 없다는 것을 적이 간파할 것이기 때문이다. 규칙 공리주의의 분석에 의하면 변명의 여지가 있는 확실한 사실적 가정들이 있다면 억제 정책과 그 정책을 세우는 행정부는 정당화될 것이다. 인간 존중의 윤리학은 억제 정책과 비억제 정책 모두를 허용하기 때문에 어떠한 결정적인 도덕적 지침도 마련해 주지 않는다. 우리는 공리주의적 분석과 인간 존중의 윤리학을 더 중요시했기 때문에 그리고 인간 존중의 윤리학적 분석이 결정적인 분석은 아니기 때문에, 억제 정책은 도덕적으로 정당화될 수 있다고 결론내릴 수 있다. 도덕적 관점으로부터 가장 바람직한 구체적인 억제 정책을 결정하기 위해서는 더욱 세밀한 분석이 필요할 것이다.

도덕 평가에서 구체적인 보복 행위와 일반적인 억제 정책의 차이는 매우 크다. 핵 무기를 사용하는 보복이 그릇된 것이라면 핵 무기를 이용한 전쟁 억제가 어떻게 옳을 수 있겠는가? 그러나 핵 억제 정책의 지지자는 다음과 같이 말할 수 있다. 즉 핵 억제 정책이 정당화된다면 적에게 핵 보복을 하겠다는 우리의 의도가 진지한 의도임을 확신시키는 것이 필수적이며 그럼으로써 핵 억제 정책을 효과적으로 수행할 수 있다. 이러한 의미에서 실제의 보복은 일반적인 억제 정책의 보충 수단(implementations)으로서 정당화될 수 있다는 것이다. 억제 정책의 옹호자는 또한 다음과 같이 말할 수 있다. 즉 행위 공리주의의 관점에서는 정당화되지 못할 일반적인 정책의 수단들이 규칙 공리주의에서는 정당화될 수 있다는 것이다. 이러한 답변이 적절한지의 여부는 독자들이 결정할 문제이다.

지금까지의 분석에는 답변되지 않은 문제들이 산적해 있다. 예를 들면 핵과 관계 없이 발생하는 보복과 억제에 관한 도덕적 문제를 고려하지 않았다. 또한 미국과 소련 사이에 널리 퍼져 있는 현실적인 조건하에서는 도덕의 일상적 규칙들이 전혀 적용될 수 없다는 논증을 고려하지 않았다.[8] 그와 같은 문제는 더욱 광범위한 분석을 필요로 하겠지만 네 가지 도덕 이론은 다른 문제와 마찬가지로 그러한 도덕적 문제를 이해하는 데에도 유용한 수단이 될 수 있다.

내용 요약

핵을 이용한 보복 정책과 억제 정책 같은 도덕적인 문제를 사실적·개념적·도덕적 구성 요소로 펼쳐 놓는 것이 도움이 된다. 사실적 문제들은 무엇보다도 핵 무기의 엄청난 파괴력과 관련이 있다. 개념적 문제는 보복과 억제의 문제가 따로 떼어서 취급해야 할 만큼 차이가 있다는 것을 보여준다. 도덕적 문제는 무고한 사람들이 죽어서는 안 된다는 것에 초점을 맞춘다. 핵 보복 정책에 대한 분석은 묘사된 시나리오의 경우 일반적인 고려 사항과는 별개로 보복은 도덕적으로 허용될 수 없다는 것을 보여준다. 핵 억제 정책에 대한 분석은, 모든 사항이 고려되고 확실한 사실적 가정이 있을 경우에는 억제 정책이 정당화될 수 있다는 것을 보여준다.

8) C.W. Morris, "A Contractarian Defense of Deterrence", in *Ethics*, 제 95권, 제3호(1985. 4), 479~496면 참조.

이름찾기

내용찾기